警务建模

主编　兰月新
副主编　夏一雪　张立红　何　巍　张　鹏

天津大学出版社
TIANJIN UNIVERSITY PRESS

图书在版编目(CIP)数据

警务建模 / 兰月新主编. -- 天津 : 天津大学出版社, 2021.12
ISBN 978-7-5618-7101-0

Ⅰ. ①警… Ⅱ. ①兰… Ⅲ. ①警察－工作－系统建模－研究－中国 Ⅳ. ①D631

中国版本图书馆CIP数据核字(2021)第275181号

出版发行 天津大学出版社
地　　址 天津市卫津路92号天津大学内（邮编:300072）
电　　话 发行部:022-27403647
网　　址 www.tjupress.com.cn
印　　刷 廊坊市瑞德印刷有限公司
经　　销 全国各地新华书店
开　　本 787mm × 1092mm　1/16
印　　张 14.5
字　　数 343千
版　　次 2021年12月第1版
印　　次 2021年12月第1次
定　　价 45.00元

凡购本书，如有缺页、倒页、脱页等质量问题，烦请与我社发行部门联系调换

版权所有　　侵权必究

前　言

为推进一流学科建设，深化研究生课程教学改革，打造一批具有高阶性、创新性和挑战度的研究生“金课”，我们编写了公安技术学科智慧警务与大数据技术方向研究生系列教材。本书是其中之一，主要从动态演化建模和静态结构建模两个方面介绍常见建模方法在警务领域的应用。

随着网络社会的深入发展，网络犯罪日益成为最严重的风险之一。面向未来的新型警务模式亦需适应动态变化的社会形态和犯罪形态，构建面向网络社会治理的数智化、预测性警务机制。已有警务建模研究在解决现实社会警务问题方面取得了丰富成果，探索针对网络社会警务问题的解决方法正成为值得深入思考的研究领域。由此，本书基于开源网络数据，介绍面向网络社会治理的警务建模方法，为更好地解决各类警务问题、创新警务机制提供方法借鉴和可行路径。

警务即警察工作、警察事务，具体而言是警察履行职责的行为总和。警务的要素包括：警务的主体，即公安机关及警察；警务的本体，即警察的履职行为；警务的客体，即个人、组织、事件等；警务反馈，即警务评估。本书主要针对警务本体、警务客体和警务反馈进行建模方法的介绍。按照时间维度，将建模方法分为动态演化建模方法和静态结构建模方法。演化视角下的建模方法，重视考虑警务随时间演化的过程性，通过建模描述警务问题的时变规律、演化过程，体现的是从过程性视角来分析解决警务问题，如系统动力学建模方法、微分方程建模方法。系统视角下的建模方法，重视考虑警务的系统性，通过建模描述系统中的层级、方面、要素及其内在相互关系，体现的是从结构性视角来分析解决警务问题，如等级全息建模方法、知识图谱方法、结构方程模型、扎根理论方法。面向警务反馈的评价方法，以静态评价为主，包括层次分析法、模糊综合评价法、灰色关联度分析法、Logistic 回归分析等，主要从结构性视角来评价警务问题和警务工作的反馈。全书的内容结构如图 0 所示。

本书由兰月新、夏一雪负责构建体系结构、确定内容范围、统稿和审定等组织工作。全书共 7 章，兰月新编写 1.1，2.3，3.1，3.2，4.1，4.2，6.3；夏一雪编写 1.3，2.1，2.2，5.2，7.3，7.4；张立红编写 1.2，5.1，7.5；何巍编写 7.1，7.2；张鹏编写 6.1，6.2；杨谨铖、叶琼元、邹仪、史路遥、袁野、连芷萱、李金泽、王荣璞、杜宇飞、王丽华等参与资料搜集和整理等编写工作。

本书理论与实践相结合，对建模过程进行完整介绍，并以实际案例进行详细说明，还提出若干延伸思考问题，以拓宽视野、启发思路。本书既可作为公安技术学科的研究生教材，还可作为相关领域研究者的参考用书。

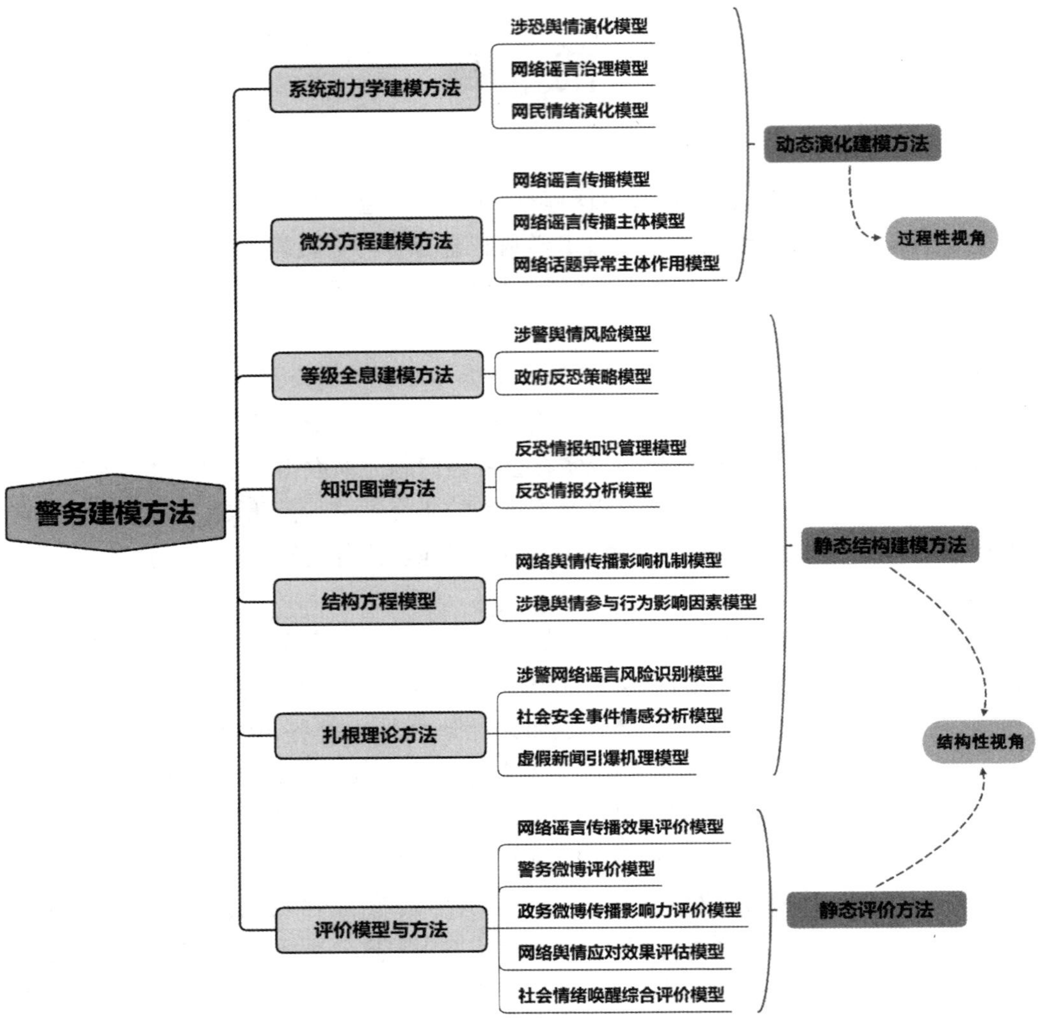

图 0　全书的内容结构

本书的出版得到河北省高等教育教学改革研究与实践项目“面向智慧警务的‘互联网＋课程思政’模式建构与教学实践”（编号：2021GJJG462）、“新工科背景下智慧警务人才培养探索与实践”（编号：2020GJJG327）等的支持，在此表示感谢，同时感谢所引参考文献的著作者，感谢为本书出版提供支持的领导和同事，感谢天津大学出版社的各位编辑。

精益求精，亦难免疏漏，恳请同行专家和读者批评指正。

编者

目　录

第 1 章　系统动力学建模方法

系统动力学（system dynamics）是由美国教授福瑞斯特（J. W. Forrester）于 1958 年为分析生产管理及库存管理等企业问题而提出的系统仿真方法，最初称工业动力学。系统动力学是一门分析研究信息反馈系统的学科，也是一门认识系统问题和解决系统问题的综合交叉学科。从系统方法论来说，系统动力学是结构的方法、功能的方法和历史的方法的统一，它基于系统论，吸收了控制论、信息论的精髓，是一门综合自然科学和社会科学的横向学科。系统动力学运用“凡系统必有结构，系统结构决定系统功能”的系统科学思想，根据系统内部组成要素互为因果的反馈特点，从系统的内部结构来寻找问题发生的根源，而不是用外部的干扰或随机事件来说明系统的行为性质。

系统动力学模型是一种因果关系机理性模型，它通过将研究对象划分为若干子系统，并且建立各个子系统之间的因果关系网络，建立整体与各组成元素相协调的机制，强调宏观与微观相结合、实时调整结构参数，多方面、多角度、综合性地研究系统问题，可在宏观与微观层次上对复杂的多层次、多部门的大系统进行综合研究。系统动力学适用于解决警务领域中战略规划、业务流程设计、管理与政策制定、动态决策、社会问题机理解析等问题。本章以涉恐舆情演化、网络谣言治理、网民情绪演化等问题为例，介绍系统动力学方法在警务领域的应用。

1.1　涉恐舆情演化模型

1.1.1　涉恐舆情演化机理

涉恐舆情相对于一般事件舆情，具有舆情发展速度快、舆情热度高、衍生舆情多等特点。根据已有研究，可大致将涉恐舆情演化过程分为 5 个阶段，即酝酿阶段、爆发阶段、持续阶段、消退阶段、长尾阶段，如图 1.1 所示。

（1）酝酿阶段。在涉恐事件发生后，传播的涉恐事件信息不完整，真假信息混杂。根据心理学家沙赫特和辛格（Schachter & Singer，1962）提出的情绪两因素理论（生理性唤醒理论和认知性唤醒理论），此时的信息对于网民来说刺激性不强，无法激起网民心理的剧烈波动，网民对涉恐舆情多处于认知阶段。

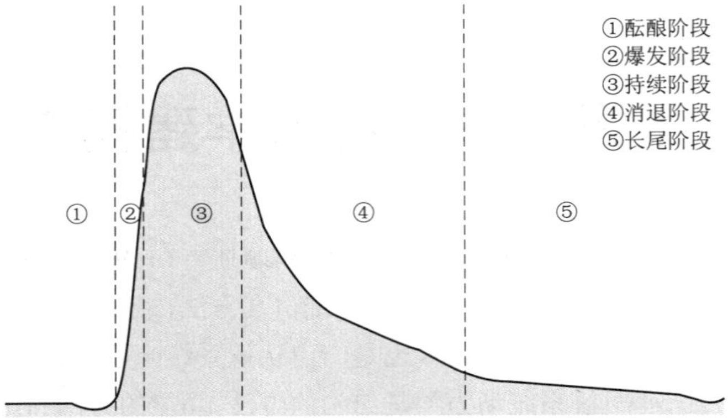

图 1.1 涉恐舆情演化阶段图

（2）爆发阶段。当媒体报道、社交平台转发、评论数量等增长到一定阶段，网民心理积累量随即增多，由心理活动衍生出的观点、态度、情感等言论也随之在网络社交平台上形成规模。在这个阶段，如果未能及时关注并采取行动引导网民心理就会引发网民情绪急剧恶化，甚至会将网上负面情绪带入现实生活。

（3）持续阶段。在持续阶段，虽然网民心理波动仍然较大，情绪也较为激动，但是由于相关部门和主流媒体介入宣传、引导，网民了解事件真相，情绪逐渐趋于缓和。在这个阶段，网民的心理积累量虽然很大，但情绪较为平缓，舆情态势总体朝着平缓方向发展。

（4）消退阶段。在消退阶段，经历了权威、真实、及时的宣传和正确的引导，网民心理趋于平复，言论表达的观点、态度、情感等更加倾向于正面。在这个阶段，政府的事件处理力度、主流媒体的引导强度和话题切入点的精准程度会影响此阶段的持续时间。

（5）长尾阶段。根据长尾理论，在长尾阶段，虽然网民心理趋于平复，但是心理变化积累量并不小。在这个阶段，应着重加强舆情监测，持续披露事件真相，防止网民情绪再次激化，而引发新一轮的舆情危机。

1.1.2 涉恐舆情演化系统动力学模型

1. 涉恐舆情演化系统因果分析

通过网民心理演化掌握涉恐舆情动态并调整舆论引导策略，能够为涉恐舆情治理提供情报支持。本节通过识别涉恐舆情中各子系统的影响要素，建立涉恐舆情演化的系统动力学模型，对涉恐舆情中的网民心理进行模拟仿真，涉恐舆情演化模型构建逻辑图如图 1.2 所示。

涉恐舆情中网民心理演化系统是一个较为复杂、非线性的社会系统，运用普通数学模型无法很好地分析各个影响因素对系统的影响，因此需要借助系统动力学模型进行分析，探究系统中各个影响因素的相互关系，构建系统因果回路图。本节将涉恐舆情中网民心理演化系统分为四个子系统，分别为事件子系统、网民子系统、恐怖组织子系统、政府子系统。

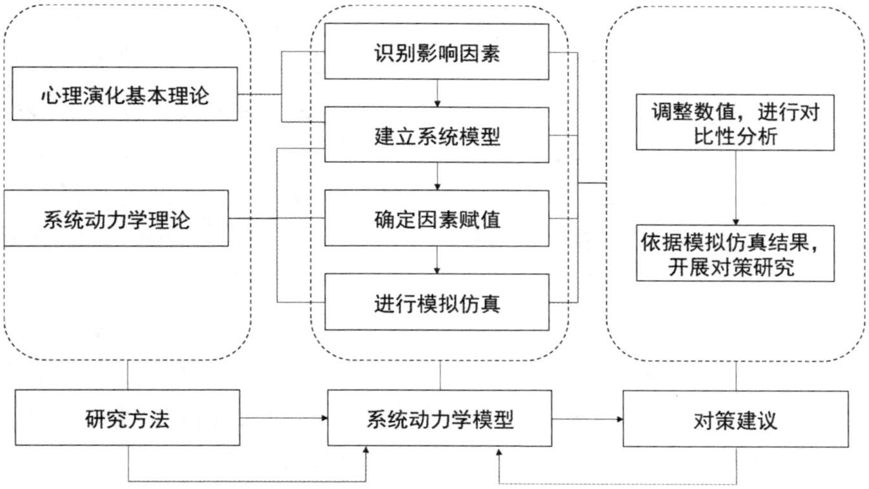

图 1.2　涉恐舆情演化模型构建逻辑图

1）事件子系统

恐怖组织往往会选取与政府、民族或宗教相关的敏感事件信息进行篡改扭曲，混淆受众对该事件的正常认知，并在制造的虚假信息中掺杂部分真实元素，使事件迷惑性增强，言论煽动性加大，潜在影响受众的宗教观、价值观、人生观、世界观，从而在争夺网民心理方面占据更大优势。扭曲的敏感事件会加大网民对现实以及政府的不满，不满情绪会干扰网民对事实真相的判断，这种错误的判断会使被恐怖思想渗透的民众误以为自己的观点是正确的，从而积极参与到传播恐怖思想的活动中。恐怖组织之所以可以篡改扭曲敏感事件并使部分网民相信，与涉恐舆情中敏感事件的公开程度有密切的关系，信息渠道越闭塞、事件原貌越模糊，留给恐怖组织歪曲及造谣的空间就越大，其将虚假信息伪装成真实信息的难度也就越低。在事件子系统中将事件的公开程度设置为事件模糊度，将恐怖组织对事实的伪装程度定义为与真实相似程度。在涉恐舆情发酵、爆发的情况下，政府会加大事件处理力度，还原事件真相，降低事件的模糊度，使网民可以正确判断信息的真伪，从而切断恐怖思想的传播渠道，防止恐怖思想继续扩散。综上分析，可以得出事件子系统因果回路图，如图 1.3 所示。

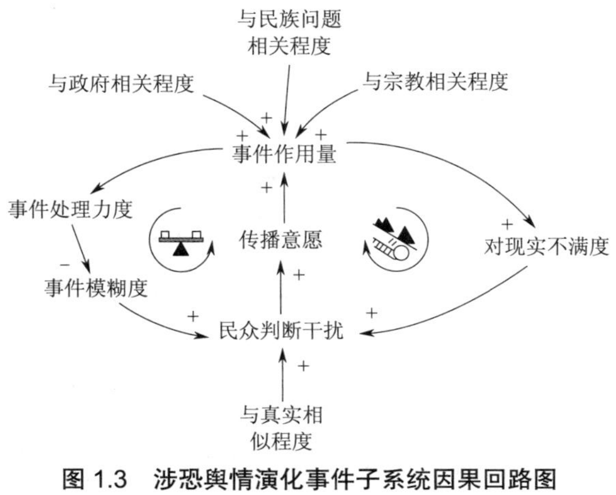

图 1.3　涉恐舆情演化事件子系统因果回路图

2）网民子系统

反恐部门与恐怖组织双方在涉恐舆情中争夺的对象是网民的思想，网民的思想导向对于双方博弈具有决定性作用。对于恐怖思想，网民在未接触之前就具有一定的辨识能力和抵制能力，这主要是由自身的受教育程度、收入水平、对敏感事件的了解程度以及对该事件中敏感信息的知识掌握程度所决定，这些因素可以降低恐怖思想的影响力。此外，从众心理也会极大地影响网民对恐怖思想的判断。从众心理是社会心理的现象之一，即个体在社会群体的压力下，放弃自己的观点，转变态度，采取和大多数人相一致的思维及行动。当网民讨论恐怖思想伪装、篡改的信息及宗教文化甚至是恐怖思想本身的频率增大时，受到从众心理的影响，客观正确的言论在网民的谈论中会减少，负面情绪言论会越来越多。伴随着虚假信息的不断传播，网民对该信息的讨论频率也随之增大，同时对现实的不满情绪也会导致网民讨论频率的增大。网民受到恐怖思想的干扰，对现实情况产生错误判断，受恐怖思想影响的人群极易对社会、对政府产生不满，难以接受政府发布的权威信息，此类人群甚至会参与实施恐怖行为。综上分析，可以得出网民子系统因果回路图，如图 1.4 所示。

3)恐怖组织子系统

恐怖组织在涉恐舆情演化系统中是反恐部门的对立方，其存在推动了恐怖思想的发展，而恐怖思想又是其产生的根源。在此模型中，恐怖组织在涉恐舆情中对恐怖思想的作用力即为恐怖组织宣传力度，恐怖组织宣传力度可以直接影响网民接触恐怖思想的可能性。宣传力度可体现在恐怖组织宣传的频率和选取传播渠道的多样性上，恐怖组织多以互联网、光盘、U 盘、书籍等传播介质进行恐怖思想传播。恐怖组织通过加强对恐怖思想的伪装，使网民更容易被欺骗。恐怖组织惯用的手法是将恐怖思想加入到宗教教义、民族历史文化中，加强受众的认同度和亲和力，以便更好地迷惑受众。综上分析，可以得出恐怖组织子系统因果回路图，如图 1.5 所示。

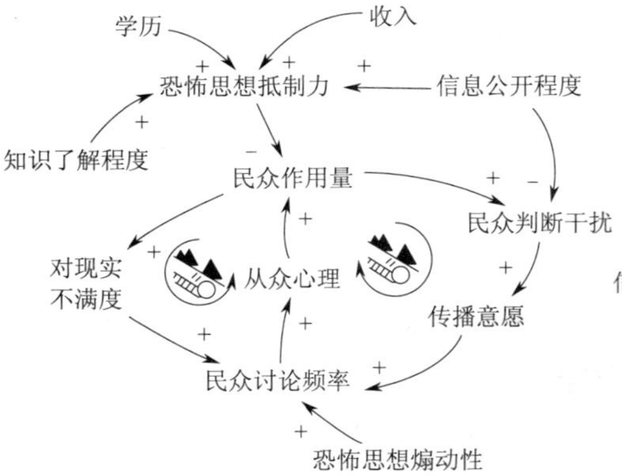

图 1.4　涉恐舆情演化网民子系统因果回路图

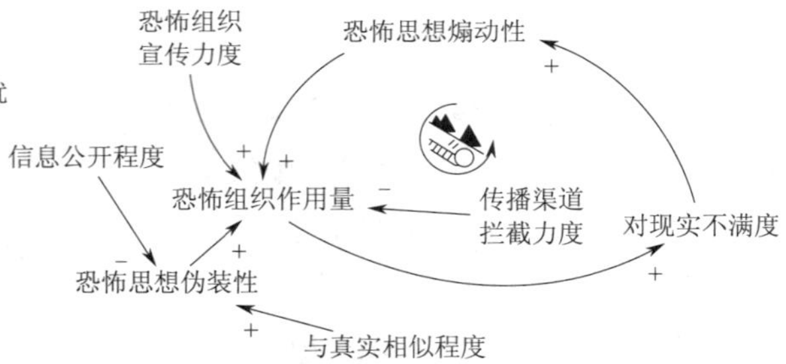

图 1.5　涉恐舆情恐怖组织子系统

4)政府子系统

政府部门在处置涉恐舆情中起着降低恐怖思想的影响、消散受众对社会的不满情绪的重要作用。政府在涉恐舆情中对恐怖思想的作用力即为恐怖思想处理力度。该力度的影响要素在此系统中可分为政府响应速度、信息公开程度、政府发布对抗信息频率。政府响应速度是指对恐怖思想的反应速度，在短时间内做出反应可以在恐怖思想传播初期尚未形成影响时阻止其传播；政府发布对抗信息频率也是反映政府对恐怖思想处理力度的重要指标之一，政府发布针对恐怖思想的对抗信息频率的增加可使网民接收到真实信息的可能性增大，从而使网民对恐怖思想及恐怖组织形成正确的认识；及时且全面地公开敏感事件的相关信息，可以极大地压缩恐怖组织对该事件歪曲的空间，破除恐怖思想的伪装外衣，将恐怖思想的荒谬之处及其反社会本质显露出来，使网民正确认识恐怖组织及恐怖思想，增强网民对恐怖思想的抵制力。政府对恐怖思想的处理力度是一个动态的作用力，受到社会网民思想及对治安现状满意度的影响，在此模型中，将其定义为政府满意度。综上分析，可以得出政府子系统因果回路图，如图 1.6 所示。

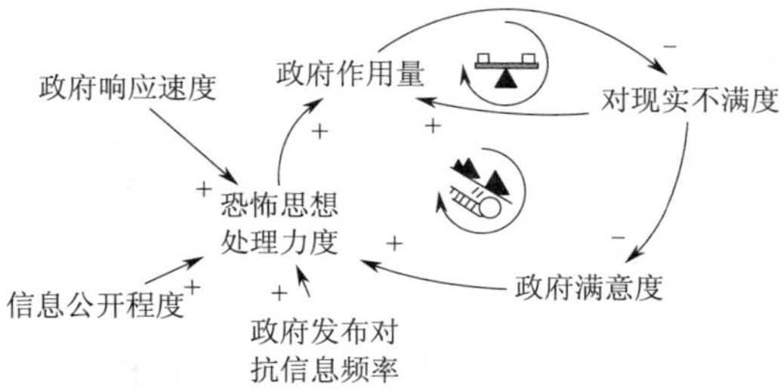

图 1.6　涉恐舆情演化政府子系统因果回路图

2. 涉恐舆情演化系统流量图分析

1)系统存量流量图构建

系统存量流量图是指在一个系统中反映各个状态变量、水平存量和辅助变量的相互作用形式，对各个反馈回路进行量化，建立具有反馈性质的整体系统模型，显示动态反馈图。基于已确定的模型边界与各子系统因果关系，涉恐舆情演化系统存量流量图如图 1.7 所示。

图 1.7 中将对现实不满度设置为存量变量，将网民、事件、恐怖组织、政府的综合作用分别设置为速率变量，速率变量又受到一系列辅助变量和常量等的影响，最终构成整个涉恐舆情网民心理演化系统模型。

2)系统边界前提条件

(1)涉恐舆情中事件是孤立的，即此模型只研究单个事件下的涉恐舆情演化规律。

(2)在此模型中不探讨个人在涉恐舆情中对网民现实不满度的影响作用。

(3)传播渠道是畅通的，除传播渠道拦截之外不存在其他影响因素。

(4)此模型只研究思想领域涉恐舆情的内容，不模拟恐怖主义受外部力量打击或内部力量出现瓦解等现象造成的特殊情况。

(5)不考虑涉恐舆情中的二次舆情。

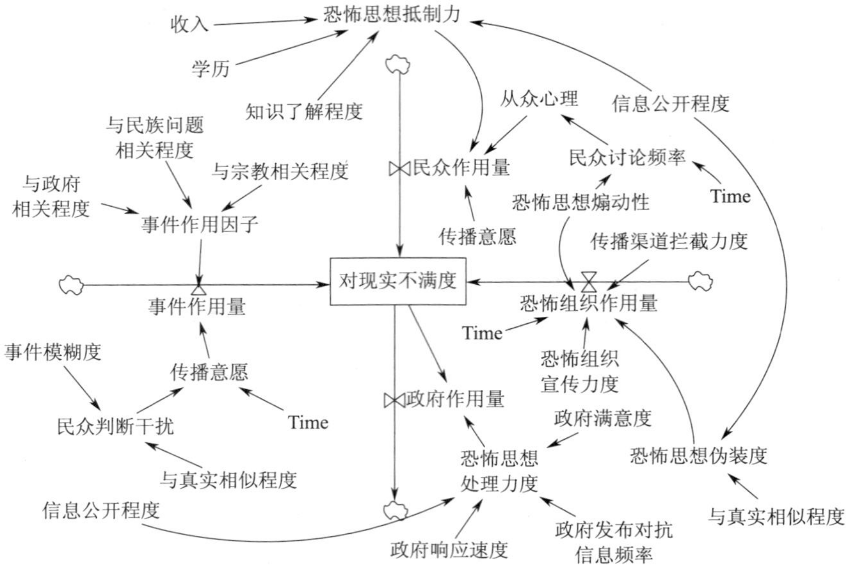

图 1.7　涉恐舆情演化系统存量流量图

3）系统变量方程式

系统变量方程式的建立是对系统中各个影响要素之间的相互关系以及影响方式的一种数学化呈现。涉恐舆情是一个动态、复杂、非线性的社会系统，通常难以找到充足的数据或者建立完善的函数关系，较难构建出数学模型以对系统进行简化。通过已有研究，结合网络舆情传播和网民心理演化的特点，系统变量关系式设置如下。

（1）传播意愿 = 网民判断干扰 ×（1/1.3）^Time，其中网民的传播意愿受到自身判断的干扰，并会随着时间的推移而降低，网民判断干扰与传播意愿呈正相关关系。

（2）网民判断干扰 =（事件模糊度 + 与真实相似程度）/2，其中事件模糊度、与真实相似程度与网民判断干扰呈正相关关系。

（3）事件作用因子 =（与宗教相关程度 + 与政府相关程度 + 与民族问题相关程度）/3，其中与宗教相关程度、与政府相关程度、与民族问题相关程度与事件作用因子呈正相关关系。

（4）事件作用量 =（事件作用因子 × 传播意愿）/30，其中事件作用因子与传播意愿共同影响事件作用量，均呈正相关关系。

（5）网民讨论频率 = 恐怖思想煽动性 ×（1/5）×（1/1.3）^Time，其中网民讨论频率受到恐怖思想煽动性的干扰，并会随着时间的推移而降低，恐怖思想煽动性与网民讨论频率呈正相关关系。

（6）从众心理 =3× 网民讨论频率，其中网民讨论频率与网民从众心理呈正相关关系。

（7）恐怖思想抵制力 =（信息公开程度 + 学历 ×1.2+ 收入 + 知识了解程度）/5，其中信息公开程度、学历、收入、知识了解程度与恐怖思想抵制力呈正相关关系。

（8）民众作用量 =（从众心理 × 传播意愿 / 恐怖思想抵制力）×3，其中从众心理、传播意愿与网民作用量呈正相关关系，恐怖思想抵制力与网民作用量呈负相关关系。

（9）恐怖思想伪装度 =80+ 与真实相似程度 − 信息公开程度，其中与真实相似程度与恐怖思想伪装度呈正相关关系，信息公开程度与恐怖思想伪装度呈负相关关系。

（10）恐怖组织作用量 =（恐怖思想伪装度 + 恐怖思想煽动性）× 恐怖组织宣传力度 / 传播渠道拦截力度 ×（1/1.1）^Time，其中，传播渠道拦截力度在恐怖组织作用量中起负作用，恐怖组织作用量随着时间的推移呈下降趋势，恐怖思想伪装度、恐怖思想煽动性、恐怖组织宣传力度与恐怖组织作用量呈正相关关系。

（11）恐怖思想处理力度 =（信息公开程度 + 政府发布对抗信息频率 + 政府响应速度 + 政府满意度）/40，其中信息公开程度、政府发布对抗信息频率、政府响应速度、政府满意度与恐怖思想处理力度呈正相关关系。

（12）政府作用量 = 对现实不满度 / 恐怖思想处理力度，其中对现实不满度与政府作用量呈正相关关系，恐怖思想处理力度与政府作用量呈负相关关系。

（13）对现实不满度 = 事件作用量 + 恐怖组织作用量 + 网民作用量 − 政府作用量，初始值为 0，其中对现实不满度受到事件作用量、恐怖组织作用量、网民作用量、政府作用量共同作用，涉恐舆情演化的引导力量只有政府作用量。

1.1.3　模型仿真

1. 案例回顾

在某一事件中，网民情绪经历了产生、达到峰值和消退阶段。

2. 在既定参数下系统模型的运行结果

在此模型中，与政府相关程度、与民族问题相关程度、与宗教相关程度、事件模糊度、与真实相似程度、收入、学历、知识了解程度、信息公开程度、恐怖思想煽动性、传播渠道拦截力度、恐怖组织宣传力度、政府满意度、政府发布对抗信息频率、政府响应速度的指标涉及事件、网民和恐怖组织的具体数据，因此通过专家打分法将其假定为常量。其中网民指普通网民，设定专家打分取值范围为 1~100，且打分分值越大，作用力越强，其值分别为 42、73、65、30、75、42、45、40、50、58、75、70、40、83、72。从模拟仿真结果图（图 1.8）可以看出，涉恐舆情中网民对现实不满度的演化可以分为三个阶段：阶段一为 0~1 天，现实不满情绪在网民中的上涨未受到任何限制，热度呈直线上升趋势；阶段二为 1~3 天，随着时间的推移，网民对现实不满度持续上升，在第二天达到峰值，政府开始响应，对恐怖组织散布的虚假信息进行回应并开展降低网民现实不满情绪的工作；阶段三为 3 天之后，政府疏解引导工作全面启动，使更多网民了解真实情况，网民不满情绪开始逐步消散。综上分析，通过 Vensim 软件建立系统模型，在不改变参数的情况下，图 1.8 基本可以模拟涉恐舆情事件中网民对现实不满情绪的演化过程。

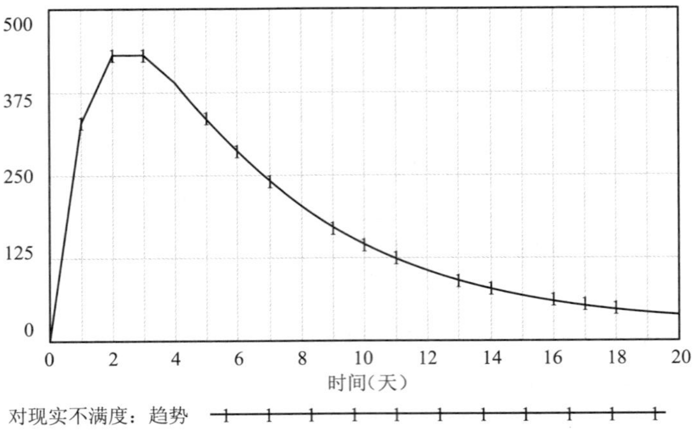

图 1.8 涉恐舆情演化系统模型模拟仿真结果图

3. 各因素对系统影响分析

1)事件作用子系统

在事件作用子系统中，事件模糊度、与真实相似程度、与宗教相关程度、与民族问题相关程度和与政府相关程度都会影响对现实不满度。如图 1.9 所示，曲线 6 为初始状态变化趋势线，曲线 1 至 5 分别为事件模糊度、与真实相似程度、与宗教相关程度、与民族问题相关程度和与政府相关程度增加 30% 的变化趋势线。从中可以看出，各个变量对于对现实不满度的增长都有不同程度的影响，其中与真实相似程度对网民对现实不满度的影响最大，远远高于其他变量的影响。这一仿真结果反映了在涉恐舆情中恐怖组织利用真实的事件进行歪曲造谣，使受众难辨真假，做出错误判断。这为涉恐舆情应对工作指出了问题症结，有助于采取针对性措施。

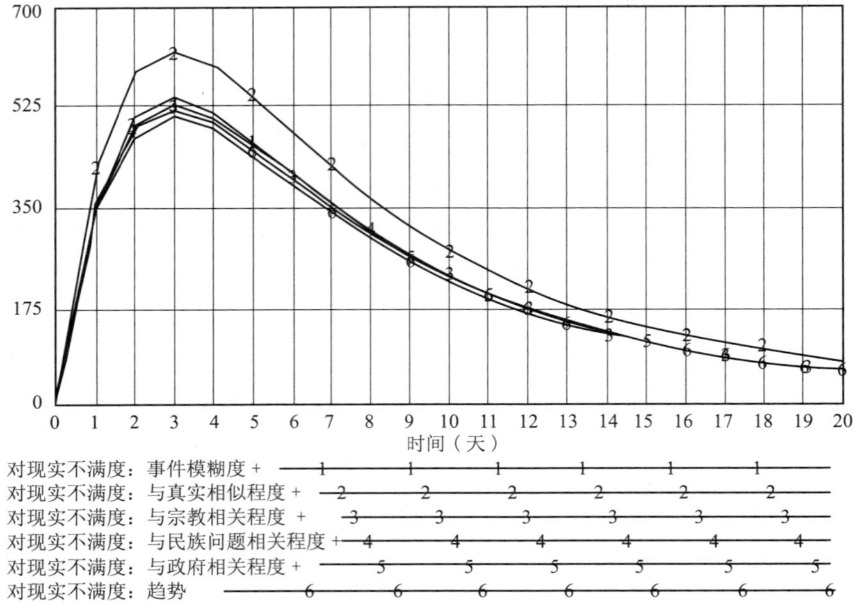

图 1.9 事件作用子系统分析图

2)网民作用子系统

在网民作用子系统中，恐怖思想煽动性、信息公开程度、知识了解程度、收入、学历都会影响涉恐舆情中网民对现实不满度。如图 1.10 所示，曲线 6 为初始状态变化趋势线，曲线 1 至 5 分别为恐怖思想煽动性、信息公开程度、知识了解程度、收入、学历增加 30% 的变化趋势线。从中可以看出，恐怖思想煽动性在网民作用子系统中增强网民对现实不满度尤为明显，远远大于其他变量增加对网民对现实不满度的影响；信息公开程度在网民作用子系统中降低网民对现实不满度尤为明显，远远大于其他变量降低对网民对现实不满度的影响。这为涉恐舆情应对工作提供了优先选项，有助于确定工作重点。

3)恐怖组织作用子系统

在恐怖组织作用子系统中，恐怖组织宣传力度、传播渠道拦截力度、与真实相似程度、信息公开程度和恐怖思想煽动性都会影响涉恐舆情中网民对现实不满度。如图 1.11 所示，曲线 6 为初始状态变化趋势线，曲线 1 至 5 分别为恐怖组织宣传力度、传播渠道拦截力度、与真实相似程度、信息公开程度、恐怖思想煽动性增加 30% 的变化趋势线。从中可以看出，增加与真实相似程度变量使网民对现实不满度增加到最大值，而增加信息公开程度变量可以最大限度降低网民对现实不满度。这一仿真结果与前述结果一致。

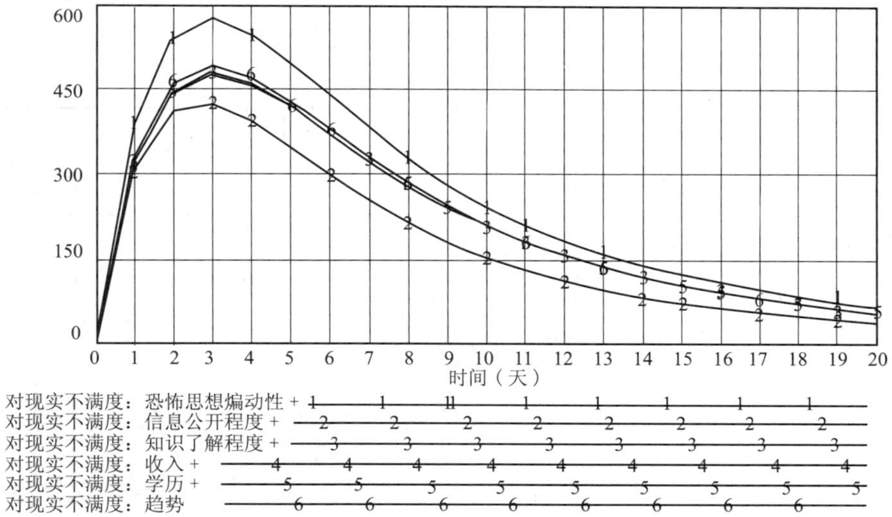

图 1.10　网民作用子系统分析图

4)政府作用子系统

在政府作用子系统中，政府满意度、政府发布对抗信息频率、政府响应速度、信息公开程度都会影响涉恐舆情中网民对现实不满度。如图 1.12 所示，曲线 5 为初始状态变化趋势线，曲线 1 至 4 分别为政府满意度、政府发布对抗信息频率、政府响应速度、信息公开程度增加 30% 的变化趋势线。从中可以看出，政府满意度在政府作用子系统中增强网民对现实不满度尤为明显，远远大于其他变量增加对网民对现实不满度的影响；信息公开程度在政府作用子系统中降低网民对现实不满度尤为明显，远远大于其他变量降低对网民对现实不满度的影响。

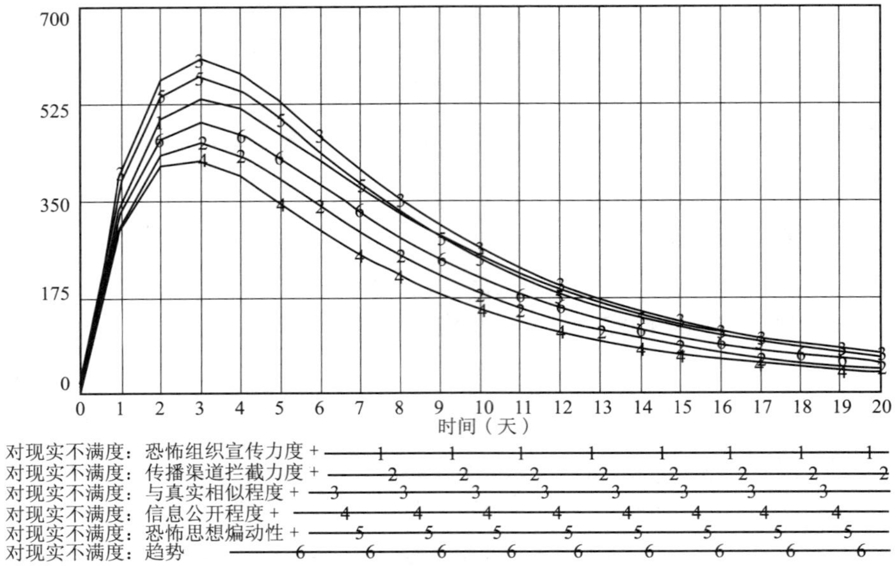

图 1.11　恐怖组织作用子系统分析图

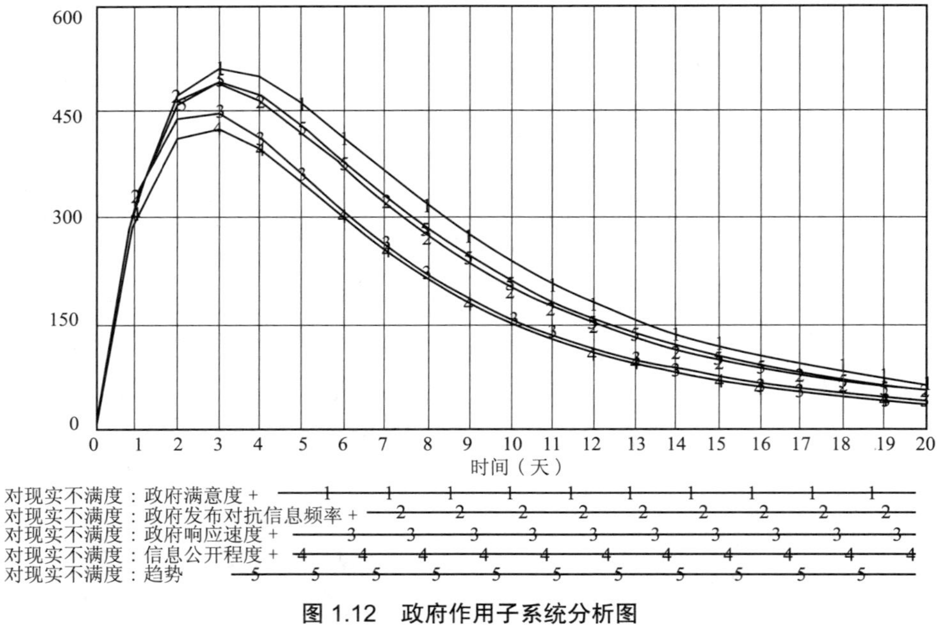

图 1.12　政府作用子系统分析图

1.2 网络谣言治理模型

1.2.1 网络谣言热度影响因素

网络谣言围绕特定事件而产生，本节以围绕突发事件而产生的网络谣言为例，分析网络谣言治理的系统动力学模型。突发事件网络谣言是指突发事件发生后，部分主体通过微博、微信、论坛等网络平台发表未经证实、与事实不符甚至相反的带有倾向性和影响性的言论。由于互联网信息的交互性与即时性，突发事件网络谣言极易在网络上聚集，通过网民言论、媒体报道与政府辟谣信息之间的相互碰撞，短时间内形成强大的舆论效果。突发事件网络谣言热度（以下简称谣言热度）是指当突发事件发生后，网民利用互联网讨论该事件、媒体报道该事件以及政府部门疏导该事件过程中相关网络谣言的高涨程度。本节从网民、媒体、政府三种作用量对网络谣言热度的影响因素进行分析。此外，事件本身危害程度与事件本身影响力是影响谣言热度的基本因素，直接作用于网民、媒体、政府三大子系统。

因果关系图是系统动力学探索系统反馈结构的重要手段，是一种定性描述系统中各变量间的因果关系的图示模型，即用图的形式反映变量之间的相互作用关系。因果关系图中各变量由因果链相联系，因果链由箭头表示，每条因果链都有极性，极性表示当独立变量变化时，相关变量随之变化，且正极性表示随之增加，负极性表示随之减少，分别用“+”和“-”表示。

1. 事件作用率

网络舆论事件是网络谣言产生的重要条件，一般通过影响网民互动程度、媒体报道热度、政府应对处理间接作用于谣言热度。事件作用率主要通过事件危害程度与事件影响力两方面体现。

1）事件危害程度

事件危害程度是指突发事件对社会稳定与经济发展造成的危害级别。事件的危害主要由两部分组成：一是物质上的危害，如突发事件发生后导致的人员伤亡、直接和间接经济损失等；二是精神上的危害，虽然某些突发事件本身并未造成直接物质损害，但却对网民价值观和社会秩序造成冲击，易使网民情绪升级，从而加大事件的危害程度。

2）事件影响力

事件影响力是指突发事件给民众日常工作与生活带来的主观影响。事件的影响力不仅由事件的严重程度决定，还受事件网络信息传播规律的影响。同时，随着突发事件网络舆论的发展，越来越多的网民参与到事件的讨论中，反过来也会增强事件本身的影响力，将原本小范围的事件扩散到一个更广泛的领域，进而扩大事件本身的影响力。

2. 网民作用量

在突发事件网络谣言传播过程中，网民是主体，网络谣言是客体，互联网是媒介。网民通过网上浏览、搜索等形式形成个人观点与见解，通过发文、转发、评论等手段寻求与其他网民的共识。当突发事件发生后，各种观点、情绪在网络上碰撞，短时间内成为网民讨论的焦点，极易导致网络谣言的形成。此外，网络推手、意见领袖等对网络谣言信息的传播具有极强的推动作用，他们通过发表具有片面性与鼓动性的个人见解，杜撰或曲解媒体与政府发布的信息，从而影响突发事件关注人群。下面主要从网民讨论力度、网民群体极化程度和意见领袖作用三个方面讨论网民作用量。

（1）网民讨论力度。对于突发事件等与民众切身利益联系密切的话题，如果前期处理不当，民众会倾向于在论坛、微博上通过发文、转发等手段发泄不满情绪，极易在网络上形成大范围的热议，其间极易滋生网络谣言。网民在网络谣言传播过程中的作用可以通过网民讨论力度来表示，网民讨论力度反映的是在突发事件网络谣言传播过程中的热议程度，本模型通过天涯论坛上突发事件信息的转发数量来反映网民讨论突发事件的力度。

（2）网民群体极化程度。对于突发事件本身，每位民众都有自己的看法与见解，如果前期舆论引导不当，多元观点的平衡往往会被打破，随着讨论人群的增多，某些极端意见持续升温，往往成为舆论的主要导向，极易形成“群体极化”现象，促使网络谣言加速形成与传播，进而引发舆论危机。此外，由于群体效应的影响，网民希望与他人分享信息、讨论问题、达成共鸣，导致突发事件在网上、网下的讨论能量不断增加，在很大程度上也会导致网络谣言热度升高。

（3）意见领袖作用。意见领袖是指具有一定网络地位、信息来源广泛、言论具有极强的煽动性的网络人群。突发事件发生后，意见领袖通过网络平台发表个人言论，极易因个人情感好恶，扭曲事实真相，传播网络谣言，甚至引起社会动荡，给政府应急管理工作带来压力。但是，若前期应对工作及时、公开、科学，也能影响意见领袖的思想，其发表的正面言论就会增多，由于其较大的舆论影响力，则会对负面言论产生引导作用，消减负面影响。

综上分析，可以绘制网民作用量因果回路图，如图 1.13 所示。

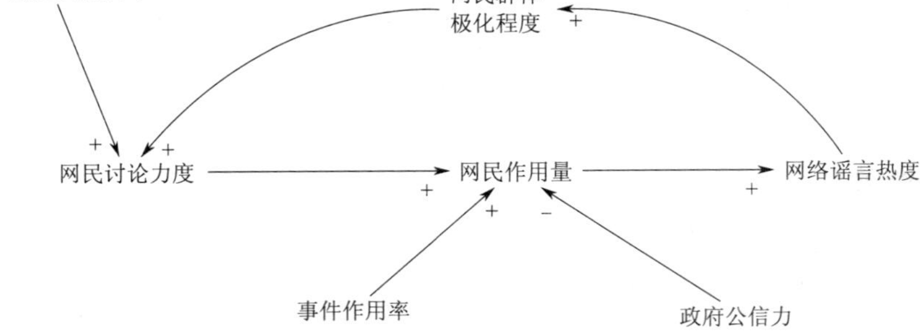

图 1.13　网民作用量因果回路图

3. 媒体作用量

媒体是信息传播的载体，是网络谣言的主要聚集与发散平台，也是政府部门发现、解决问题的重要渠道。由于网络谣言传播的即时性、虚拟性与不定向性，突发事件谣言信息在早期往往不易被察觉，但在爆发阶段突然急剧升温，在短时间内成为网民关注的焦点。在政府部门处置应对网络谣言的过程中，网络媒体的报道频率与影响率的作用占有重要比重，主要通过影响网络民众对突发事件的情绪与看法，直接作用于谣言热度。

（1）媒体报道频率。网络媒体以其传播速度快、互动性强、信息量大等特点，广泛应用于民众生活和工作的方方面面。由于媒体多渠道、全方位的信息传播能力，突发事件发生后，会在短时间内在网络上引起激烈讨论，亦成为各大媒体的关注焦点，相应的媒体报道频率就会增加。当媒体报道及时、准确，能够满足民众对突发事件真实信息的强烈需求时，谣言热度相应地就会降低；若民众对媒体报道信息不认同，怀疑信息的真实性，就会激化网民不满情绪，进而造成群体极化现象。

（2）媒体影响率。媒体是突发事件网络信息传播的“催化剂”与“添加剂”，知名度越高的媒体，对谣言的扩散影响越大，直接影响民众对网络信息的认知力与判断力。知名度越高的媒体，报道频率越高，网络信息传播速度越快，越容易导致谣言热度持续上升。如果政府部门在网络谣言产生之初，能够及时通过主流媒体表达立场、公布事件信息，不仅会提高媒体的影响力与政府公信力，而且会大大降低谣言热度。

综上分析，可以绘制媒体作用量的因果回路图，如图 1.14 所示。

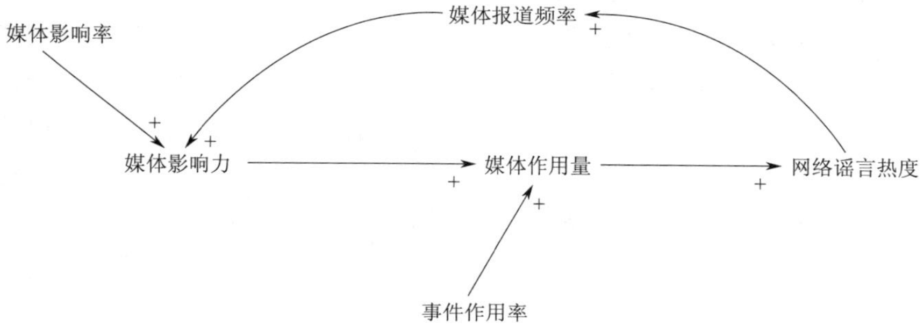

图 1.14　媒体作用量因果回路图

4. 政府作用量

政府是突发事件网络谣言的监控者、引导者与处置者，其影响力贯穿谣言信息萌芽、发展与沉寂始终，是网络谣言消退的重要因素，也是决定性因素。当前，关乎民众切身利益的网络谣言日益频发，政府及时公布事件信息、提高新闻发布频率与互动程度，能够有效避免网民群体极化现象，加强网络谣言处置力度，进而降低网络谣言热度。同时，突发事件信息公开程度越大、报道频率越高，政府部门的公信力也就越高，网络谣言的处置力度也会越大。相反，如果政府不及时进行辟谣，以有效化解网络谣言危机，将会严重影响社会秩序与社会稳定。

（1）网络谣言处置力度。政府在突发事件网络谣言产生、传播、消退的过程中扮演着重要角色。突发事件爆发初期,政府部门应当及时公开事件详细情况与处置措施,加强与网络民众和新闻媒体的互动,实时监控网络谣言的产生和变化,快速响应可能出现的各种舆论事件。政府部门的网络谣言处置力度主要包括信息公开程度、响应速度与网络互动程度三个方面。

①信息公开程度。在突发事件发生后,政府部门应当通过官方媒体或者新闻报道向民众及时公布事件发展情况与处置对策,让民众了解事件处置应对的全过程。事件处置过程应公开透明,避免虚报瞒报、误报漏报等情况发生,虚假信息一经曝光将会被网络舆论无限放大,在短时间内谣言热度会急剧上升,严重影响政府部门的公信力与工作效率。

②响应速度。响应速度是指在突发事件发生后,政府部门对网络谣言监控、辟谣与处置的反应速度,一方面反映政府部门的重视程度,另一方面也是政府工作效率与处置力度的最好体现。在突发事件网络谣言散播之初,政府部门及时响应并采取有效控制措施,将会最大限度降低事件危害程度与工作难度。

③网络互动程度。网络互动是政府部门与民众之间建立沟通的重要渠道,也是掌握网络谣言发展动向的主要手段。一般通过网上交流了解民众对事件的观点与态度,把握网络谣言发展演变的时间、走势与方向,有针对性地解决民众关心的问题与锁定舆论的焦点。

(2)政府公信力。公信力是政府处理事件的影响力与号召力,是政府行政能力的直观反映,体现了民众对政府工作的信任感与认同度,同时也是对政府工作能力的客观评价。如突发事件网络信息透明度高、响应速度快、网络互动程度高,则有助于提高政府公信力与应急处置能力,进而促使网络谣言热度降低。

(3)官媒报道频率。官媒(政府媒体)报道频率是指政府部门单位时间内通过官方媒体公布事件经过、解决民众疑惑、处理舆论危机而发布信息的数量。若突发事件网络谣言热度短时间内急剧升高,会导致民众的恐慌与社会秩序的不稳定。因此,政府部门要正确、科学地对网络谣言进行辟谣,及时、公开地报道突发事件的发展过程与处置对策,提高政府应对网络谣言的能力。

综上分析,可以绘制政府作用量的因果回路图,如图 1.15 所示。

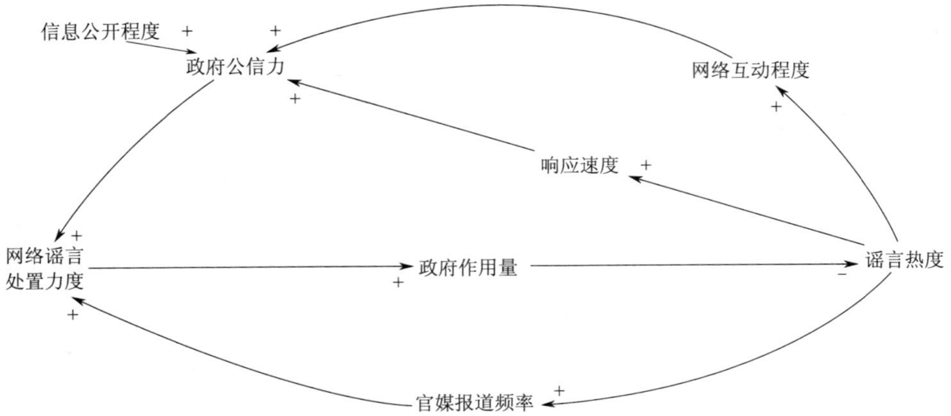

图 1.15 政府作用量因果回路图

1.2.2　网络谣言热度系统动力学模型

在系统动力学中，因果关系图只能定性描述各因素间的正负反馈情况，而不能区分不同性质变量的差别。在构建突发事件网络谣言热度因果关系图的基础上，利用存量流量图对系统中各变量之间的数学逻辑关系进行分析，寻找影响谣言热度的关键因素。

1. 存量流量图的构建

在此模型中将谣言热度定义为存量，用来表征网络谣言的传播能力；其他变量都定义为流量，它们共同作用于网络谣言热度。突发事件的破坏程度和影响力提高，网络民众的关注程度提高，相应地推动谣言信息的传播，提高网络谣言热度。同理，突发事件的破坏程度和影响力提高，网络媒体的报道量增加，媒体关注度相应提高，网络谣言热度相应上升。当谣言热度达到一定程度时，会引起政府部门关注，政府会采取相应的行动对谣言进行引导，降低网络谣言热度。综上分析可以绘制网络谣言热度的存量流量图，如图 1.16 所示。

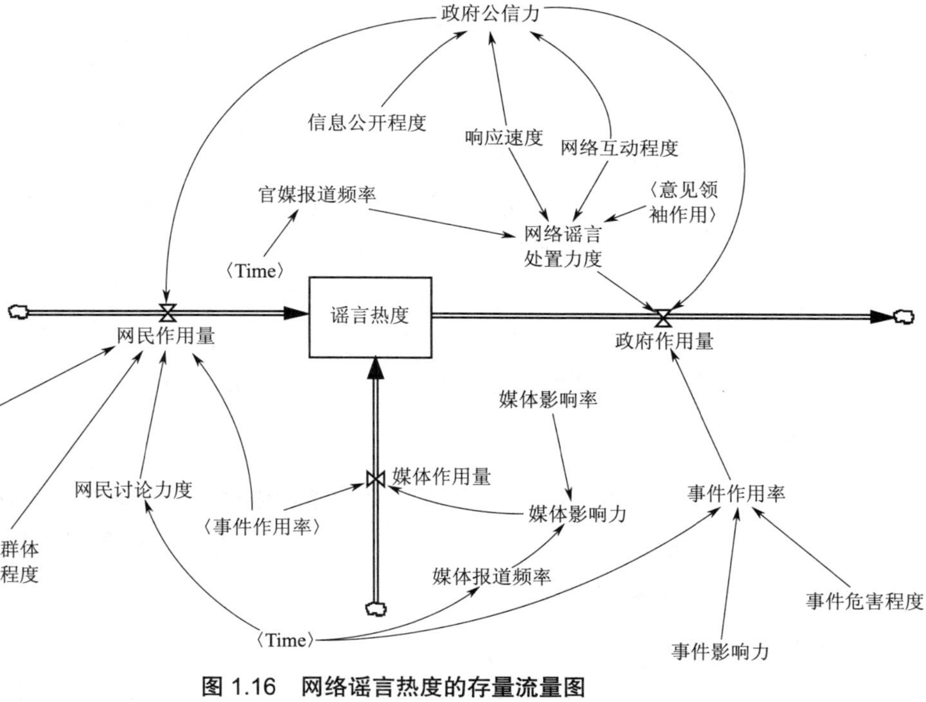

图 1.16　网络谣言热度的存量流量图

2. 变量间函数关系的确定

此模型中变量之间的主要关系式如下。

事件作用率 =（0.6 × 事件危害程度 +0.4 × 事件影响力）^（−Time）

政府公信力 = 信息公开程度 ×（响应速度 + 网络互动程度）/2

网民作用量＝事件作用率 × 网民讨论力度 × 网民群体极化程度 × 意见领袖作用/政府公信力

媒体影响力＝媒体影响率 × 媒体报道频率

媒体作用量＝媒体影响力 × 事件作用率/10

网络谣言处置力度＝（响应速度＋网络互动程度＋意见领袖作用）/3 × 官媒报道频率

政府作用量=DELAY1I（（政府公信力＋网络谣言处置力度）/2 × 事件作用率，1，0）

其中，基于政府应对网络谣言信息的特征，使用一阶延迟函数来反映这一过程，延迟时间为 1 天，设定政府作用初始值为 0。

谣言热度=INTEG（0.5 × 网民作用量+0.3 × 媒体作用量-0.2 × 政府作用量，0）

其中，网络谣言热度受民众、媒体与政府三个因素的共同作用，由专家打分确定各因素相互之间的作用比值，采用层次分析法定量计算三个因素的权重；谣言热度初始值取 0。

1.2.3 模型仿真

在构建网络谣言热度系统动力学模型后，利用案例相关数据对此模型进行仿真分析。

1. 模型边界假设

在本节中，对于构建的模型边界有如下假设：

（1）影响网络谣言热度的因素很多，主要研究与事件联系紧密、权重较大的网民、媒体与政府三方面因素，其他一些因素不重要或影响程度较低，暂不考虑；

（2）不考虑突发事件网络谣言的二次演变；

（3）突发事件网络谣言与事件本身存在对流效应；

（4）事件孤立，没有受到其他事件或者外力的交叉影响。

2. 案例回顾

案例选取某爆炸事故作为仿真环境，在此突发事件中产生了消防部门指挥决策失误等网络谣言。从天涯论坛上网民发文量可知，事发首日，爆炸事故谣言的发文量急剧上升；事发 3 日后，网络发文量达到最高峰。

3. 模型参数估计

爆炸事故谣言经过产生、高涨、消退阶段，在确定模型后，需要对影响模型结果的各变量参数进行确定，其中包括常量参数与表函数。

1）常量参数

模型中，影响谣言热度的常量参数包括事件影响力、事件危害程度、意见领袖作用、网络群体极化程度、媒体影响率、信息公开程度、响应速度与网络互动程度，通过调查问卷与专家打分相结合的方法进行加权平均，使专家、网民的比重分别为 0.6 与 0.4，设定取值范围为

0~100，用 $0.6\times X+0.4\times\sum Y_i/n$ 表示常量参数的数值，其中 X 为通过专家打分法讨论出的经验数值，Y_i 为通过调查问卷得到的网民认定的数值，n 为调查问卷的有效份数。利用收集到的有效数据进行计算，可得事件影响力、事件危害程度、意见领袖作用、网络群体极化程度、媒体影响率、信息公开程度、响应速度与网络互动程度等常量参数的数值分别为 68、82、65、85、74、43、78、62。

2）表函数

在网络谣言形成传播的过程中，各大论坛、贴吧、网络媒体、官方网站对事件的关注程度主要体现在网民讨论水平、媒体报道频率、官媒报道频率。通过收集爆炸事故发生后 10 天内，网民在天涯论坛上发表的含有消防员等词语文章的数量、新浪新闻报道数量、某政府网站的报道数量作为数据来源，利用表函数表示网民讨论水平、媒体报道频率与官媒报道频率。

网民讨论力度 =WITH LOOKUP（Time，（[（0，0）-（10，2 000）]，（0，136），（1，360），（2，638），（3，1 186），（4，908），（5，620），（6，381），（7，138），（8，96），（9，52），（10，8）））

媒体报道频率 =WITH LOOKUP（Time，（[（0，0）-（10，200）]，（0，29），（1，71），（2，128），（3，104），（4，306），（5，220），（6，107），（7，92），（8，76），（9，58），（10，41）））

官媒报道频率 =WITH LOOKUP（Time，（[（0，0）-（10，20）]，（0，2），（1，8），（2，18），（3，12），（4，9），（5，6），（6，7），（7，5），（8，1），（9，2），（10，2）））

4. 系统仿真结果及分析

在建立网络谣言热度系统动力学模型后，分别从网民子系统、媒体子系统与政府子系统进行讨论，控制其他常量参数不变，分别增减意见领袖作用、网络群体极化程度、媒体影响率、信息公开程度、响应速度与网络互动程度的数值进行仿真分析。为了直观反映各因素的影响程度，本节所有因素调整幅度均为 10%。

1)网民子系统

在网民子系统中，意见领袖作用和网络群体极化程度两个因素共同作用影响网民作用量，进而影响网络谣言热度。如图 1.17 所示，系统的初始状态谣言热度变化曲线为曲线 1，当意见领袖作用与网络群体极化程度分别增加 10% 时，谣言热度变化曲线分别为曲线 2、3。由图可知，当意见领袖作用与网络群体极化程度增加时，谣言热度也相应提高，且网民群体极化程度的影响力要大于意见领袖作用。因此，应着力加强网民心理干预，做好网络舆论的导向工作，有效回应民众的信息需求和利益诉求，防止网络谣言引发网下社会动荡。同时，也需做好意见领袖的导向工作，加强与意见领袖的沟通互动，提高意见领袖的正面传播能力。

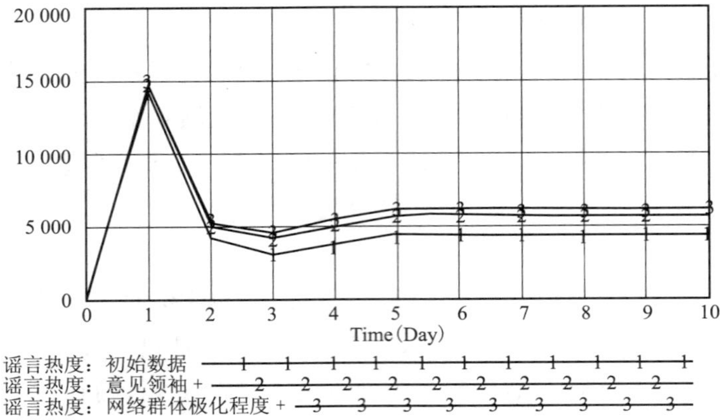

图 1.17 网民作用子系统谣言热度变化曲线

2)媒体子系统

在媒体子系统中，媒体影响率是影响媒体作用量的单一因素。如图 1.18 所示，系统的初始状态谣言热度变化曲线为曲线 1，当分别提高与降低媒体影响率 10% 时，谣言热度变化曲线分别为曲线 2、3。由图可知，当媒体影响率增加时，谣言热度增加；当媒体影响率降低时，谣言热度对应降低。因此，网络媒体在传播信息过程中，要保证信息的可信性与渠道的透明度，提高媒体的说服力与影响力。政府部门亦需加强与网络媒体的合作，进行有效沟通，占领舆论引导的主动地位，增强网络谣言处置能力。

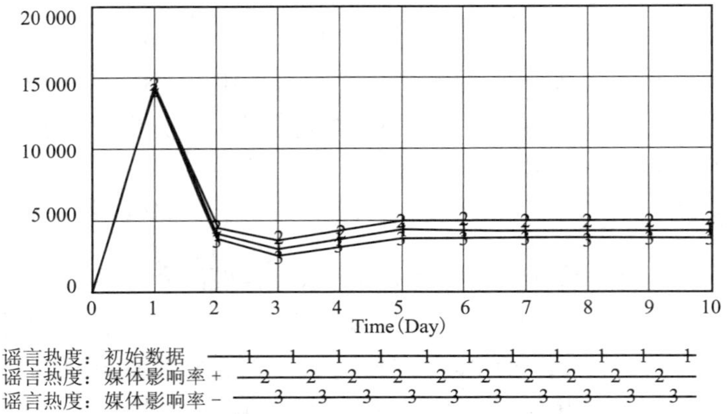

图 1.18 媒体作用子系统谣言热度变化曲线

3)政府子系统

在政府子系统中，政府信息公开程度、响应速度与网络互动程度共同影响网络谣言热度，其中信息公开程度在调控中起到关键性作用。如图 7 所示，系统的初始状态谣言热度变化曲线为曲线 1，当响应速度、网络互动程度与信息公开程度分别提高 10% 时，谣言热度变化曲线分别为曲线 2、3、4。由图可知，政府作用量直接作用于谣言热度，当三个因素增加时，网络谣言热度降低，尤其当信息公开程度提高时，谣言热度降低程度更加明显。因此，要提高政府部门突发事件网络谣言的处置力度，必须增强政府信息公开程度、网络互动程度与响应速度。其中，需着力增强政府信息公开程度，及时通过权威渠道发布信息，使网民在第一时间了解事实真相，充分交流、解惑答疑、科学辟谣，避免信息不公开造成的网络恐慌，降低网络谣言热度。

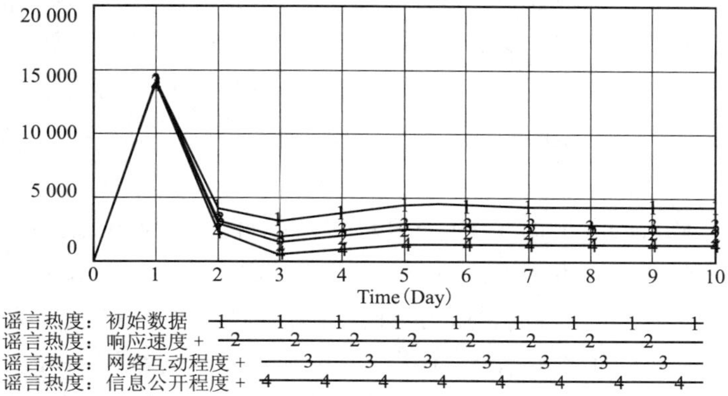

图 1.19　政府作用子系统谣言热度变化曲线

1.3　网民情绪演化模型

1.3.1　网民情绪演化阶段要素提取

网民情绪演化分为四个阶段，即萌芽期、爆发期、成熟期和衰退期，依据相关的理论知识和实际案例，提取影响网民情绪演化的重要因素。

（1）萌芽期。根据 Albert Ellis（1977 年）提出的理论，即“情绪不是由一诱发事件所引起的，而是由经历该事件的主体对此事件的解释和评价所引起的”，强调经历该事件的主体起着重要作用。随着这部分主体情绪的高涨，其他网民情绪会受到传染并扩散，Mackie（2000 年）的群体情绪理论认为当个体认同某个特定群体，容易获得社会与情绪意义。可见，在萌芽期，当外部网民体验到的情绪是基于对内部网民群体的特定认同产生的时，会引起多数网民的响应和参与，刺激网民的情绪爆发。提取的要素：①内部群体激化程度，即内部网民揭露事件、发泄情绪，同时也会作用于外部网民，影响多数网民情绪；②新闻媒体等各类网络传播平台利用其平台使信息和情绪得到扩散。

（2）爆发期。随着情绪积累到一定程度，峰值现象自然出现。根据 Schachter&Singer（1962 年）的情绪认知理论，情绪的产生和爆发受到三个因素影响，即环境事件、生理状况和认知过程。在普遍利益导向的社会环境下，将 Adam Smith（1776 年）的“绝对利益理论”用于舆论环境，即每个人都受利益驱使，会衡量某一事件对自己的利弊权重，或者某种渴望的心理需求。情绪是驱使个体采取行为的力量，而网民的个人情绪与信息情绪是不能分割的，随着网民认为事件涉及自身某种利益，参与评价与讨论的频率增加，情绪逐渐汇聚，加上舆论平台的巨大传播力量，进而助长网民情绪爆发。在爆发期，若不及时关注网民情绪异常并采取相应措施，极易导致网民情绪一发而不可收拾。提取的要素：①网民的涉利程度，即随着网民情绪的不断酝酿，网民会出于自身涉及的利益或者某种需求而发泄情绪，积累爆发的力量；②网民转发意愿与关注度，即外部网民通过转发、评论等情绪表达作用于内部网民群体，形成合力，进一步推动情绪的传播；③媒体的影响力及其效应，即凭借持续和大量的报道助长网民情绪；④政府应对危机的工作效率，即政府在关注到网民情绪开始高涨的同时，立即做出响应，表明态度和计划。

（3）成熟期。Walter Lippmann（1922 年）认为大众传播媒体在连接社会公共事项和民众头脑中的意象中起到至关重要的作用。Carl Hovland（1953 年）认为人的态度的改变主要取决于说服者的条件、信息本身的说服力及问题的排列技巧。在此理论基础上，提出“媒体说服效应”主要取决于事件的可信度、渠道的官方度和社会网络等因素。随着网民情绪达到峰值，媒体的影响力及其说服效应在一定程度上促进网民持续关注，而政府引导网民情绪，优化网络舆论生态显得尤为重要。提取的要素：①媒体的说服效应与影响力，即具有很高信任度和受众群体较广的媒体（报纸、电视等）进行持续报道，使公众关注度达到新的高潮，媒体舆论与事件影响力之间相互影响，促进情绪高涨；②政府工作作用量，即政府主体接收到舆论事件的危险信号，立即采取相关措施进行减缓，不仅需要解决现实中的危机，还需要疏导网民情绪；③网民持续的关注，即随着事件原委被了解和政府有效引导，网民情绪会减缓，但是不乏网络中存在“推手”“水军”，与政府博弈，造成网民情绪因事件中敏感点而波动，或高涨，或减缓。

（4）衰退期。舆论事件发生后，政府行为是否妥当将会在很大程度上影响网民的情绪。政府工作量主要包括处置危机的行为和情绪引导工作量。政府工作在事件发生后的工作效率、工作态度、工作方式以及宣传报道的效果都是政府社会治理能力的体现，通过网络效应会影响网民对政府公信力的评价。提取的要素：①政府危机应对效果，即网民了解事件的真相，满足其知情权，其后关注度慢慢下降；②政府情绪引导工作，即政府及时公开危机处理措施，积极引导网民情绪；③媒体的影响力，即通过媒体平台缓解公共关系危机；④网民自身因素，即涉及网民自身利益的事件得以解决或者正义情结得以满足，内心张力会重归平衡状态。与此同时，新的热点事件可能出现，转移网民的注意力，间接促使情绪衰退。

综上分析，网民情绪演化过程要素提取如图 1.20 所示。

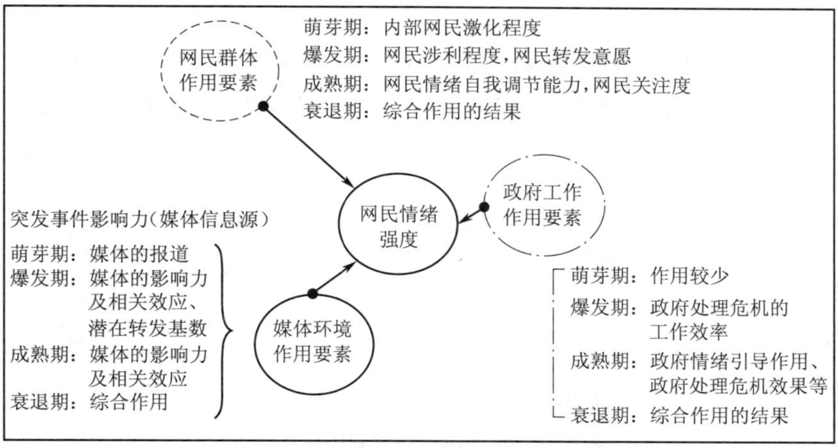

图 1.20　网民情绪演化过程要素提取图

1.3.2　网民情绪演化影响因素分析

根据上述所提取的要素与网民情绪强度的逻辑关系，总结归纳出“网民群体子系统”“媒体环境子系统”以及“政府工作子系统”，并绘制出相应的因果回路图。

1. 网民群体作用量

Gustave Le Bon（1895 年）指出，“人一到群体中，智商就严重降低，为了获得认同，个体愿意抛弃是非，用智商去换取那份让人备感安全的归属感”，内部网民的激化程度受到群体认同感和归属感的重要影响。随着网民情绪强度的增加，网民群体认同感和归属感增加，进一步出现网民情绪激化，从而关注度越发高涨，随着事件的受众越来越多，网民情绪强度也越发强烈。同时，在影响网民情绪的心理因素中，最突出的是网民自身所涉及的利益程度，即网民认为自身所涉及的利益较多或者出于某种心理需求而形成一定的网民情绪。相反，网民的情绪自我调节能力是减缓网民情绪强度的一个重要变量，由于受到多重因素的影响，将其设置为一个常量。综上分析，可以绘制网民群体作用量因果回路图，如图 1.21 所示。

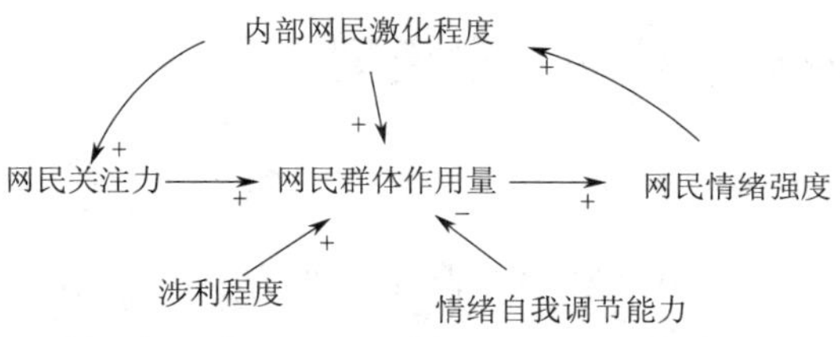

图 1.21　网民群体作用量因果回路图

2. 媒体环境作用量

网络媒体作为网民情绪发生的环境平台，其环境作用量主要是指衡量媒体报道量和报道频率的一个常量。媒体说服效应是指面临说服性信息时，个体态度发生转变并影响其决策行为的一种现象。随着事件的影响力越大，网民情绪越高涨，媒体影响力也就越大，直接作用于媒体的说服效应，进而影响媒体潜在转发基数，即转发意愿越高，情绪传播强度越大，这是一个正反馈过程。综上分析，可以绘制媒体环境作用量因果回路图，如图 1.22 所示。

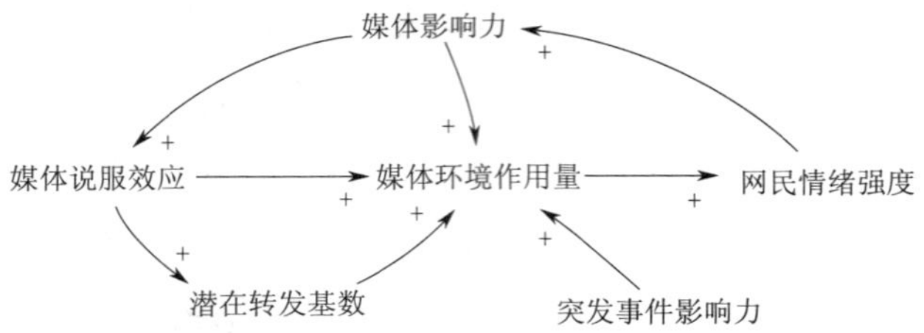

图 1.22 媒体环境作用量因果回路图

3. 政府工作作用量

政府工作作用量可以有效缓解网民情绪，是一个关键变量。情绪的缓解除靠个人的情绪调节外，更重要的是靠政府的情绪引导作用和危机处理效果。随着网民情绪强度的增加，政府危机应对需要更加迅速和有效，促使政府公信力增加，网民对政府的信任感和依靠感上升，从而越能理解事件和调节自身情绪。与此同时，政务媒体和新闻发言人等第一时间把客观真实的信息传递给民众，能够消除民众疑虑，有效缓解网民情绪，体现政府的情绪引导作用。综上分析，可以绘制政府工作作用量因果回路图，如图 1.23 所示。

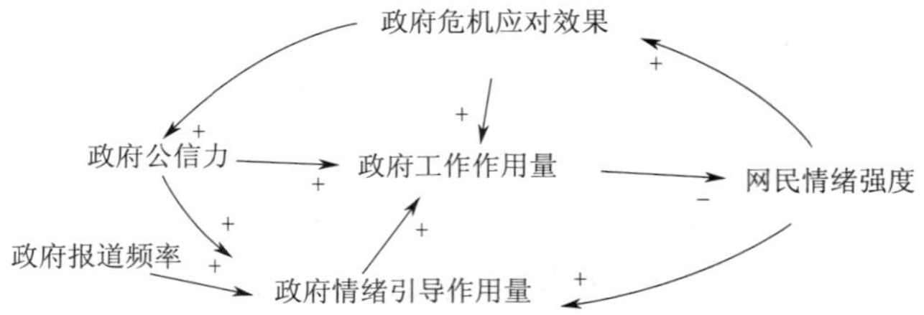

图 1.23 政府工作作用量因果回路图

1.3.3 网民情绪演化系统动力学模型

1. 系统流图的构建

采用定性方法对网民情绪强度影响因素进行进一步细化，并对系统的约束和边界条件进行界定，在采集必要数据的基础上，运用定量方法分析得到相应的演化动态结果，并与现实系统进行对照，且进行相应调整，具体逻辑思路如图 1.24 所示。

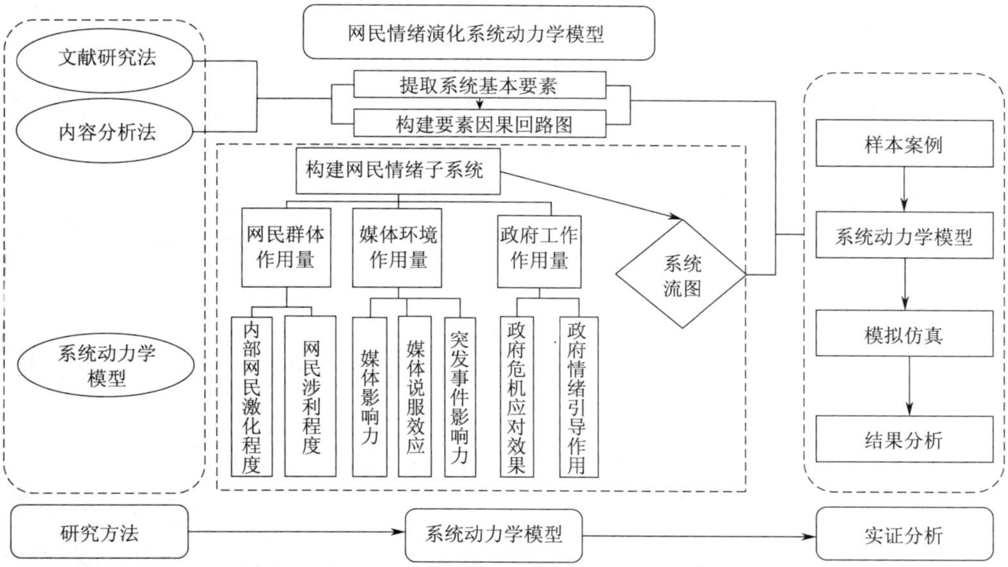

图 1.24　网民情绪演化系统动力学模型构建逻辑思路图

基于此，建立系统流图，以网民情绪强度为聚焦点并设置为存量变量，将网民、媒体和政府综合作用，分别设置流率变量，而它们又受一系列相关因素影响，最终构成整个网民情绪演化系统模型，如图 1.25 所示。

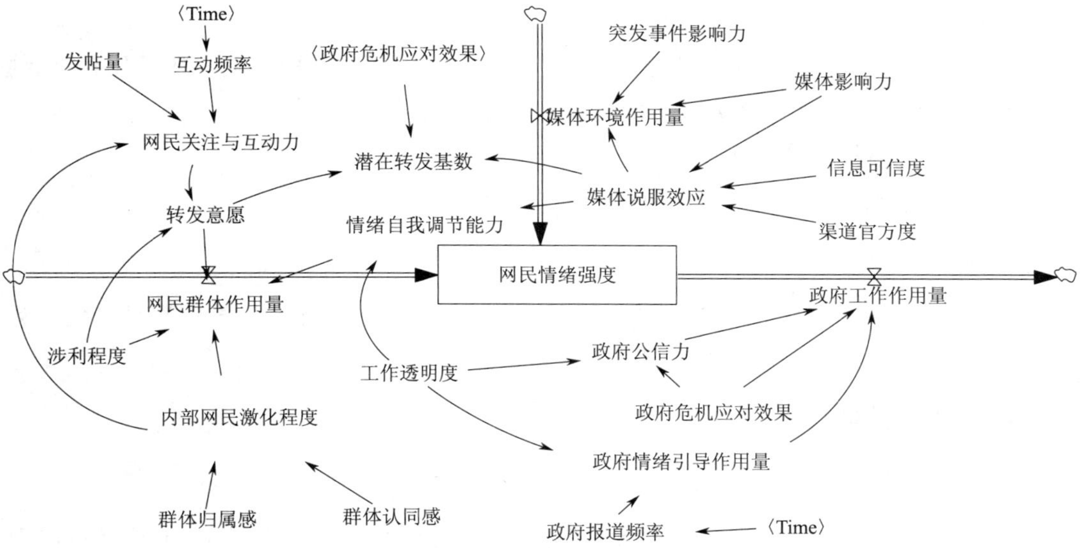

图 1.25　网民情绪强度系统流图

2. 变量之间的方程式

网民关注与互动力 = 互动频率 ×（发帖量 + 内部网民激化程度）/2

转发意愿 = 涉利程度 × 网民关注与互动力

情绪自我调节能力 = 媒体说服效应 × 工作透明度

内部网民激化程度 = 群体归属感 × 群体认同感

网民群体作用量 = 内部网民激化程度 × 涉利程度 × 转发意愿 / 情绪自我调节能力

潜在转发基数 = 媒体说服效应 × 转发意愿 / 政府危机应对效果

媒体说服效应 = 信息可信度 × 渠道官方度 × 媒体影响力

媒体环境作用量 = 媒体影响力 × 媒体说服效应 × 潜在转发基数 × 事件影响力

政府情绪引导作用量 = 工作透明度 × 政府报道频率

政府公信力 = 工作透明度 × 政府危机应对效果

政府工作作用量 = DELAY1I（政府公信力 × 政府危机应对效果 × 政府情绪引导作用量，1，0）

其中，基于政府响应的特性，在系统中存在延迟效应，网民情绪强度初始值为 0。

$$网民情绪强度 = 网民群体作用量\times\alpha + 媒体环境作用量\times\beta - 政府工作作用量\times\gamma$$

其中，网民情绪强度是网民、媒体和政府综合作用的结果，而相应因素权重预先假定分别为 α、β、γ，且 $\alpha+\beta+\gamma=1$，通过相关网络舆情专家为其赋值，对模型不断进行调试，最终确定相应值，设定初始值为 0。

1.3.4 模型仿真

1. 仿真假设

（1）影响网民情绪传播的因素很多，主要研究与其有紧密关系的、对系统变化有重要影响的因素，其他一些因素不重要或者影响程度较低，暂不考虑。

（2）不考虑网民情绪二次传播。

（3）不考虑媒体监管等一些作用比较小的因素。

2. 案例回顾

某地暴力拆违事件舆情关注度在 5 月 3 日达到最高，5 月 4 日后该舆情呈平息态势。整个事件网民情绪强度从 0 开始高涨，后因政府引导而下降。

3. 模型参数估计

1)常量参数

模型中，常量参数涉及网民群体认同感和归属感、涉利程度、事件影响力、媒体影响力、渠道官方度、事件可信度、政府工作透明度以及政府危机应对效果，因此通过对网民发放问卷，由网民填写问卷来获取相关数据，从而可以将其假定为常量。此研究主要针对普通微博等用户，设定取值范围为 0~100，网民反馈取值越大，则作用越强。最后对回收的有效问卷采用算术平均法得出每一个常量的综合取值为 60、55、34、67、45、55、57、42、50。

2)表函数

网民情绪演化系统中，网民和政府对事件的关注具体体现为网民讨论频率和政府报道频率。某地暴力拆违事件的负面情绪占主要部分，因此对网民在微博上发表的有关“愤慨”“悲伤”等评论数、该事件的转发数和点赞数进行收集，并整理汇总成网民讨论频率；某地公安和政府官方微博的报道数据汇总成政府报道频率。

网民互动频率 =WITHLOOKUP（Time，[（0，0）-（8，90 000）]，（0，0），（1，10 000），（2，90 000），（3，87 740），（4，28 450），（5，12 670），（6，800））

政府报道频率 = WITHLOOKUP（Time，[（0，0）-（6，300）]，（0，0），（1，45），（2，165），（3，199），（4，273），（5，123），（6，28））

4. 系统仿真结果及验证

通过网络舆情专家为 α、β、γ 所赋的值进行模型仿真，最终确定网民情绪演化仿真结果如图 1.26 所示，此时 $\alpha = 0.36$，$\beta = 0.38$，$\gamma = 0.26$，仿真结果基本符合现实情况。由图可知，网民情绪的演化可以分为 4 个阶段，分别是 0~1 天事件出现，网民大量关注，情绪受到刺激，网民情绪强度呈直线式上升；1~2 天随着内部网民情绪的激化，网民情绪强度持续上升，随着涉利范围扩大和程度加深，相比前一天的上升速度有所增加；随后政府开始响应，并处理事件，网民持续关注，但是情绪开始缓解；最后政府处理事件妥当，网民情绪强度消退速度明显加快，并趋于 0。综上分析，图 1.26 基本可以反映网民情绪的演化过程。

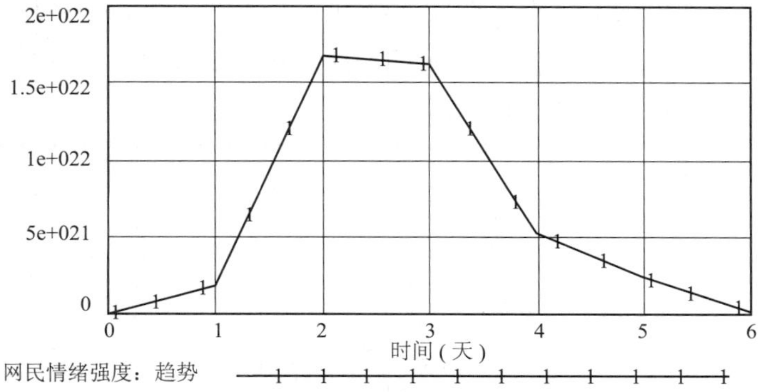

图 1.26　系统模型仿真结果

基于上述仿真结果，采用“清博舆情监测”软件，对某地暴力拆违事件中网民情绪的具体数据进行验证。该舆情监测软件通过搜索关键词可获得重要舆情信息，对舆情信息进行情感分析，其中正面情绪占 1.78%，中性情绪占 4%，负面情绪占 94.22%，由此可以看出，该事件的网民负面情绪占了主要部分，且网民负面情绪强度随着时间推移不断变化。该事件发生后，网民情绪强度有明显的提高，到达一个峰值后开始减弱，最后趋于缓和直至消失，如图 1.27 所示。由于在系统仿真的过程中存在变量假设，所以仿真结果不可能与实际情况完全一致。但从仿真结果可以看出，仿真得出的网民情绪强度走势与真实情况基本一致，由此得出该系统模型是合理的，可以用来对网民情绪强度的变化进行仿真。

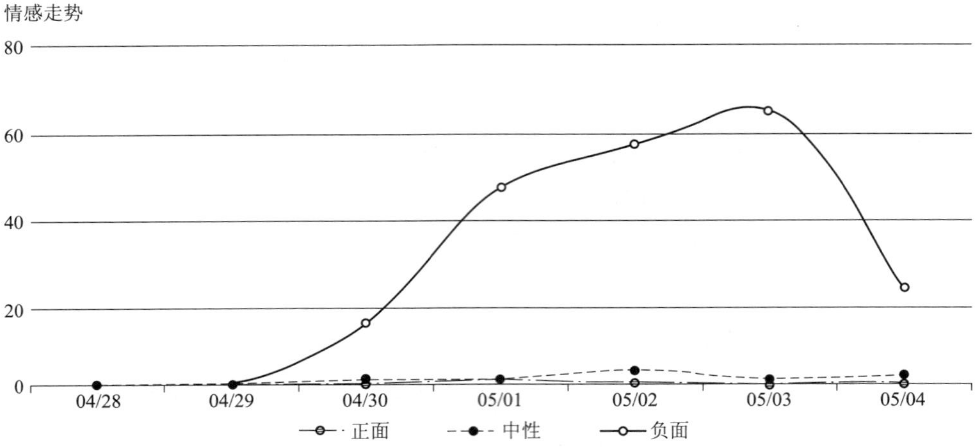

图 1.27 某地暴力拆违事件的情感走势分析图

5. 系统变量仿真及分析

1)网民群体作用量

当该事件出现在网络上以后，有一些关系到切身利益的内部网民群体揭露事件、发泄情绪，网民会根据自身的利益程度或者某种需求，关注回复并参与讨论交流，扩大事件的覆盖面及受众面，使更多网民的情绪难以调控。如图 1.28 所示，曲线 3 为初始状态网民情绪强度变化曲线，内部网民激化程度增加 30% 的网民情绪强度变化曲线为曲线 1，涉利程度增加 30% 的网民情绪强度变化曲线为曲线 2。

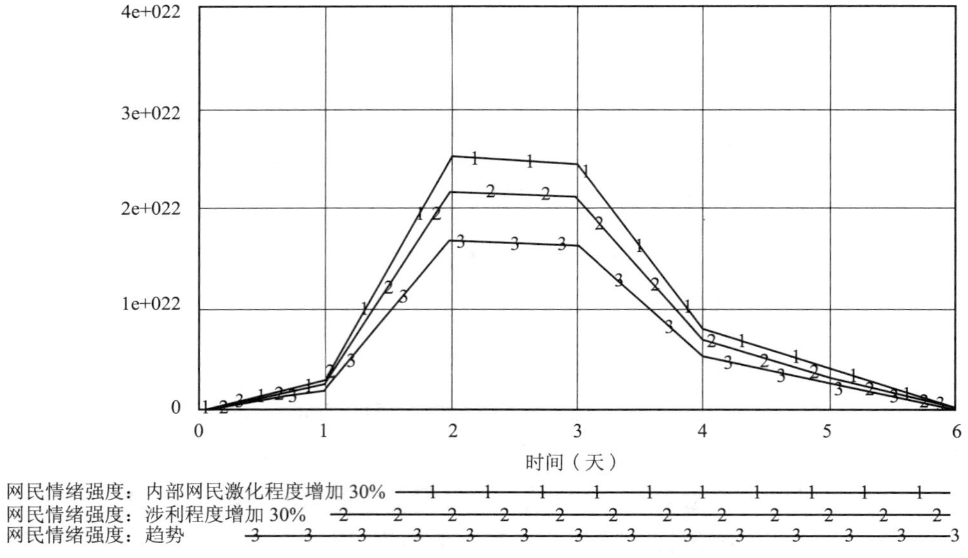

图 1.28 网民群体作用量分析

结果显示，内部网民激化程度和涉利程度是影响网民情绪强度的两个重要因素。其中，内部网民激化程度，对网民情绪强度的影响较大。其主要原因在于群体的作用大于个人利益，群体会产生某种"本能"，即通过协调自身及其同伴的行动，从而达到与群体行动的一致。因而，在网民情绪引导过程中，如何消减群体激化是重要内容。

2）媒体环境作用量

媒体在一定程度上能够左右民众对于事件的关注顺序和关注程度，媒体通过持续、大量地报道事件（信息源），可以进一步增加事件的受众范围和影响力，同时媒体的官方性、权威性都会使民众产生一定的信赖。如图 1.29 所示，初始状态网民情绪强度变化曲线为曲线 4，当各影响因素分别增加 30% 时，网民情绪强度都会有相应程度的提高。其中，最为明显的是媒体影响力（曲线 1）；其次是媒体说服效应（曲线 2）；突发事件影响力不明显（曲线 3）。

结果显示，在媒体环境作用中，事件影响力、媒体影响力及媒体说服效应都影响到网民情绪的强度。其主要原因是媒体凭借持续、大量的报道所产生的影响力能够在很大程度上影响网民的心理与情绪。同时，媒体说服效应对于影响网民情绪也有重要意义。Gustave Le Bon（1895 年）指出"群体成员会因为利益诉求或某种情感因素而产生暂时的群体心理"，持续、大量报道所产生的强大媒体影响力和说服效应，催生一致性的群体心理，往往会使网民注重媒体报道而忽略事件（信息源）的真实性，因此媒体影响力对于网民情绪具有更大影响。

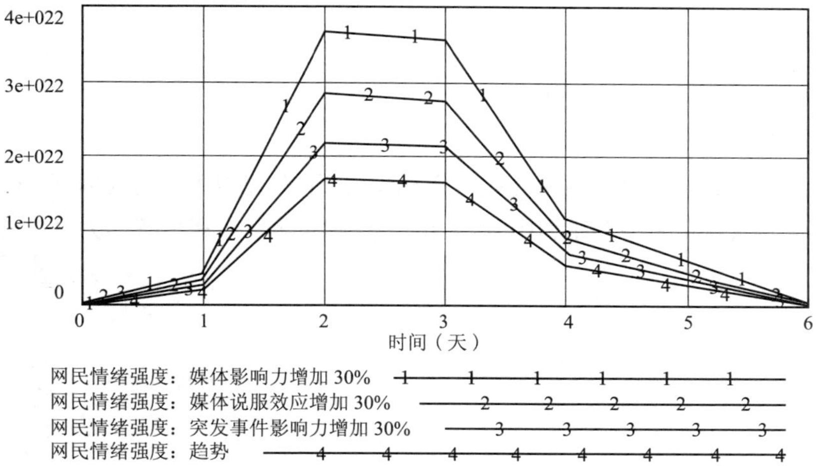

图 1.29　媒体环境作用量分析

3）政府工作作用量

在引导网民情绪过程中，政府起着关键性的作用。宏观上政府危机应对效果与微观上政府情绪引导作用量都体现着政府的公信力。如图 1.30 所示，曲线 3 为初始状态网民情绪强度变化曲线，曲线 1 和曲线 2 分别为政府情绪引导作用量和政府危机应对效果增加 30% 时网民情绪强度变化曲线。

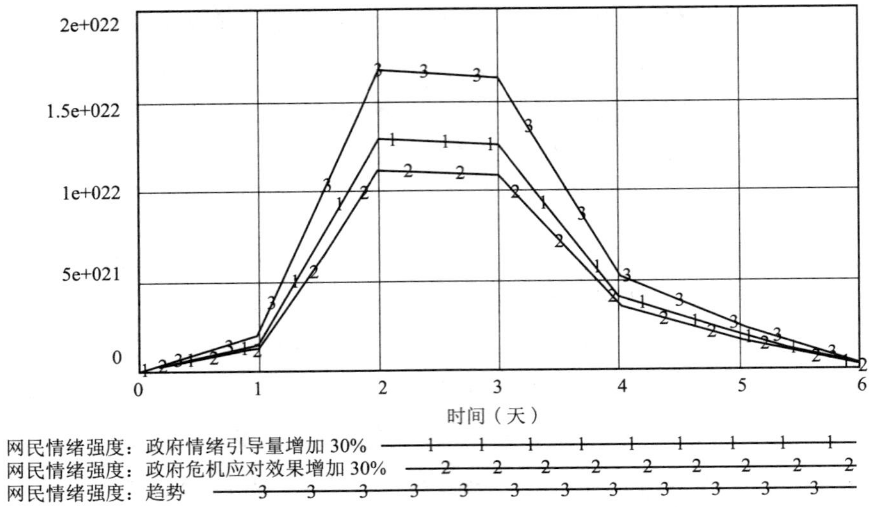

图 1.30 政府工作作用量分析

结果显示，政府情绪引导作用量和政府危机应对效果都对网民情绪演化产生影响，其中政府危机应对效果最能直接缓解网民情绪的激化。其主要原因在于政府部门要“治标先治本”，即在事件发生后，当机立断，妥善处理，注重危机应对的工作效率和工作态度，切实履行政府职能，其效果将优于直接引导网民情绪。

延伸思考

系统动力学方法能够分析系统的动力学机理，揭示系统规律和重要因素，思考如何结合其他方法来动态识别新因果关系和因素，并结合网络科学来丰富系统动力学方法的应用。

第 2 章　微分方程建模方法

微分方程是指含有未知函数及其导数的关系式，解微分方程就是找出未知函数。微分方程建模是数学建模的重要方法，在自然界和社会领域中的许多系统，有时很难找到其有关变量之间的直接关系——函数表达式，但却较容易找到这些变量和它们的微小增量或变化率之间的关系式，这时往往采用微分关系式来描述系统，即建立微分方程模型。一切事物都在不停地发展变化，变化就必然有变化率，即变化率是普遍存在的，因而导数也是普遍存在的，这就很容易将导数与实际联系起来，建立描述实际对象变化规律的微分方程模型。在自然科学和社会科学中，借助微分方程可以描述实际对象的某些特性随时间（空间）而演变的过程，分析对象特征的变化规律，预测对象特征的未来形态，研究控制对象特征的手段。

微分方程用于描述时变问题中随时间发生变化的量与其他一些量之间的关系，如何根据实际问题描述“变化率”是建立微分方程模型的关键。微分方程模型的建立是利用机理分析法找出问题的内在规律并列出方程，把实际问题转化成微分方程的定解问题。具体而言，根据实际要求确定要研究的量（自变量、未知函数、必要的参数等）并确定坐标系，找出这些量所满足的基本规律（几何的、物理的、化学的、生物学的、经济学的等），运用这些规律列出方程和定解条件，再根据所给的特定条件确定解曲线。微分方程建模适用的领域非常广泛，可以解决许多与导数有关的问题。本章以网络谣言传播、网络谣言传播主体、网络话题异常主体作用为例，介绍微分方程建模方法在警务领域的应用。

2.1　网络谣言传播模型

2.1.1　网络谣言发生机制

通过分析网络谣言发生机制，定义无知者、传播者、潜伏者和免疫者的转换关系，构建宏观和微观模型描述网络谣言传播规律，探讨控制网络谣言传播的因素，得出应对网络谣言的长期策略和近期策略。

关于谣言发生机制，已有很多学者进行过研究。奥尔波特和波斯特曼（1947 年）提出的谣言公式为谣言 =（事件的）重要度 ×（事件的）模糊度；胡珏（2000 年）提出的谣言公式为谣言 =（事件的）关注度 ×（事件的）模糊度 ×（事件的）反常度。随着网络社会深入发展，网络谣言在上述特征之外，亦具有一些新特征：一是在网络环境下，信息传播速度大大加快，各类社会公共事件和话题的网络传播呈现裂变式、爆炸式特征，极易导致舆情初期出现信息匮乏、信息错误等情况，民众的信息需求难以得到满足，引发主观猜测、恶意关联、道听途说、以讹传讹等谣言发生机制，导致舆情初期多是谣言滋生的高峰期；二是自媒体的快速发展，信息发布主体多元化，信息来源随意性突出，传统“把关人”机制缺失，导致网络谣言多发频发，加之网民结构中低年龄、低学历、低收入人群占比较高，面对网络谣言时易情绪冲动，更倾向于相信和传播谣言。

综合以上两点，得出网络谣言的发生机制：网络谣言 =（网民）关注度 ×（信息）模糊度 ×（网民）判断能力。不难看出，关注事件的网民数量变化会影响网络谣言的传播，所以以网民数量变化为研究对象探讨网络谣言传播规律。

2.1.2 网络谣言传播建模

面对网络谣言，网民一般可分为对谣言一无所知的网民、传播谣言的网民、相信谣言但不传播的网民以及对谣言免疫的网民，不同类型网民数量的变化可以反映谣言的传播程度。所以，选取网民数量作为研究对象，通过建立数学模型研究网络谣言传播规律。

1. 分析与假设

假设网络谣言传播期内经常在线的网民总数 $N(t)$ 不变。事件发生后，网民面对网络谣言时一般可分为无知者和知情者，而知情者又可分为传播者、潜伏者和免疫者。无知者，即对网络谣言一无所知的网民，假设其数量比例为 $i(t)$；知情者，即通过网络媒体获取网络谣言信息的网民，假设其数量比例为 $k(t)$；传播者，即通过网络散播谣言的网民，假设其数量比例为 $s(t)$；潜伏者，即相信此谣言但不传播谣言信息或者对此谣言将信将疑的网民，假设其数量比例为 $f(t)$；免疫者，即受到谣言干扰但不相信谣言的网民，假设其数量比例为 $r(t)$。假设 $i(t)$、$s(t)$、$f(t)$、$r(t)$ 是关于时间 t 的连续、可微函数，且无知者和传播者的初始值为 i_0 和 s_0，显然 $i(t)+k(t)=1$，且 $k(t)=s(t)+f(t)+r(t)$。

网络谣言产生后，无知者接触谣言信息立即变为此谣言的知情者，假设每个传播者发布或者转载的谣言信息平均接触网民数为 λ，简称接触率，一般而言，微博的接触率大于 1，网络新闻或者论坛等的接触率小于 1；假设每个知情者变为传播者的概率为 α，简称蛊惑率，每个知情者变为潜伏者的概率为 β，简称潜伏率，每个知情者变为免疫者的概率为 γ，简称免疫率，显然 $\alpha+\beta+\gamma=1$；由于政府及时辟谣或者网民自身觉悟，传播者或者潜伏者则可能变为免疫者，假设其概率均为 μ，简称醒悟率。无知者、传播者、潜伏者和免疫者的具体转换关系如图 2.1 所示。

通过研究无知者、传播者、潜伏者和免疫者转换关系，构建宏观和微观模型描述网络谣言传播规律。

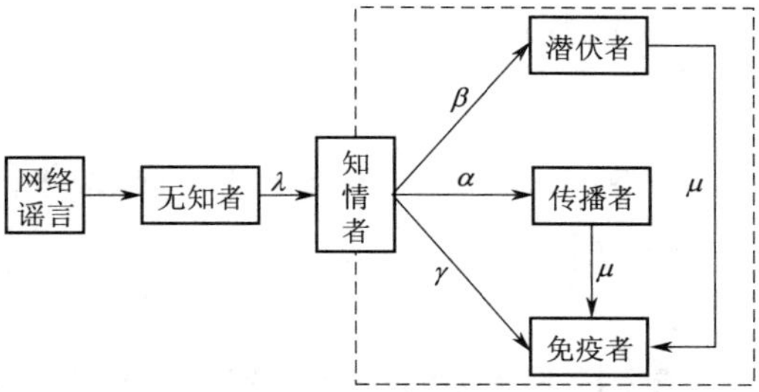

图 2.1　无知者、传播者、潜伏者和免疫者转换关系

2. 网络谣言传播宏观模型

1）宏观建模

根据无知者、知情者的转换关系，容易得出知情者的数量变化由无知者转化为知情者的数量决定，即

$$N\frac{\mathrm{d}k}{\mathrm{d}t}=Nk\cdot\lambda i$$

整理得

$$\frac{\mathrm{d}k}{\mathrm{d}t}=\lambda k(1-k)$$

2）模型分析

令 $\frac{\mathrm{d}^3k}{\mathrm{d}t^3}=0$，得 $t_1=\frac{1}{\lambda}\ln\frac{a}{2+\sqrt{3}}$，$t_2=\frac{1}{\lambda}\ln\frac{a}{2-\sqrt{3}}$，$t_2-t_1=\frac{2}{\lambda}\ln(2+\sqrt{3})\approx\frac{2.634}{\lambda}$，其中 $a=\frac{1}{k_0}-1$。特征点 t_1，t_2 把 $(0,+\infty)$ 分为三个子区间，即网络谣言潜伏期、扩散期和消退期，如图 2.2 所示。知情者数量比例在各区间上的增量分别是 $k(t)\big|_{-\infty}^{t_1}\approx 0.2113$，$k(t)\big|_{t_1}^{t_2}\approx 0.5774$，$k(t)\big|_{t_2}^{+\infty}\approx 0.2113$。

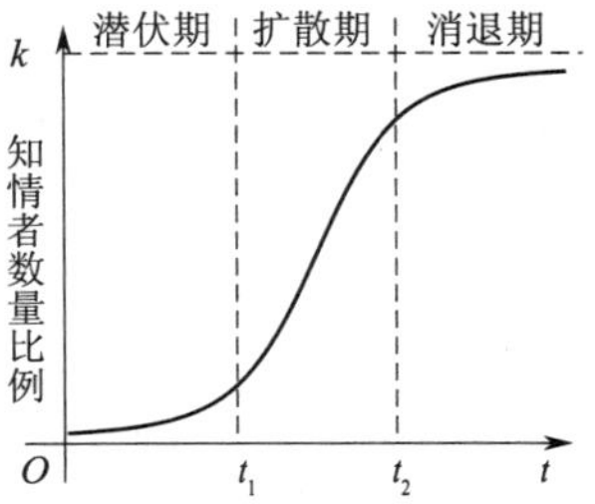

图 2.2　网络谣言传播的三个时段

在时段相对较短的扩散期 $[t_1,\ t_2]$ 上的知情者数量比例增量占到总量的 57.74%，也就是说网络谣言产生后，如果在潜伏期 $[0,\ t_1]$ 没有采取有效措施进行辟谣，那么经过 t_2-t_1 时段，该事件网络谣言便会迅速传播而危害社会。此外，在谣言扩散期，各种信息碰撞，如果没有

及时辟谣，该谣言还有可能衍生更多的网络谣言。

3）数值仿真

为更好地研究网络谣言扩散的宏观规律，在 $k_0 = 0.02$ 时，对不同的接触率 λ 对网络谣言潜伏期、扩散期经历时间进行数值仿真，见表 2.1。

表 2.1　网络谣言传播宏观模型数值模拟　　（单位：天）

扩散平台	网络新闻				论坛		微博		
接触率 λ	0.5	0.6	0.7	0.8	0.9	1	2	3	4
潜伏期 $[0,\ t_1]$	5.1	4.3	3.7	3.2	2.9	2.6	1.3	0.9	0.6
扩散期 $[t_1,\ t_2]$	5.3	4.4	3.8	3.3	2.9	2.6	1.3	0.9	0.7

3. 网络谣言传播微观模型

1）微观建模

根据无知者、传播者、潜伏者和免疫者的转换关系，可以建立描述知情者内部数量变化的微观模型。首先，每个传播者发布或者转载谣言信息可以接触无知者的网民数量为 λi，则 Ns 个传播者决定无知者数量的变化，即

$$N\frac{\mathrm{d}i}{\mathrm{d}t} = -Ns \cdot \lambda i$$

其次，无知者和潜伏者转化成为传播者的数量（每个潜伏者变为传播者的概率为 δ）以及传播者转化成为免疫者的数量决定传播者数量的变化，即

$$N\frac{\mathrm{d}s}{\mathrm{d}t} = Ns \cdot \lambda\alpha i + Nf \cdot \delta - Ns \cdot \mu$$

再次，无知者转化成为潜伏者的数量以及潜伏者转化成为传播者和免疫者的数量决定潜伏者数量的变化，即

$$N\frac{\mathrm{d}f}{\mathrm{d}t} = Ns \cdot \lambda\beta i - Nf(\delta + \mu)$$

整理得网络谣言传播模型为

$$\begin{cases} \dfrac{\mathrm{d}i}{\mathrm{d}t} = -\lambda si,\ i(0) = i_0 \\ \dfrac{\mathrm{d}s}{\mathrm{d}t} = \lambda\alpha si - \mu s,\ s(0) = s_0 \\ \dfrac{\mathrm{d}f}{\mathrm{d}t} = \lambda\beta si - \mu f,\ f(0) = 0 \end{cases}$$

方程（2.1）无法求出 $i(t)$、$s(t)$ 和 $f(t)$ 的解析解，因此进行数值仿真计算。

2)数值仿真

选取模型初值 $i_0 = 0.98$，$s_0 = 0.02$ 以及参数 λ、α、β、γ 和 μ 的拟定值(见表 2.2)，通过 MATLAB 绘制 $i(t)$、$s(t)$ 和 $f(t)$ 的仿真图形，如图 2.3 所示。通过模型性质与仿真图形不难得出，降低接触率、蛊惑率、潜伏率或者提升免疫率、醒悟率有利于网络谣言的控制。

表 2.2　网络谣言传播微观模型仿真的参数拟定值

参数	λ	α	β	γ	μ
意义	接触率	蛊惑率	潜伏率	免疫率	醒悟率
初定值	3	0.3	0.5	0.2	0.2
控制趋势	降低	降低	降低	提升	提升

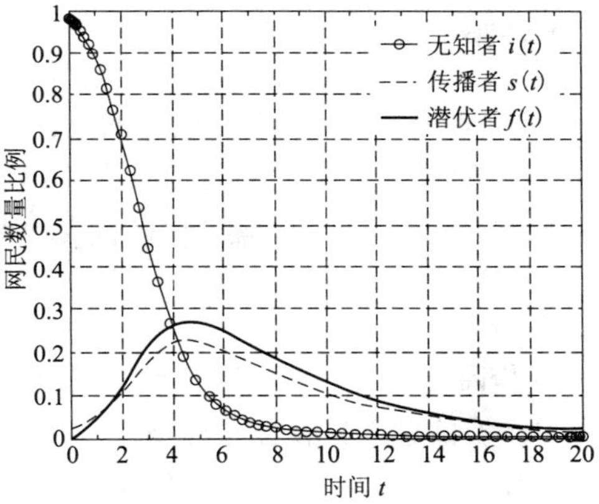

图 2.3　i、s、f 的数值仿真图

3)模型性质

(1)在数值仿真计算基础上，利用相轨线分析研究解 $i(t)$、$s(t)$ 和 $f(t)$ 的性质。定义 i、s 的相轨线定义域为

$$D = \{(i,\ s) | i \geqslant 0,\ s \geqslant 0,\ i + s \leqslant 1\}$$

由方程(2.1)得 i、s 的相轨线方程为

$$\frac{ds}{di} = \frac{\mu}{\lambda i} - \alpha$$

解得

$$s(i) = \frac{\mu}{\lambda}\ln\frac{i}{i_0} + \alpha(i_0 - i) + s_0$$

令 $\frac{ds}{dt} = \lambda\alpha si - \mu s = 0$，得 $i = \frac{\mu}{\lambda\alpha}$ 时，传播者数量比例 $s(t)$ 达到最大值 s_{max}，所以

$$s_{max} = \frac{\mu}{\lambda}(\ln\frac{\mu}{\lambda\alpha i_0} - 1) + \alpha i_0 + s_0$$

综合以上计算及仿真图形得出以下结论：

①当 $i_0 > \frac{\mu}{\lambda\alpha}$ 时，传播者数量比例 $s(t)$ 将先增大至最大值 $s_{\max}$，然后趋于 0；

②当 $i_0 < \frac{\mu}{\lambda\alpha}$ 时，传播者数量比例 $s(t)$ 将直接趋于 0。

所以，提升醒悟率 μ、降低接触率 λ 以及蛊惑率 α 可以有效控制网络谣言的蔓延。

（2）由于 $\frac{\mathrm{d}i}{\mathrm{d}t} \leqslant 0$，且 $0 \leqslant i(t) \leqslant 1$，所以当 $t \to +\infty$ 时，无知者数量比例 $i(t)$ 存在极限 $i(+\infty)$，即有一部分人从来就没有听说过这个谣言，这也和实际情况相符。

（3）由于 $\frac{\mathrm{d}r}{\mathrm{d}t} \geqslant 0$，且 $0 \leqslant r(t) \leqslant 1$，所以当 $t \to +\infty$ 时，免疫者数量比例 $r(t)$ 存在极限 $r(+\infty)$，再由 $i(t)+s(t)+f(t)+r(t)=1$ 推知，当 $t \to +\infty$ 时，传播者和潜伏者数量比例 $s(t)+f(t)$ 存在极限，且 $s(+\infty)+f(+\infty)=0$，即谣言传播者和潜伏者最终消失。

2.1.3 网络谣言应对策略

通过研究网络谣言传播宏观与微观模型，得出应对网络谣言的长期策略和近期策略。长期策略即在网络谣言没有发生的时候，政府就应做好应对网络谣言的防御性策略；近期策略即在某个事件发生后，政府应针对网络谣言传播制定防谣和辟谣策略。

1. 长期策略

（1）提高网民的信息素养和谣言免疫力。针对低年龄、低学历、低收入人群占比较高的网民结构，重点在学校教育中开展信息素养教育课程，通过典型网络谣言案例的剖析，提升辨别是非能力和理性分析能力，并通过微视频等网络传播形式向广大网民群体普及舆情知识，提升整体信息素养，做到不信谣、不传谣。

（2）提高政民沟通效率和法制监管效能，健全和完善网络监管法规，通过法律约束加大对网络传播谣言的规范管理力度，进一步明确通过网络传播谣言的法律责任，降低谣言传播者数量比例。

2. 近期策略

1）宏观预测

事件发生后，通过网络舆情监测软件及时监测网络谣言，利用网络谣言潜伏期数据建模，预测宏观模型中的关键时间点 t_1 和 t_2，确定网络谣言传播的潜伏期、扩散期和消退期，进而为政府控制谣言传播制定工作时间表。

2）防谣对策

（1）加强舆情监测，争取在网络谣言潜伏期就识别并处置造谣者，降低谣言接触机会，减少谣言传播者数量比例。从传播学角度来看，信息在传播过程中必然会受到噪声的干扰，传播的时间和路径越长，噪声的干扰也就越多，其原始信息失真也就越厉害，因此需要及早切断传播路径，减少传播谣言的参与人数。

（2）加强信息发布审查力度，尤其是微博、微信、新闻网站、视频网站等网络传播平台需加强自身信息发布审查，对于虚假、片面等不良信息应在信息审查时及时处理，避免被放大为网络谣言。

（3）发挥主流媒体的正面宣传作用，提升正面信息网络覆盖率，充分发挥政务媒体作用，采取开放性原则和主动性原则，促进正面信息传播，掌握舆情引导主动权，防止片面和不实报道，减少网络谣言生存空间。

3）辟谣对策

（1）以速辟谣。事实信息要比谣言更主动、更及时、更全面，与谣言抢跑道，与谣言争速度，使事件真相先于谣言接触网民，促进无知者对谣言免疫成为免疫者。同时，辟谣信息要多渠道发布、融媒体发布，辟谣信息的及时发布和多渠道发布是弱化谣言的良方。

（2）以信辟谣。促进公开理性传播，促使传播者及潜伏者“醒悟”成为免疫者。当谣言出现时，应当迅速搭建起公开讨论的平台，让各种观点公开言说并且相互质询，用事实说话，使网民能够在此过程中运用自己的理性做出合理判断。在真相彻底澄清前，公开讨论比含混武断的官方表态能更好地抑制谣言传播。

（3）通过“意见领袖”引导网民，提高醒悟率。加强与既有“意见领袖”的沟通，培养认同主流意识形态的“意见领袖”，并且在事件应对过程中，树立特定事件的“意见领袖”，即充分发挥权威专家的引导作用，通过权威解读、专家答疑等方式，引导网民醒悟。

2.2　网络谣言传播主体模型

2.2.1　网络谣言传播主体

分析网络谣言传播机理，定义网络谣言传播主体，构建网络谣言传播主体模型，通过数值仿真研究政府辟谣效果、主体相互影响、主体规模演化等，得出“无事先防，事初防变，事过防复”的网络谣言治理策略。

1. 网络谣言传播规律

面对网络谣言，网民一般可分为对谣言一无所知的网民（无知者）、传播谣言的网民（传播者）、相信谣言但不传播的网民（潜伏者）、对谣言免疫的网民（免疫者）以及网络谣言被辟谣后仍然相信谣言并时有传播的网民（遗留者）等，如图 2.4 所示。不同类型网民数量的变化反映网络谣言的传播规律，尤其信谣传播者是网络谣言的传播主体，研究其演化机理是政府应对网络谣言的关键。

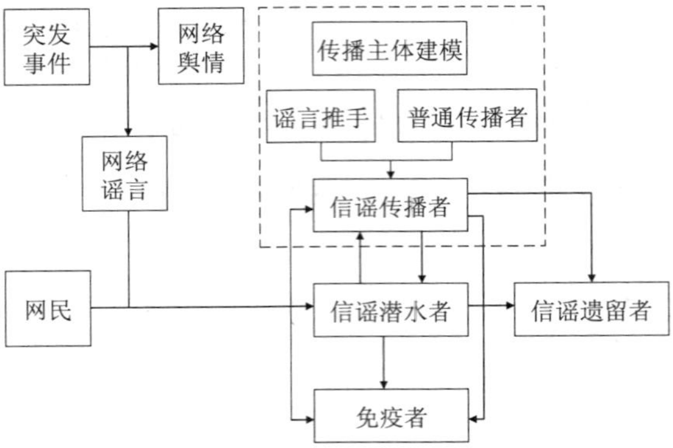

图 2.4 网络谣言传播机理

2. 网络谣言传播主体

网络谣言传播主体一般可分为两类，即传播谣言的网络推手（以下简称谣言推手）和传播谣言的普通网民（以下简称普通传播者）。前者的传播能力远超过后者，故而假设平均每个谣言推手相当于 m 个传播谣言的普通网民，m 代表权重且 $m>1$，则网络谣言传播主体规模可定义为

$$S = mx_1 + x_2$$

其中，x_1 代表传播谣言的谣言推手数量，x_2 代表传播谣言的普通传播者的数量，m 为谣言推手的折算比。

影响网络谣言传播主体演化的因素主要包括外部因素和内部因素，如图 2.5 所示。前者主要来源于政府，政府辟谣的“时、度、效”直接影响传播主体的数量，可极大地限制网络谣言的传播；后者主要是两类传播主体之间的相互影响，其中谣言推手对普通传播者的影响远大于普通传播者对谣言推手的影响。

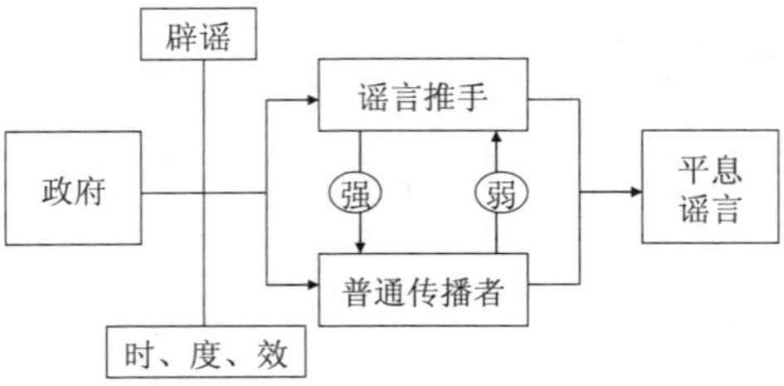

图 2.5 网络谣言传播主体关系

2.2.2 网络谣言传播主体建模

1. 网络谣言传播主体基本模型

网络谣言产生后，传播主体的数量是关于时间的连续可微函数，即 $x = x(t)$，初始值（$t=0$

时）为 x_0，数量的上限为 K，则传播主体数量的变化量与基数 x、“剩余空间” $(1-\frac{x}{K})$ 成正比，即

$$\frac{\mathrm{d}x}{\mathrm{d}t}=rx(1-\frac{x}{K})$$

其中，r 为固有增长率（定值）。

2. 网络谣言传播主体建模

网络谣言产生后，谣言推手和普通传播者往往并存于网络空间，假设 $x_1(t)$ 和 $x_2(t)$ 分别是谣言推手和普通传播者的数量，r_1和r_2 分别是对应固有增长率，K_1和K_2 分别是其数量的上限。

首先，考虑政府辟谣的外部因素。由于政府辟谣的“时、度、效”直接影响传播主体的数量，进而降低传播主体数量的变化率，直接影响就是降低传播主体的“剩余空间”。基于此，在考虑政府辟谣的基础上，谣言推手和普通传播者数量的“剩余空间”由

$$1-\frac{x_1}{K_1} \text{ 和 } 1-\frac{x_2}{K_2}$$

变为

$$1-\alpha\frac{x_1}{K_1} \text{ 和 } 1-\alpha\frac{x_2}{K_2}$$

其中，α 为辟谣率，其数值越大，传播主体增长率越小，政府控制网络谣言的效果越好。

其次，考虑传播主体的内部因素。谣言推手和普通传播者之间是相互依存的“合作”关系，即谣言推手可以催生大量的普通传播者，进而提升普通传播者的“剩余空间”，同理普通传播者对于谣言推手亦是如此。相比而言，谣言推手对普通传播者的影响远大于普通传播者对谣言推手的影响。基于此，在考虑传播主体内部因素的基础上，谣言推手和普通传播者数量的“剩余空间”由

$$1-\frac{x_1}{K_1} \text{ 和 } 1-\frac{x_2}{K_2}$$

变为

$$1-\frac{x_1}{K_1}+\sigma_1\frac{x_2}{K_2} \text{ 和 } 1-\frac{x_2}{K_2}+\sigma_2\frac{x_1}{K_1}$$

其中，σ_2 为谣言推手对普通传播者的推动指数，σ_1 为普通传播者对谣言推手的反馈指数，且 $\sigma_1<\sigma_2$。

综合网络谣言传播主体的内部因素和外部因素，网络谣言传播主体演化模型为

$$\begin{cases}\dfrac{\mathrm{d}x_1}{\mathrm{d}t}=r_1x_1(1-\alpha\dfrac{x_1}{K_1}+\sigma_1\dfrac{x_2}{K_2})\\ \dfrac{\mathrm{d}x_2}{\mathrm{d}t}=r_2x_2(1-\alpha\dfrac{x_2}{K_2}+\sigma_2\dfrac{x_1}{K_1})\\ x_1(0)=x_{10},\ x_2(0)=x_{20}\end{cases}$$

该模型没有解析解，但可以通过研究其解的稳定性及研究数值解的性质来研究网络谣言传播主体的演化规律。

为演示模型解的特征，通过 MATLAB 绘制模型解示意图，如图 2.6 所示。观察模型解的示意图不难发现，谣言推手数量和普通传播者数量变化趋势均是单调递增，呈"S"形结构。下面通过 MATLAB 数值仿真具体研究这些参数在模型中的作用。

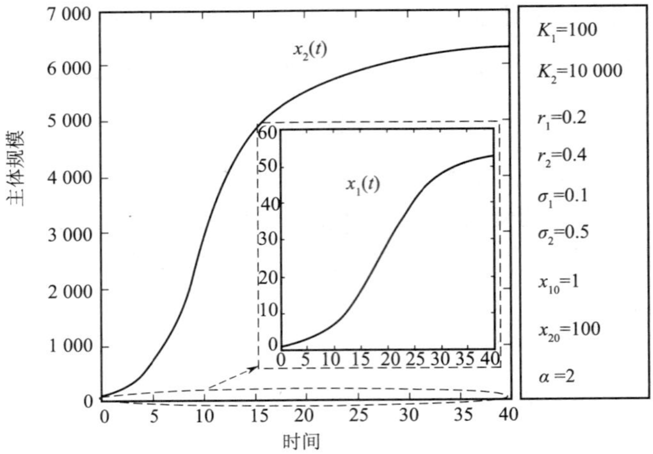

图 2.6 模型解示意图

3. 网络谣言传播主体模型分析

为研究方程解的性质及网络谣言传播主体的演化趋势，即 $t \to +\infty$ 时，$x_1(t)$和$x_2(t)$ 的趋向，需要研究模型平衡点的稳定性。令

$$\begin{cases} f(x_1,\ x_2) \equiv r_1 x_1 (1 - \alpha \dfrac{x_1}{K_1} + \sigma_1 \dfrac{x_2}{K_2}) = 0 \\ g(x_1,\ x_2) \equiv r_2 x_2 (1 - \alpha \dfrac{x_2}{K_2} + \sigma_2 \dfrac{x_1}{K_1}) = 0 \end{cases}$$

得到模型的四个平衡点，但是考虑到$x_1(t)$和$x_2(t)$单调递增，故模型平衡点只有一个，即

$$P(\frac{\alpha + \sigma_1}{\alpha^2 - \sigma_1 \sigma_2} K_1, \frac{\alpha + \sigma_2}{\alpha^2 - \sigma_1 \sigma_2} K_2)$$

按照判别平衡点稳定性的方法，平衡点 P 的稳定性条件为 $\alpha^2 > \sigma_1 \sigma_2$。

4. 网络谣言辟谣效果分析

当达到平衡点时，网络谣言传播主体规模为

$$S^* = m x_1 + x_2 = \frac{\alpha + \sigma_1}{\alpha^2 - \sigma_1 \sigma_2} m K_1 + \frac{\alpha + \sigma_2}{\alpha^2 - \sigma_1 \sigma_2} K_2$$

则可以定义辟谣指数

$$H = \frac{S - S^*}{S}$$

其中，S 为政府未辟谣时网络谣言传播主体规模的理论值，S^* 为政府辟谣后网络谣言传播主体规模，辟谣指数可以作为研究政府辟谣效果的重要指标。

为保证政府的辟谣效果，需使辟谣指数 $H>0$，即

$$S-S^*>0$$

整理得

$$mK_1+K_2-\left(\frac{\alpha+\sigma_1}{\alpha^2-\sigma_1\sigma_2}mK_1+\frac{\alpha+\sigma_2}{\alpha^2-\sigma_1\sigma_2}K_2\right)>0$$

于是

$$\left(1-\frac{\alpha+\sigma_1}{\alpha^2-\sigma_1\sigma_2}\right)mK_1+\left(1-\frac{\alpha+\sigma_2}{\alpha^2-\sigma_1\sigma_2}\right)K_2>0$$

对于任意的正数 mK_1、K_2，要使上式大于零，只需要

$$\begin{cases}1-\dfrac{\alpha+\sigma_1}{\alpha^2-\sigma_1\sigma_2}>0\\[2ex]1-\dfrac{\alpha+\sigma_2}{\alpha^2-\sigma_1\sigma_2}>0\end{cases}$$

由于谣言推手的推动指数 σ_2 远大于普通传播者的反馈指数 σ_1，即 $\sigma_1<\sigma_2$，则只需要求解不等式

$$\alpha+\sigma_2<\alpha^2-\sigma_1\sigma_2$$

即可。

求解不等式，得政府的辟谣率临界值为

$$\alpha_{临界}=\frac{1+\sqrt{1+4\sigma_2(1+\sigma_1)}}{2}$$

即只有辟谣率

$$\alpha>\frac{1+\sqrt{1+4\sigma_2(1+\sigma_1)}}{2}$$

时，政府的辟谣行为才能取得很好的辟谣效果。

2.2.3 模型仿真

由于前文构建的网络谣言传播主体演化模型没有解析解，故通过数值仿真进一步研究政府辟谣效果、主体相互影响、主体规模演化等问题。在研究诸多问题时，重点考察模型参数变化程度对辟谣效果的影响，即模型参数与辟谣指数 H 之间的关系。基于此，仿真参数设置见表 2.3，容易计算网络谣言传播主体的基础规模为

$$S=mx_1+x_2=100\times100+10\,000=20\,000$$

表 2.3 模型仿真参数设定表

仿真问题	初值	辟谣率	折算比	上限	增长率	推动指数	反馈指数
政府辟谣效果	$x_{10}=1$ $x_{20}=100$	变化	$m=100$	$K_1=100$ $K_2=10\,000$	$r_1=0.2$ $r_2=0.4$	$\sigma_2=0.5$	$\sigma_1=0.1$
主体相互影响		$\alpha=2$	$m=100$			变化	变化
主体规模演化	变化	$\alpha=2$	变化			$\sigma_2=0.5$	$\sigma_1=0.1$

1. 政府辟谣效果问题

网络谣言传播主体演化模型平衡点 P 的稳定性条件为 $\alpha^2>\sigma_1\sigma_2$，且辟谣率临界值为

$$\alpha_{临界}=\frac{1+\sqrt{1+4\sigma_2(1+\sigma_1)}}{2}$$

下面结合有稳定平衡点的条件和辟谣率临界值研究政府辟谣效果问题。

1)没有稳定的平衡点时政府辟谣效果

平衡点 P 的稳定性条件为 $\alpha^2>\sigma_1\sigma_2$，所以当 $\alpha^2<\sigma_1\sigma_2$ 时，平衡点不稳定。由于 $\sqrt{\sigma_1\sigma_2}=0.223\,6$，故分别取辟谣率 $\alpha=0.1$ 和 $\alpha=0.2$，绘制模型仿真图像，如图 2.7 所示。观察模型仿真图像发现，虽然谣言推手的初始值只有 1 人，但是由于政府辟谣效果微弱，网络谣言传播主体规模激增。在网络空间足够大的情况下，辟谣率 $\alpha=0.1$ 时，前 25 个时间单位网络谣言传播主体规模接近 1.8×10^6，由于缺乏稳定性，26 个时间单位时激增至 9.6×10^{18}，而在将辟谣率提升至 $\alpha=0.2$ 后，网络谣言传播主体规模锐减至 6×10^5 左右。在实际情况中，这一数字是难以达到的，但这可以说明如果网络谣言发生后，政府没有及时、有效地开展辟谣工作，虽然初始只有 1 个谣言推手但也可以“搅动风云”，在网络空间快速传播网络谣言。

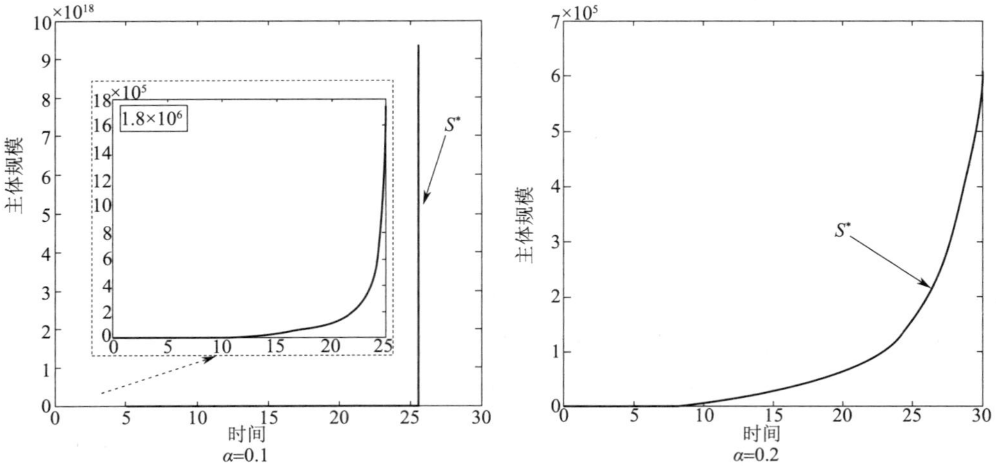

图 2.7 平衡点不稳定时政府辟谣效果对比图

2)有稳定的平衡点时政府辟谣效果

由于 $\sigma_1 = 0.1$ ，$\sigma_2 = 0.5$ 时，$\alpha_{临界} = 1.394\,4$ ，有稳定平衡点的条件为 $\alpha^2 > 0.223\,6$ ，则有稳定平衡点时讨论政府辟谣效果可分为两种情况：未达到临界值 $(0.223\,6, 1.394\,4)$ 和超过临界值 $(1.394\,4, +\infty)$ 。

Ⅰ. 未达到临界值

分别取辟谣率 $\alpha = 0.3$ ，0.4，0.5，0.6，0.7，0.8，0.9，1.0，1.1，1.2，1.3 绘制模型仿真图像，如图 2.8 所示。观察模型仿真图像发现，随着辟谣率的增大，网络谣言传播主体规模 (S^*) 明显降低，但是仍然远远超过网络谣言传播主体的基础规模 (S) 。所以，当政府的辟谣率未达到临界值时，仍不能取得很好的辟谣效果。

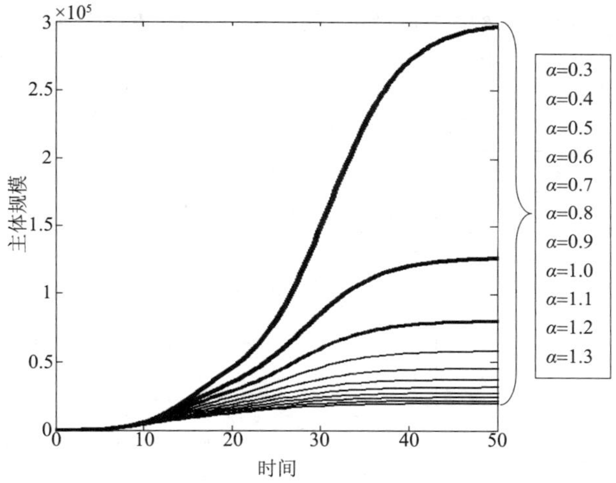

图 2.8　辟谣率未达到临界值时政府辟谣效果对比图

Ⅱ. 超过临界值

分别取辟谣率 $\alpha = 1.4$ ，1.5，1.6，1.7，1.8，1.9，2.0，3.0，4.0，5.0，绘制模型仿真图像，如图 2.9 所示。观察模型仿真图像发现，随着辟谣率的增大，网络谣言传播主体规模 (S^*) 明显降低，并且小于网络谣言传播主体的基础规模 (S)。所以，当政府的辟谣率超过临界值时，才能取得很好的辟谣效果。

Ⅲ. 稳定状态时辟谣率与辟谣指数的关系

综合以上两点，分别计算辟谣率对应的网络谣言传播主体规模和辟谣指数，见表 2.4。观察数据发现，在稳定状态下，随着辟谣率的增大，网络谣言传播主体规模大大降低，辟谣指数逐步增大，但是只有超过辟谣率临界值后，政府的辟谣行为才能获得很好的辟谣效果。更进一步，只有当政府的辟谣率远超过网络谣言传播主体的推动系数与反馈系数时，才能达到很好的辟谣效果。

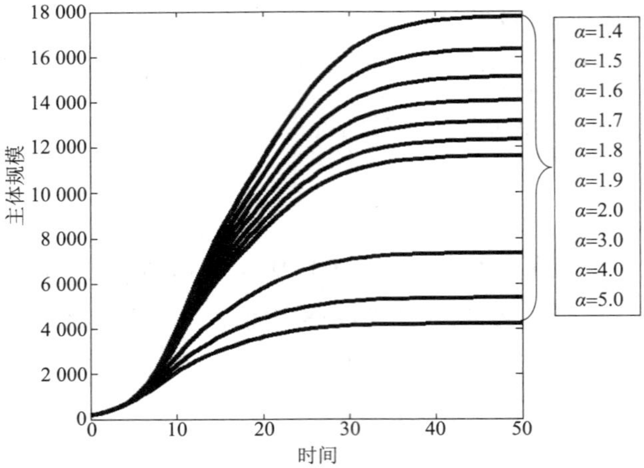

图 2.9　辟谣率超过临界值时政府辟谣效果对比图

表 2.4　稳定状态时辟谣率与辟谣指数的关系

序号	辟谣率 α	网络谣言传播主体规模 S^*	辟谣指数 H
1	0.3	300 000.00	-1400.00%
2	0.4	127 272.73	-536.36%
3	0.5	80 000.00	-300.00%
4	0.6	58 064.52	-190.32%
5	0.7	45 454.55	-127.27%
6	0.8	37 288.14	-86.44%
7	0.9	31 578.95	-57.89%
8	1.0	27 368.42	-36.84%
9	1.1	24 137.93	-20.69%
10	1.2	21 582.73	-7.91%
11	1.3	19 512.20	2.44%
12	1.4	17 801.05	10.99%
13	1.5	16 363.64	18.18%
14	1.6	15 139.44	24.30%
15	1.7	14 084.51	29.58%
16	1.8	13 166.14	34.17%
17	1.9	12 359.55	38.20%
18	2.0	11 645.57	41.77%
19	3.0	7 374.30	63.13%
20	4.0	5 391.85	73.04%
21	5.0	4 248.50	78.76%

2. 主体相互影响问题

1）推动指数仿真

在反馈指数 $\sigma_1 = 0.1$ 时，分别取推动指数 $\sigma_2 = 0.2$，0.3，0.4，0.5，0.6，0.7，0.8，0.9，1.0，绘制模型仿真图像，如图 2.10 所示。观察图像发现，随着推动指数的增长，网络谣言传播主体规模逐渐增加，由 10 804.02 增至 13 076.92，增长趋势较缓，尤其是在前 20 个时间单位，推动指数对网络谣言传播主体规模影响非常小。但是在极端环境下，推动指数的增大，会导致其突破辟谣率临界值，而使网络谣言传播者数量急剧增加，如图 2.11 所示。所以，在网络舆情传播初期，需要及时监测网络谣言，在谣言产生初期辟谣并依法处理恶性传播谣言的网民，有利于控制网络谣言的传播。

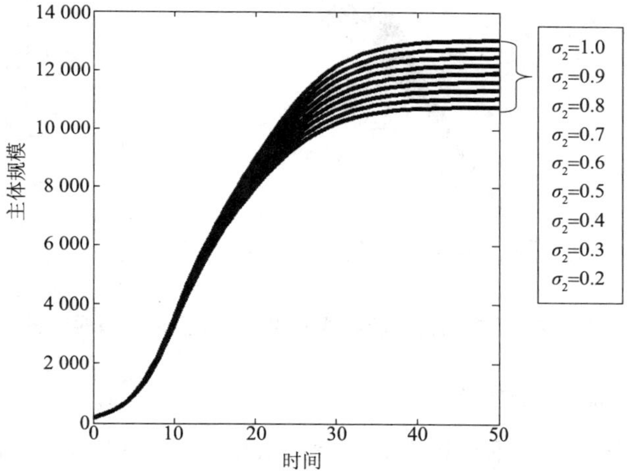

图 2.10　推动指数变动后网络谣言传播主体规模对比图

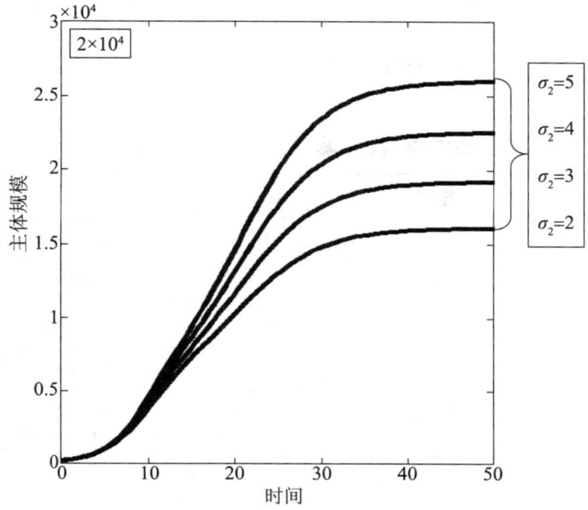

图 2.11　极端环境下网络谣言传播主体规模对比图

2）反馈指数仿真

在推动指数 $\sigma_2=1.0$ 时，分别取反馈指数 $\sigma_1=0.1$，0.2，0.3，0.4，0.5，0.6，0.7，0.8，0.9，绘制模型仿真图像，如图 2.12 所示。观察图像发现，随着反馈指数的增大，网络谣言传播主体规模逐渐增加，由 13 076.92 增至 19 032.26，增长趋势较为明显，而在前 15 个时间单位，反馈指数对网络谣言传播主体规模影响非常小。结合前文，在网络谣言产生初期，政府进行及时、有效的辟谣可以降低普通传播者的数量，进而控制网络谣言的传播。

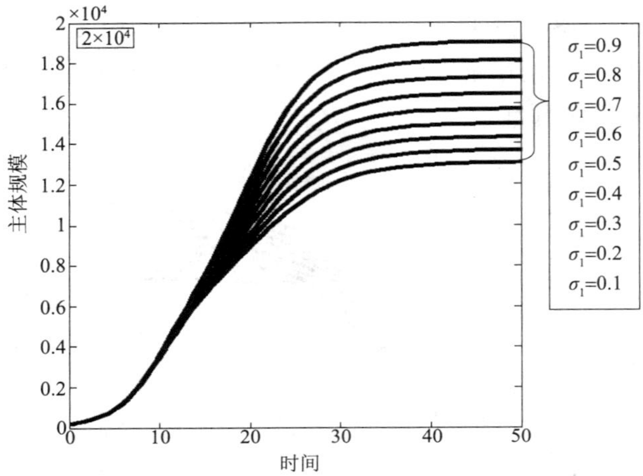

图 2.12　反馈指数变动后网络谣言传播主体规模对比图

3）两个指数与辟谣指数的关系

综合以上两点，分别计算推动指数和反馈指数变动后对应的网络谣言传播主体规模和辟谣指数，见表 2.5。观察数据发现，在稳定状态下，随着 $\sigma_1\sigma_2$ 的降低，网络谣言传播主体规模降低，辟谣指数不断增加。但是在网络谣言产生初期，σ_1 和 σ_2 对网络谣言传播主体规模的影响不大，这段时间是政府辟谣的最佳时机。

表 2.5　推动指数、反馈指数与辟谣指数的关系

序号	推动指数 σ_2	反馈指数 σ_1	$\sigma_1\sigma_2$	主体规模 S^*	辟谣指数 H
1	1.0	0.9	0.9	19 032.26	4.84%
2	1.0	0.8	0.8	18 125.00	9.38%
3	1.0	0.7	0.7	17 272.73	13.64%
4	1.0	0.6	0.6	16 470.59	17.65%
5	1.0	0.5	0.5	15 714.29	21.43%
6	1.0	0.4	0.4	15 000.00	25.00%
7	1.0	0.3	0.3	14 324.32	28.38%

序号	推动指数 σ_2	反馈指数 σ_1	$\sigma_1\sigma_2$	主体规模 S^*	辟谣指数 H
8	1.0	0.2	0.2	13 684.21	31.58%
9	1.0	0.1	0.1	13 076.92	34.62%
10	0.9	0.1	0.09	12 787.72	36.06%
11	0.8	0.1	0.08	12 500.00	37.50%
12	0.7	0.1	0.07	12 213.74	38.93%
13	0.6	0.1	0.06	11 928.93	40.36%
14	0.5	0.1	0.05	11 645.57	41.77%
15	0.4	0.1	0.04	11 363.64	43.18%
16	0.3	0.1	0.03	11 083.12	44.58%
17	0.2	0.1	0.02	10 804.02	45.98%

3. 主体规模演化问题

网络谣言传播主体规模除了受辟谣率、推动指数和反馈指数影响外，谣言推手的初始值以及折算比都对主体规模有较大影响，下面将通过 x_{10} 和 m 的变化来研究主体规模的演化问题。

1)谣言推手初值影响

分别取谣言推手初始值 $x_{10}=1$，2，3，4，5，6，7，8，9，10，绘制模型仿真图像，如图 2.13 所示。观察图像发现，理论上，当时间充分长后，网络谣言传播主体的规模保持不变，辟谣指数也不变。但是随着谣言推手初始值的增大，主体规模在 20 个时间单位后很快趋近于饱和状态，这为谣言推手突破自身上限提供了较大可能，尤其是网络谣言传播初期，谣言推手增长快、数量大，为政府辟谣造成了极大困难。如果政府没有及时辟谣，则谣言推手初始值越大，网络谣言传播主体规模激增的风险越高。

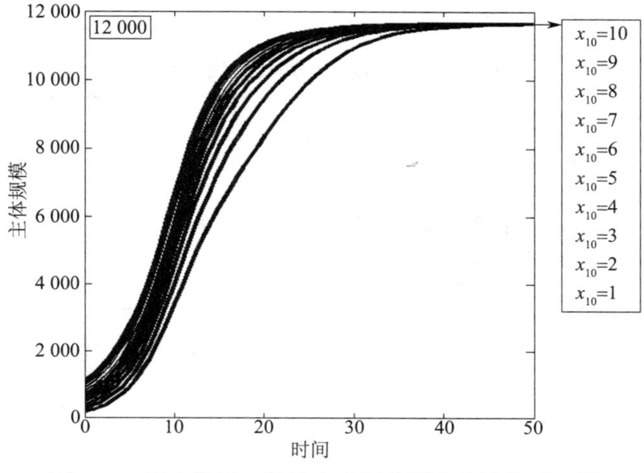

图 2.13　谣言推手初始值变动后传播主体演化对比图

2）折算比影响

分别取折算比 $m=100$，200，300，400，500，600，700，800，900，1 000，绘制模型仿真图像，如图 2.14 所示。观察图像发现，主体规模逐步增大，由 11 645.57 增至 59 493.67，对应的辟谣指数由 41.77% 增至 45.91%。虽然辟谣指数变化不大，但是庞大的传播主体数量为政府辟谣造成了极大困难。所以，在网络谣言发生后，应及时监测折算比高的谣言推手，例如在网络谣言传播过程中，如果有“大 V”参与其中，转发谣言信息，则网络谣言传播速度会更快，网络谣言传播主体数量会更庞大。

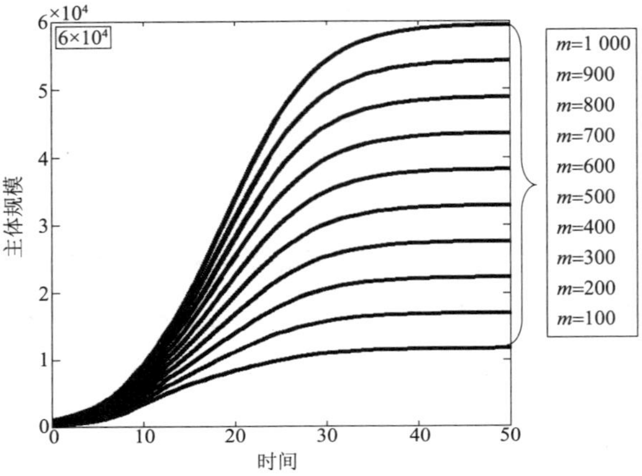

图 2.14 谣言推手折算比变动后传播主体演化对比图

2.2.4 网络谣言治理策略

通过模型分析及数值仿真，前文研究了辟谣率、推动指数、反馈指数、折算比等模型参数在网络谣言传播过程中发挥的作用。基于此，针对网络谣言提出“无事先防，事初防变，事过防复”的治理策略，见表 2.6。

表 2.6 政府治理网络谣言目标和措施

治理对策	具体措施	效果
无事先防	（1）法律规制：在法律法规中加入对网络流言等不实信息的规制，预防流言转化为谣言； （2）普及教育：在普法节目中或者学校教育中加入网络谣言案例，提升民众应对网络谣言的抵抗力； （3）外部联动机制：发挥社会组织的智库功能，构建以政府为主导的多主体协同应对机制； （4）内部联动机制：整合力量，构建市场监管部门、安全管制部门、内容管制部门等部门治理谣言的联动机制	（1）降低初始值和上限； （2）提升辟谣率 α； （3）降低反馈指数 σ_1

续表

治理对策	具体措施	效果
事初防变	（1）信息层面：及时、全面（网上和网下）、准确、持续发布辟谣信息； （2）渠道层面：多平台发布辟谣信息，防止“东边日出西边雨”； （3）主体层面：政府和社会力量联动辟谣； （4）监测层面：监测含有图片、视频的谣言以及粉丝量众多的微博用户	（1）提升辟谣率 α； （2）降低推动指数 σ_2； （3）降低折算比 m
事过防复	（1）总结报道：在事件总结报道中加入网络谣言应对相关内容； （2）清理措施：很多谣言被辟谣后，仍在网络平台继续扩散，应采取清理措施，防止其二次影响； （3）人群画像：在经历若干次谣言后，应对经常传播谣言的网民添加标签和提醒，防止其继续传播	（1）降低反馈指数 σ_1； （2）降低推动指数 σ_2； （3）降低折算比 m

2.3　网络话题异常主体作用模型

2.3.1　网络话题异常主体作用机理

1. 异常主体性质分析

网络话题产生后，不同主体皆会对相关话题事件进行讨论，具体来说这些主体可分为普通网民、意见领袖、官方媒体、网络水军四类，四者皆处于某网络话题的情境中。其中，异常主体主要指“网络水军”一类，可以简单认为异常主体是相关事件发生后，为获得目标收益通过社交媒体传播无意义、虚假、炒作信息的账号，其一般通过发布“灌水”信息，并对相关话题进行炒作、引导来产生作用。正常主体主要指普通网民，其是另外三类主体的竞争核心，即官方媒体、意见领袖、网络水军在互联网内竞争的实质就是吸引更多普通网民的关注，在这个过程中受异常主体干扰的正常主体亦有可能转化为其同类；意见领袖则具有复杂性的特点，其是否属于异常主体需根据实际情况讨论，但本节亦仅假设其为正面舆论的引导者，即意见领袖为可降低谣言等负面言论的正面舆论表达主体；官方媒体由于其权威属性，天然带有意见领袖的性质，且相较于其他主体，官方媒体还具有管理的职责。网络话题中的异常主体相关账号主要有两个来源，其一属于自然人，即现实中的用户为达成特定目的或受其他异常主体影响，在特定的话题中成为异常主体；其二源于社交机器人，社交机器人是互联网中虚拟出的现实自然人，它们可以像其他异常主体一样通过“灌水”等行为实现既定目标。

2. 异常主体作用机理

明晰异常主体存在的因由，分析其作用影响的机理，有助于加深政府等管理者对网络话题在异常主体作用下演化情况的认知。以下针对异常主体的作用过程，从环境、动力、手段、目标等四个方面对其进行分析，其作用机理如图 2.15 所示。

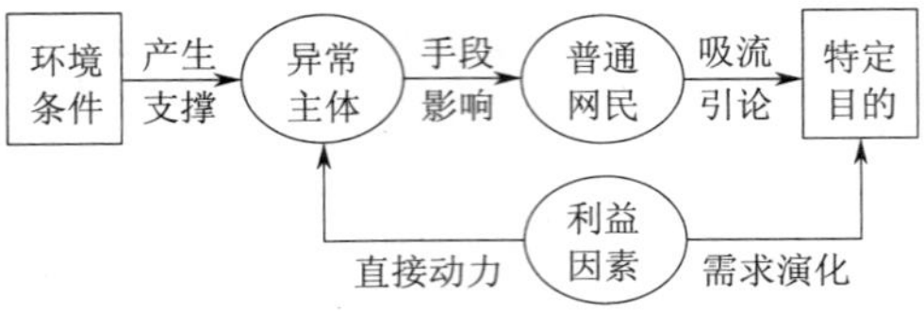

图 2.15 异常主体作用机理图

异常主体在一定环境条件下产生，正是这些环境条件的存在给异常主体的产生及存续提供了支撑，相关条件大致可分为三类：一是流量经济的发展，随着互联网的发展进步，"注意力""流量"成为互联网经济的重要影响因素，各方主体在互联网上争夺普通网民的"关注度"，而网络中的异常主体则可通过"灌水、炒作"等行为制造虚拟热度，以大量获取普通网民的"关注度"，在一定意义上讲，异常主体的出现符合该种模式的竞争要求；二是泛娱乐化的兴起，泛娱乐化在一定程度上消解了崇高感，并使娱乐因素充斥于互联网的各个角落，在此情况下新奇、低俗、负面、消极的话题事件更能吸引网民的关注，异常主体能存在的原因很大一部分在于其迎合了网民对此类话题的兴趣；三是议程设置的转移，随着互联网技术的发展，自媒体时代已然来临，这使网络媒体具有更强的交互性、自由性和开放性，议程设置的权力亦开始向普通民众转移，这也为异常主体作用的产生提供了支撑。利益因素是异常主体开展行动的直接动力来源，且在这个过程中利益需求会演化为特定目的，该目的会以"注意力"的形式体现，即吸引或转移"注意力"，吸引"注意力"是为引起关注，转移"注意力"则是设定新的热点话题，分散民众对当前话题的关注，其本质仍是吸引"注意力"。普通网民会在互联网中寻求自身的角色定位，根据其角色的不同倾向形成不同的群体，个体在群体中必然会考虑群体的态度，异常主体会发布大量信息，即通过"灌水、炒作"等手段营造出一种假性的群体态度，进而利用"沉默螺旋"效应引导群体倾向。此外，短时间内涌现出的大量信息也可能吸引到更多网民的"关注""流量"，在这个过程中异常主体会将部分普通网民"同化"，并成功引导话题以达到特定目的。

2.3.2 网络话题异常主体作用建模

1. 模型假设

从网络话题中发布信息数的角度来看，网络话题产生后异常主体会发布一系列带有特定倾向的信息，这些刻意制造的信息将混杂在正常信息中，并对正常话题的舆论生态产生影响。设相关平台发布的信息数为 x，且 x 是关于时间的连续可微函数，即 $x=x(t)$，初始时刻的信息数 $x(0)=x_0$；若话题事件正常演化，即无异常主体参与，设此情况下发布的信息数最大值为 K；话题事件除正常演化的情况外，还可能受异常主体的影响，此时设单位时间内异常主体发布的信息数为 y。

2. 模型构建

首先，在网络话题事件正常演化的情况下，将信息数的增长率设为 $r(x)$，易知，在单位时间内信息数的变化速率 $\frac{\mathrm{d}x}{\mathrm{d}t}$ 与信息数的增长率 $r(x)$ 和该时刻的信息数 x 成正比，即 $\frac{\mathrm{d}x}{\mathrm{d}t}=r(x)x$。

在网络话题事件演化的过程中，发布信息数以固有速率 r 增加，但是受事件本身性质及网民兴趣饱和度等因素的影响，所发布的信息数不会无限制地增长，而是存在一个饱和值 K，在发布信息数增长到 K 值的过程中，增长率 $r(x)$ 会随着信息数 $x(t)$ 的增加而减小，其减小的程度与扩散空间 $(1-\frac{x}{K})$ 有关，需要强调的是 x 为该时刻关于某话题事件的总信息数，据此可得

$$r(x)=r(1-\frac{x}{K}) \tag{2.1}$$

令此时所发布的信息数变化速率 $\frac{\mathrm{d}x}{\mathrm{d}t}=f(x)$，将 $r(x)$ 的表达式带入易得

$$f(x)=rx(1-\frac{x}{K}) \tag{2.2}$$

单位时间内异常主体发布信息数为 y，网络话题事件中异常主体发布的信息与有关该事件的正常信息相互混合，即单位时间内异常主体发布的信息数与此时正常主体发布的信息数之和为网络中呈现出的信息数变化速率，设异常主体作用后信息数变化率为 $F(x)$，易得

$$F(x)=rx(1-\frac{x}{K})+y \tag{2.3}$$

异常主体采用不同的发布策略会产生不同的效果，其主要有以下两种策略：一是等比发布策略，即异常主体考虑在正常舆论环境中的竞争能力，其发布信息量与网络中同时刻关于某话题事件发布信息的总量成正比，比例常数 E 表示单位时间内异常主体的发布强度，即作用强度；二是等量发布策略，即异常主体不考虑其他因素，单位时间内皆发布数量固定的信息。在现实情况中，第二种策略使用频率较小，异常主体在作用过程中通常采用更加有效的等比发布策略，以下对该策略进行详细讨论。

若异常主体根据现有信息量 x 按照固定作用强度 E 发布信息，则 $y=Ex$，易得异常主体作用后的模型为

$$F(x)=rx(1-\frac{x}{K})+Ex \tag{2.4}$$

3. 模型分析

在实际情况下，由于网络话题事件性质的不同，其在正常演化时最终发布的信息数亦不相同，但考虑到互联网传播的广泛性及庞大的网民基数，K 值相对较大，为更加直观地展示

两种情况下所发布的信息数x随时间的变化情况，假设某话题中$K=500$，在初始时刻仅有一条信息对其进行讨论，即$x_0=1$，该话题信息数以固有速率$r=0.65$增长，同时异常主体以$E=0.2$的强度进行作用，绘制模型仿真图像如图 2.16 所示。对比网络话题正常演化和有异常主体干扰两种情况下信息数的变化。由图易知，该情况下两者变化趋势相似，皆以“S”形曲线的形式开始增加并最终稳定到某固定值，但有异常主体作用的情况下，话题事件发布信息数到达稳定点的时间相较于正常演化更早，且稳定后发布的总信息数更高。话题事件正常演化的信息数稳定点为K，有异常主体影响后稳定点信息数增加，以下对异常主体作用后的稳定点做进一步讨论。

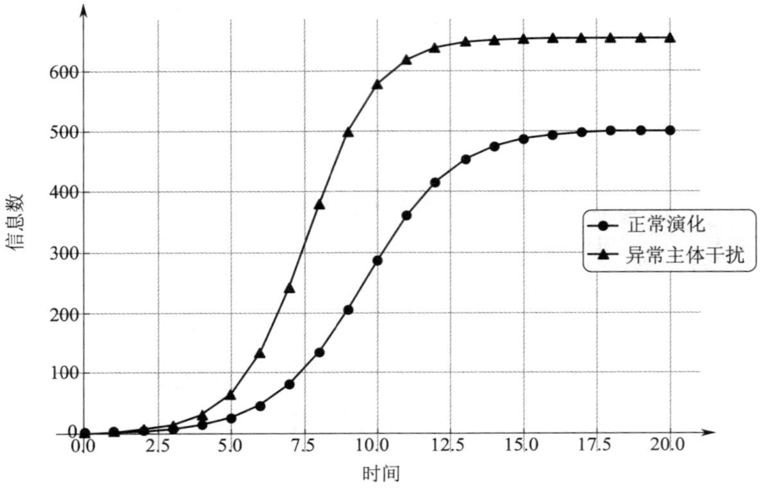

图 2.16　正常演化和异常主体干扰演化对比图

对模型稳定点进行讨论时，并不需要对式（2.5）进行求解以得到$x(t)$的动态变化过程，仅需讨论异常主体作用后话题事件信息的稳定量和保持其稳定的条件，即$t\to+\infty$时，发布信息数$x(t)$的变化趋向，基于此对该模型进行分析。$F(x)$表示异常主体按照等比发布策略作用时单位时间内发布信息数的变化情况，令

$$F(x)=rx\left(1-\frac{x}{K}\right)+Ex=0$$

可得平衡点$x_1=0$，$x_2=K\left(1+\dfrac{E}{r}\right)$，即发布信息的总量达到$x_1$或$x_2$时，信息数停止增长，得到平衡点后仍需考察平衡点的稳定性，且易得

$$F'(x)=-\frac{2r}{K}x+r+E \tag{2.5}$$

则此时$F'(x_1)=r+E$，$F'(x_2)=-(r+E)$，现实情况下r和E满足$r>0$、$E>0$，也就是说当$x=x_1$时$F(x)>0$，当$x=x_2$时$F(x)<0$，故模型在x_1点不稳定，信息数在$x_1=0$点后将增加，当信息数增至x_2后模型将达到稳定状态，且信息数稳定于$K\left(1+\dfrac{E}{r}\right)$。

2.3.3　网络话题异常主体作用仿真

研究异常主体影响机理并从发布信息数的视角出发构建模型描述异常主体在网络话题中的动态影响，欲使其提供理论参考和策略支撑，还需对异常主体的作用效果做进一步分析，以下从异常主体作用的强度、比率、时间三个方面对其作用效果进行分析。

1. 异常主体作用强度分析

发布强度 E 也指作用强度，分析作用强度需对净收益进行讨论。在异常主体作用过程中，其最终作用目标是为达成特定目的、获取相应利益，对话题正常演化进行干扰，也就是说若异常主体的作用不能使之获得利益就不存在相应的干扰行为，即净收益的存在是异常主体作用的基础。基于此，建立异常主体净收益公式：

$$T=\alpha E-\beta Ex \tag{2.7}$$

其中，T 表示异常主体的净收益，收益减去支出即为净收益；α 表示收益系数，根据话题事件类型不同和异常主体欲实现目标的不同，其大小也不相同，且在此过程中异常主体的收益不应以其所发布的信息数衡量，而应以作用强度 E 衡量，因为在话题事件发生后将存在大量的信息对其进行讨论，衡量异常主体收益效果应比较其所发布的信息数与当前总信息数的占比，即 $\frac{Ex}{x}=E$，所以用作用强度 E 衡量异常主体收益相较于用其所发布的信息数更为合理；β 表示支出系数，该系数与职业“网络水军”“网络推手”发布一条信息的单价及异常主体承担的风险成正比，也就是说该成本与异常主体发布的信息数直接相关。在整个过程中，当收益大于支出即可获得净收益，反之异常主体的干扰行为将无存续基础。

已知在等比发布策略下，单位时间内发布的信息数变化情况为 $F(x)=rx\left(1-\frac{x}{K}\right)+Ex$，此时信息数达到 $K\left(1+\frac{E}{r}\right)$ 后保持稳定点，即当信息数达到该值后结束对相关话题的讨论。进一步探究在净收益存在的条件下异常主体作用强度 E 的临界值，将 $K\left(1+\frac{E}{r}\right)$ 带入式（2.7）可得

$$T=-\frac{\beta K}{r}E^2+(\alpha-\beta K)\ E$$

求作用强度 E 的临界值，则令 $T=0$，可得 $E_1=0$，$E_2=r(\frac{\alpha}{\beta K}-1)$，且异常主体作用需有净收益存在，即 $T>0$，则式（2.7）变化为 $\alpha E>\beta EK(1+\frac{E}{r})$，化简可得：$\frac{\alpha}{\beta K}>1+\frac{E}{r}$，且易知 $E>0$、$r>0$，则 $\frac{\alpha}{\beta K}>1$，可得 $E_2>0$，即作用强度临界值为 $r(\frac{\alpha}{\beta K}-1)$，当作用强度 $0<E<r(\frac{\alpha}{\beta K}-1)$ 时，异常主体进行干扰是有利可图的；反之当 $E>r(\frac{\alpha}{\beta K}-1)$ 时，支出大于

收益，异常主体干扰行为无存续基础，则此情况下无异常主体干扰。总体来说，作用强度的范围是 $0 \leqslant E \leqslant r(\frac{\alpha}{\beta K}-1)$。

在作用强度 E 的取值范围内将其三等分，即分为低作用强度、中作用强度以及高作用强度，考察异常主体采取不同作用强度 E 时，不同时间下发布的信息数变化情况。如图 2.17 所示，可以看出不同作用强度下每日新发布的信息数随时间的变化情况类似，皆是先增加后减少，不同的是随着作用强度 E 不断增大并达到临界值，信息数峰值亦不断升高，且峰值左移，达到峰值的时间也有所提前。

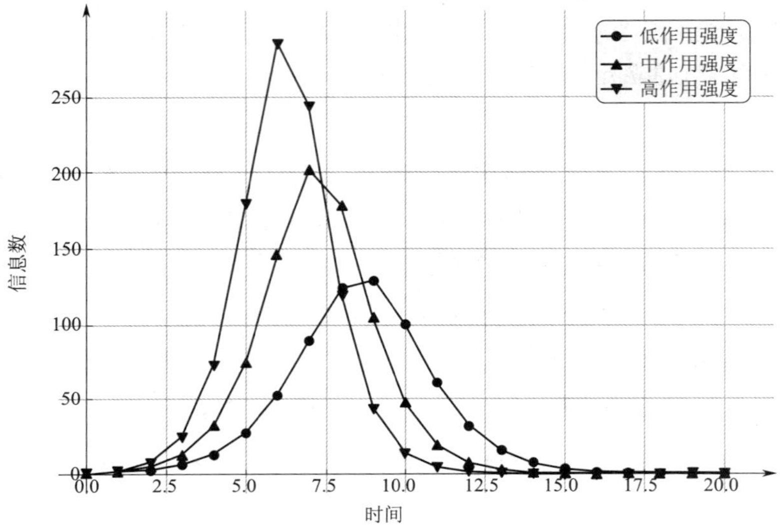

图 2.17　不同作用强度下每日发布信息数变化图

2. 异常主体作用比率分析

在一些话题产生后，异常主体发布信息以吸引或转移网民对相关话题的关注，但其发布的多是负面、虚假、炒作性的信息，甚至是在歪曲事实后由其他异常主体对其进行讨论，创造出一种高发文量的情形，营造出一种虚假的热度，这些虚假热度可用作用比率表示，可以通过两种方式对作用比率进行讨论：一是对比两者总发布信息数的差距，热度在社交媒体上最直接的体现是发布的信息数量，信息数的差距能直接体现异常主体作用后虚拟热度的比例；二是对比异常主体作用后峰值时刻两者在单位时间内发布信息数的差距，通过该方式对比异常主体干扰后话题热度最高时单位时间内发布的信息数与正常演化话题热度最高时的差距，并以此讨论异常主体作用后虚拟热度的比率。

比较正常演化与异常主体干扰后总信息数的差距。经前文讨论已知话题正常演化和异常主体干扰后信息数分别稳定在 $x_1 = K$ 与 $x_2 = K(1+\frac{E}{r})$，如图 2.18 所示。易得

$\frac{x_2-x_1}{x_2}=\frac{E}{r+E}$，且通过单调性的定义易判断出在定义域 $0\leqslant E\leqslant r(\frac{\alpha}{\beta K}-1)$ 内 $\frac{E}{r+E}$ 单调递增，即在 r 固定的情况下，$\frac{E}{r+E}$ 随着作用强度 E 的增加而增加，综合考虑净收益，代入 E 的最大取值可得最大作用量占比为 $1-\frac{\beta K}{\alpha}$。

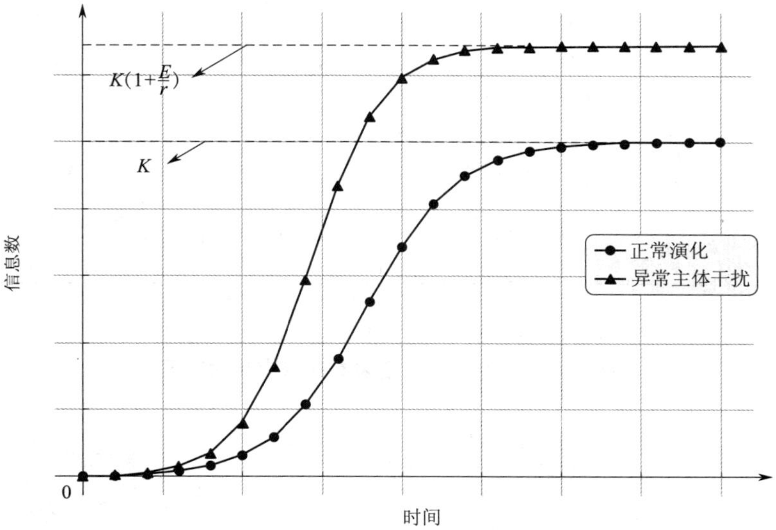

图 2.18　不同情况下最终发布的信息数差距图

比较正常演化与异常主体干扰下话题热度最高时单位时间内所发布信息数的差距。已知话题正常演化过程中单位时间内发布的信息数变化情况为式（2.3），对其求导可得 $f'(x)=-\frac{2r}{K}x+r$；异常主体干扰下演化过程中单位时间内发布的信息数变化情况为式（2.5），对其求导可得 $F'(x)$，即式（2.6）。令 $f'(x)=0$、$F'(x)=0$，可得 $x_3=\frac{K}{2}$，$x_4=\frac{K}{2}(1+\frac{E}{r})$，两者发布信息的变化速率与所发布信息数的关系如图 2.19 所示，当信息数达到 x_3、x_4 时，两种情况下信息发布速率分别达到最大值，此后单位时间内发布的信息数开始减少，那么随着时间的增加信息发布速率亦是先增加后减小，如图 2.20 所示。则易知峰值点分别为 $f(x_3)=\frac{rK}{4}$，$F(x_4)=\frac{K(r+E)^2}{4r}$，易得：$\frac{F_{(x_4)}-f_{(x_3)}}{F_{(x_4)}}=\frac{E(2r+E)}{(r+E)^2}$，也就是说异常主体作用能提高的作用速率百分比为 $\frac{E(2r+E)}{(r+E)^2}$，同理易知其在定义域 $0\leqslant E\leqslant r(\frac{\alpha}{\beta K}-1)$ 内为增函数，考虑净收益代入临界值 $E=r(\frac{\alpha}{\beta K}-1)$，可得异常主体最高发布信息速率的作用比为 $1-(\frac{\beta K}{\alpha})^2$。

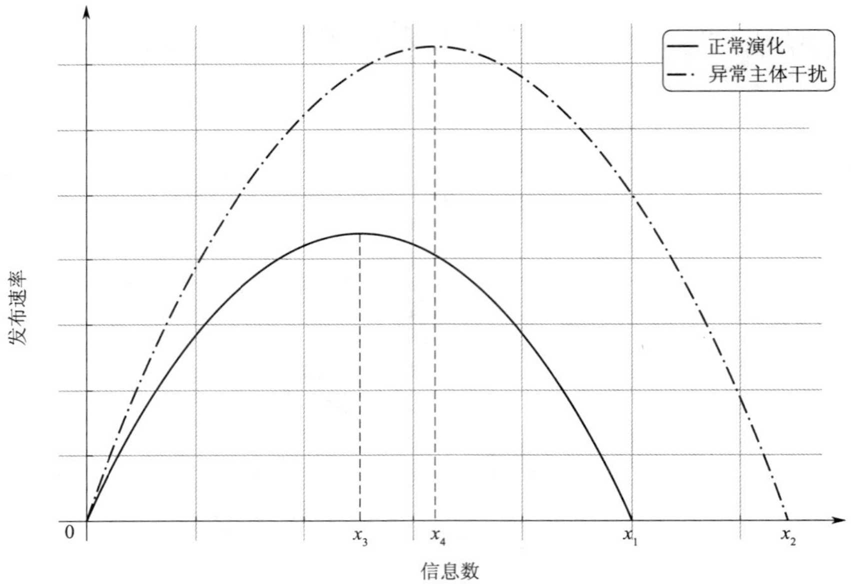

图 2.19　信息数与信息发布速率变化对比图

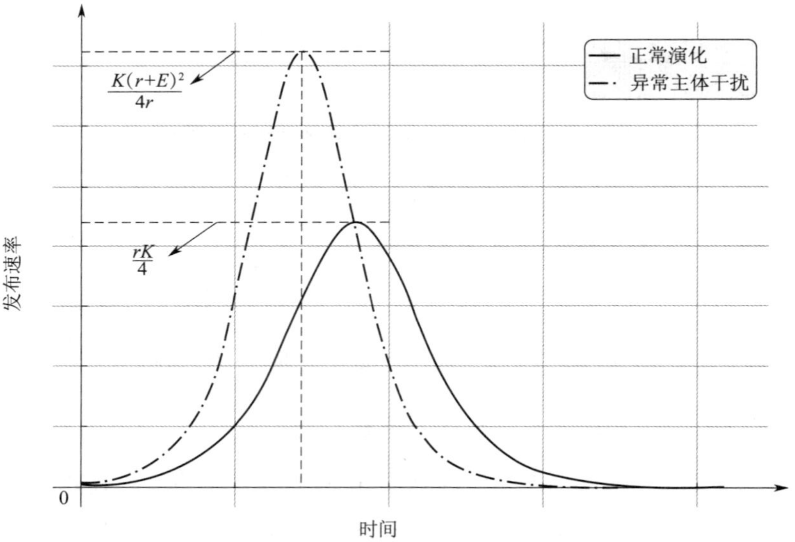

图 2.20　时间与信息发布速率变化对比图

3. 异常主体作用时间分析

作用时间分析，即对比异常主体在不同时间段作用与否所产生的不同效果。在实际情况中，异常主体为了特定目的通过歪曲、捏造事实引发相关话题，在该情况下，相关话题由异常主体发起，则异常主体的作用行为可能会在话题整个演化过程中持续，也有可能在引发一定关注后停止，即全期作用与前期作用后期停止。如图 2.21 所示，对比上述两种情况与话题正常演化时所发布的信息数变化情况，可以看出三条曲线变化情况类似，若异常主体在整个演化过程中持续其作用行为，则话题结束后发布信息数最高，前期作用后期停止的情况与话题事件正常演化时的最终信息数相同，但其演化时间更短，信息数能更早达到稳定值。如图 2.22 所示，对比三种情况每日新增的信息数，也能看出若异常主体仅在前期作用而后期停止，整个话题事件演化时间缩短，且单日新增信息数的峰值亦有所提前。在话题事件演化过程中，异常主体的作用不仅能提高最终发布的信息数，亦能缩短相关话题的演化时间，并使话题讨论最激烈的时间点提前，可以看出异常主体作用时间越长，话题演化越激烈。

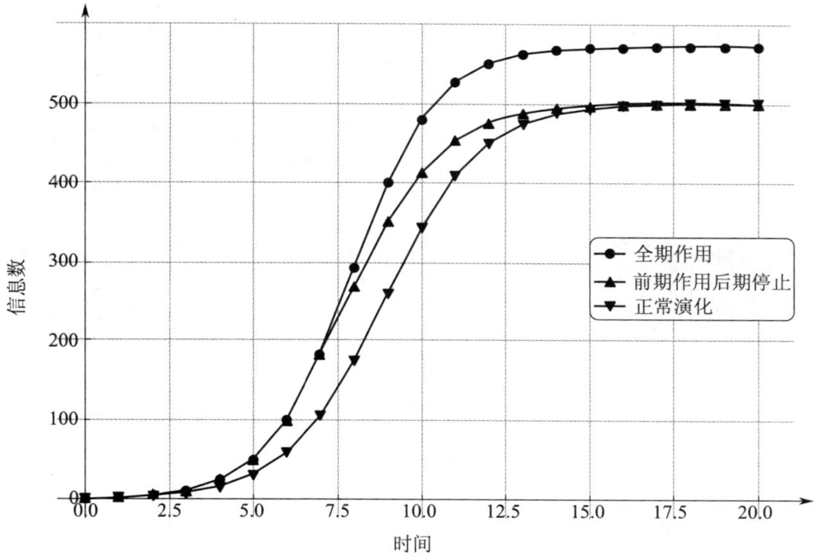

图 2.21　全期、仅前期、正常情况下信息数对比图

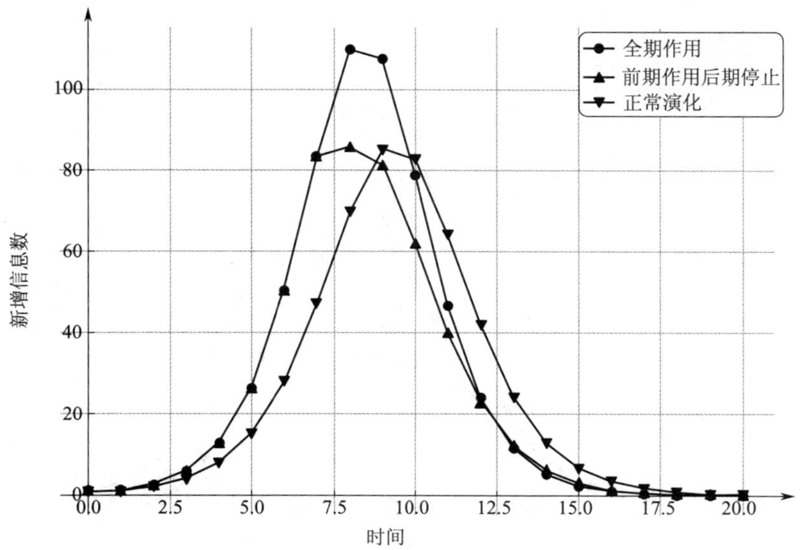

图 2.22　全期、仅前期、正常情况下新增信息数对比图

话题事件发生后正常演化，若有特定目的的异常主体关注到相关话题，则会在不特定的时间内干扰话题正常演化，在这个过程中，异常主体产生作用的时间不同，话题演化的进程也不同。若将话题演化分为初期、中期、后期三个阶段，异常主体分别在三个时期对相关话题进行干扰，即分别在这三个不同时期产生作用。如图 2.23 所示，对比异常主体初期、中期及后期作用与话题正常演化的区别，可以看出异常主体作用后最终信息数相同，但是异常主体越早参与，相关话题信息数能越早达到稳定值。如图 2.24 所示，对比每日新增信息数，相比于异常主体初期作用，异常主体中期作用每日发布信息数的峰值有所推迟，这意味着异常主体越早作用，话题演化越激烈，且异常主体若是在后期作用，即在正常演化峰值过后才开始干预，则单日发布信息数会出现“双峰值”，这意味着异常主体的作用再次提升了相关话题的热度。

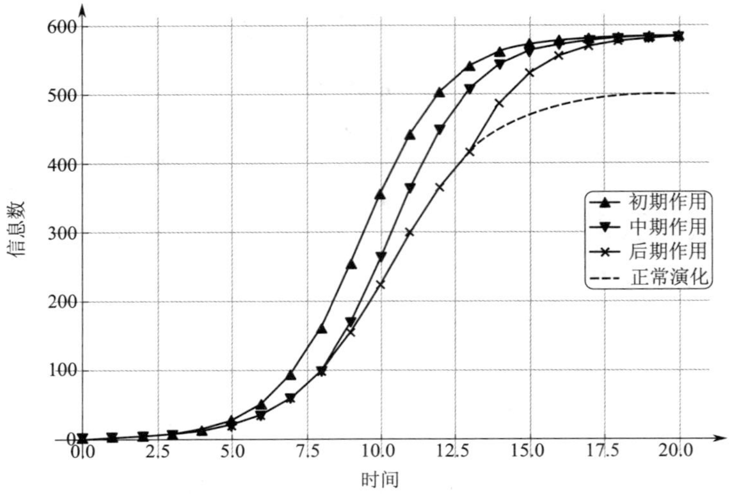

图 2.23 不同时期作用信息数对比图

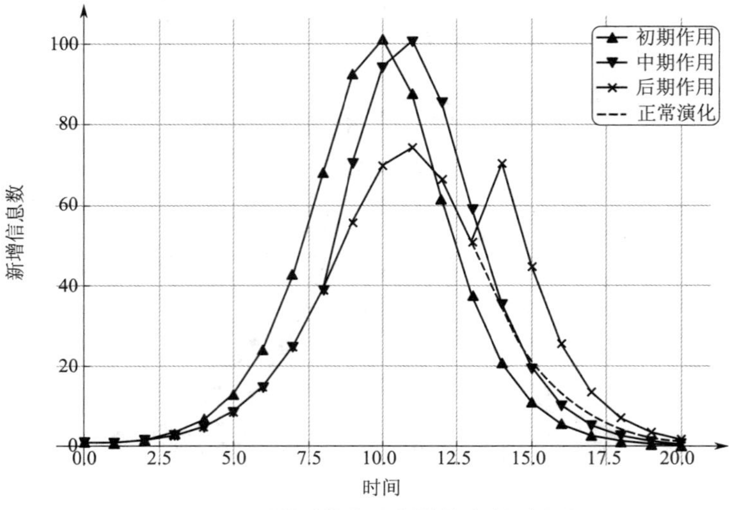

图 2.24 不同时期作用新增信息数对比图

2.3.4　异常主体作用治理策略

在构建网络话题异常主体作用模型的基础上，通过研究模型作用效果及其中涉及的各项参数，易知应降低增长率 r 和收益系数 α，提高支出系数 β，具体治理策略如下。

（1）r 与话题的性质直接相关，若该话题触及大多数民众利益或能引起大部分民众情感共鸣，则该话题能吸引大批“关注度”，民众也会通过发布信息表达其情感及诉求，从而导致话题热度上升。要调控异常主体在相关话题中的负面作用，官方媒体需在相关话题事件发生后及时公布权威信息，并对事件展开调查回应，把握舆论引导的“时、度、效”，消除民众对相关事件的负面情绪，增长率 r 自然会随之下降。

（2）异常主体产生作用的前提是净收益不小于零，此时作用强度 E 最高能取 $r(\frac{\alpha}{\beta K}-1)$，相应措施目标在于减小作用强度，即降低收益系数 α。官方媒体应进一步加强信息公开，并建立科学、系统的网络发言人制度，推动网络监管及网络收入的透明化，完善相关税收制度，这些措施能在一定程度上增加异常主体的机会成本，从而降低收益系数 α。

（3）减少作用强度 E 也可通过提高支出系数 β 实现，支出系数用以衡量异常主体每发布一篇信息所要付出的成本，包括金钱及其他风险成本。对于社交平台来说，应加强对自身的监督，健全自身的监管体系，以识别处理异常主体散布的负面、虚假信息，并给予相关账号“封号”“禁言”等处罚，提高会员注册门槛，这不仅能进一步筛选用户，还能提高用户黏度。

（4）对于政府而言，提高支出系数 β 可以通过加强管理、完善法规来实现。完善针对异常主体处理的法律法规，明确相关行为的违法界限，并制定相应处罚细则，使政府在治理异常主体时能够有法可依，同时相关法律、法规的补全也能对异常主体起到震慑作用，也就是说异常主体所承担的风险加大了，即提高了支出系数 β。

延伸思考

微分方程建模方法对于刻画事物发展变化规律是简洁有效的，但是缩小理论模型的简单性和人类行为的复杂性之间的差距是这类方法需要解决的问题，思考可以通过哪些途径解决这一问题？

第 3 章　等级全息建模方法

等级全息建模（Hierarchical Holographic Modeling，HHM）是一种全面的思想和方法论，其目的在于捕捉和展现一个系统（在其众多的方面、视角、观点、维度和层级中）的内在不同特征和本质，是一种风险辨识模型。其基本思想是构建描述系统不同方面的一组模型。“全息”指的是当确定系统脆弱性时，希望有一个系统的多个视角图像（相反，从单一的视角观察系统或是系统的平面图像）。不同视角的风险包括（但不限于）经济的、健康的、技术的、政治的和社会的。风险之间可以与地理相关，与时间相关。“等级”指的是希望了解在系统等级的不同层面出问题的是什么。利用 HHM 对大规模的、复杂的、等级结构的系统进行建模非常有用，其多视角、多方位特征，使风险分析变得更加可行。HHM 方法的核心是一个特殊的图表形式，图表中的不同列代表整个系统的不同“视角”。HHM 过程的结果是大量的等级组成和子组成的风险情景的产生，任意等级层面的情景集合都会接近一个“完备集合”，该方法努力的结果即组成备选情景模型。

HHM 可以更便利地评估子系统的风险及其对整个系统风险的影响，对不同子系统间错综复杂的关系也能进行建模，并考虑与风险和不确定性所有有关的和重要的因素，进而使风险评估过程更具有代表性。由于认识到针对一个复杂系统仅使用一个模型是不够的，一个复杂系统的建模需要对系统的各个方面进行具体描述，因此 HHM 方法的建模过程更具有现实意义，对系统目标（众多目标和子目标）和决策者（与大规模复杂系统有关）内在的众多等级具有更高的响应度。本章以涉警舆情风险、政府反恐策略为例，介绍等级全息建模方法在警务领域的应用。

3.1　涉警舆情风险模型

3.1.1　涉警舆情风险分类

涉警舆情风险种类繁多，涉及领域广泛。选择合理的涉警舆情风险划分角度，有利于提高风险辨识的全面性。涉警舆情风险按照涉警事件发生的时间顺序可以划分为事前风险、事中风险、事后风险；按照涉警舆情演化趋势可以划分为潜伏期风险、爆发期风险、持续期风险和消退期风险；按照舆情风险来源可以划分为人员风险、事件风险等。

为了遍历涉警舆情可能存在的风险，将涉警舆情的风险从大的角度划分为网上风险（网络风险）和网下风险（现实风险）两个层面，如图 3.1 所示。网上和网下两个层面存在内部的交互，也存在相互之间的耦合，交互和耦合增加了风险的多样性。网上风险指互联网中的信息以及媒体平台、客户端等应用软件产生的风险。网下风险指现实世界中的人、机构部门、涉警事件中存在的风险。

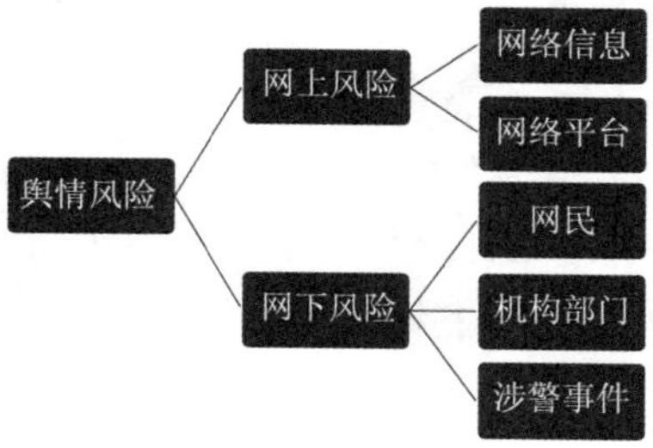

图 3.1　涉警舆情层面划分

3.1.2　涉警舆情风险要素分析

1. 网上风险要素分析

网上风险主要是互联网中的信息、媒体平台、客户端应用软件产生的风险，由于这些风险酝酿产生于虚拟的网络环境中，统称为网上风险。

1）舆情演化

涉警舆情作为舆情的一种，符合一般舆情的特性和发展规律，存在从普通舆情演化视角引发风险的可能。这种蕴含于舆情规律中的风险属于网上风险，风险具体表现在舆情的质与量发生的变化上。

首先，演化过程中的舆情往往真假难辨，可能出现多次反转的情况。当涉警事件发生之后，突发性和爆发性的网络舆论常常使警务人员措手不及，然而随着调查的深入和更多相关信息的曝光，有时候事情的本身或许恰恰与网络舆论相反，舆情反转的隐患不仅对相关部门应对舆情增加了巨大的压力，也给事件的当事人带来了生活和工作上的困扰，一些反响剧烈、影响广泛的事件甚至会带来社会民意动荡失衡的风险。

其次，舆情演化过程存在舆情变异和谣言产生的风险。从信息传播规律来看，网络中舆论信息的传播从“一对多”到“多对多”再到“裂变式传播”，信息的传播路径越来越长，信息传播主体越来越多，将导致信息失真的情况越来越严重，信息变异的可能性大大增加，从而在一定程度上严重扭曲网民的认知，甚至使网民丧失对舆情的判断能力，人云亦云地跟随网络意见发表评论。一些恶意炒作或是别有用心的人，借机利用网络群体的无意识特征，对涉警事件添油加醋、造谣改编，使涉警事件信息变异失真，引发网民对相关公安机关和警务人员乃至法律制度进行围攻与谩骂，破坏公安部门形象，扰乱社会秩序。

最后，涉警舆情还存在复杂的衍生情况。根据清博舆情平台统计，近年来，在涉警舆情产生后，七成以上的重大新闻事件是在报道后的第二至四天达到网络关注度高峰。同时，一起涉警事件往往要经过起因、经过、结果、善后等内容的调查，这给了舆情充分发酵酝酿的时间，针对原事件的相关信息被不断挖掘，一些所谓“内幕”、潜在的事件被曝光，形成许多同样热门或更加热门的衍生舆情，多阶段、多类型的涉警舆情的衍生情况就变得更加复杂。有关部门要面对的舆情风险往往是来自复杂的多个事件，需要同时评价、研判和应对原生事件和衍生事件。

2)信息主体

在网络上，针对涉警舆情事件进行发声的主体有很多，他们有不同的立场和倾向，例如事件当事方、媒体、意见领袖等。应对主体的信息行为进行关注，以有效捕捉他们可能造成的舆情风险。

首先，多元化的信息主体不利于信息源头的追溯。在“人人是媒体”的时代，每个人都可能成为网络平台中信息的发布者和传播者。网民通过在相关平台简单注册，提交申请，即可拥有能够发声的账号，对关注的涉警事件可以在任何时间、任何地点传至自媒体平台上，同时也可以进行转载和评论。因此，对用户信息和行为进行甄别，有助于风险识别，以判断舆情事件是否有网络推手故意激化网民情绪，或者是否有网络水军刷评论、刷热度，从而对舆论走势有整体了解。

其次，信息主体庞杂可能造成涉警事件话语权的分散。针对涉警事件，各类媒体进行报道，意见领袖表达意见，网络推手趁机蹭热度，敌对势力趁机扰乱、抹黑，观点众多。极易导致网民集中倾向于某一观点，盲目跟随某些极端舆论方向，发表不当言论，传播虚假错误的信息，甚至出现极端的、失控的舆论现象，扰乱社会正常秩序，损害公安机关公信力。

再次，特殊信息主体的言论造成极强的煽动性。微信好友、微信群、朋友圈内转发的信息，由于熟人效应，使信息的“可靠性”大大增加，无论信息真假、信息是否完整，都更容易被信赖。微博等网络平台中的“大V”由于大量粉丝的支持或网络高曝光度，也增加了其可信度。并且，网络平台针对用户进行大数据分析后，会筛选出兴趣相近、价值取向相似的群体，进行“关注”的定制推送，这样的扩散结构将产生极强的煽动力。

最后，涉警舆情风险还涉及网络推手定向炒作和延伸炒作的问题。对重大案件多点炒作、延伸炒作的方式，极易造成舆情降温慢、处置难的情况。对涉警舆情的炒作不仅停留在执法一线，一些与警务工作联系较弱的社会性问题也容易被恶性引导，导致负面涉警舆情经常处于高传播热度，信息传播过程中常常出现逆反性和非理性。更有一些不法分子抨击传统、蔑视主流、挑战权威，用尖锐的语言、犀利的观点煽动网民，导致涉警舆情风险大大增加。

3)舆情标签

当涉警舆情与社会上广泛流行的典型、热门的标签词汇产生联系时，该舆情引发舆论热议的概率将大大增加，因为被“标签化”的涉警事件更易引发广泛的群体关注。

首先，“标签”与涉警相结合，将导致网民对警察存在的“刻板印象”不断强化。

其次，舆情传播偏态化的特点不利于警方的正面宣传。偏态传播意味着对于同一主体而言，某些信息的网络传播扩散效果和社会影响力明显大于其他方面的信息。

2. 网下风险要素分析

网下风险是现实世界中的人、机构部门、涉警事件中存在的风险，由于这些风险主要来自现实世界中人的行为、机构部门的行动决策或是具体发生的涉警事件，因此称为网下风险。

1）舆情应对

涉警事件发生后，相关的涉警信息和涉警舆情将逐步在网络上发生、发酵。有关部门应快速制定合理的涉警舆情的监测、回应、应对、善后等舆情应对方法，妥善处理，避免涉警舆情风险的进一步增大。

首先，涉警事件及涉警舆情的突发性对舆情应对速度提出高要求。网络舆情摆脱了传统媒体信息传播慢、扩散范围小的问题，而是凭借互联网形成急速广泛扩散的信息传播模式。当前，微博、微信等平台用户门槛低，导致网民群体鱼龙混杂。同时，随着“快手”“抖音”等短视频平台的出现，网民的信息交流方式更加直观化，所有人都可以自由发表意见，海量用户自然而然地成为接收方，加快了信息扩散的广度和有效性。手机客户端和无线网络发展让涉警舆情的传播达到“随手发”“随手转”的效果，为舆情发展和舆论倾向自由且不可控提供了技术条件。根据统计，绝大部分涉警舆情都与涉警突发事件有关，事件的突发性必然导致舆情的突发性，舆情事件酝酿期极短，几乎没有预兆，一触即发。

其次，涉警舆情事件处置环节较多，增加了舆情处置的复杂度。在日常的信息流通过程中，涉警信息本就是热点信息之一。涉警事件一旦发生，会迅速吸引各方关注，舆情将围绕这一事件展开，涉及警方内部工作结构、外部工作方式等方方面面。伴随着事件的处理，舆论的关注始终不间断，即使事件尘埃落定，舆情依然会针对事件的善后处理、警方的总结汇报等内容展开，各种信息相互交织，贯穿舆情事件始末。从事件起因调查，到事件经过还原，再到部门参与处置、处置措施和效果、事后善后处理等，持续时间长，处置过程复杂，潜伏着许多舆情风险点，例如事件应对过程中若没有及时公开相关信息，极可能因信息闭塞而引发舆情风险。

2）政治敏感问题

公安机关是政府的重要组成部门之一，公安机关的工作和警察的执法行为，在社会中具有群众性和广泛性，一些涉及政治敏感问题的涉警舆情必须严肃对待。警察执法作为社会公众关注的热点，易触发舆论敏感神经，成为社会舆情热点话题。涉警负面信息在网络中的传播，极易成为部分境内外反动势力、敌对势力攻击社会的突破口，挑起对公安机关和警务人员的敌对情绪，散播偏激言语乃至谣言蛊惑人心，变身“网络暴民”，煽动“网络暴力”，误导涉警舆论发展方向，导致涉警舆情危机不断放大、扩散、升级，出现“蝴蝶效应”般的破坏力，最终使事态脱离事件本身，波及整个警察队伍以及公安系统，损害政府公信力，危害社会稳定。同时，当涉警事件涉及恐怖主义、分裂主义和极端主义“三股势力”时，或危害国之根本，或造成人员伤亡，潜在风险等级骤增。

3)直接涉警事件

直接涉警事件主要指涉警舆情事件发生初期就有警察参与其中，或事件中存在直接性的涉警要素。

首先，社会对警察行业的关注度较高。由于警务工作具有特殊性，广大网民对涉警舆情的关注度、参与度较高，发表的言论主观性、自由性较强。从公安机关及警察职责特征来看，作为武装性质的维护稳定、刑事司法和治安行政的机关，公安机关的工作涉及范围广、工作量大、对象复杂，故对其有极高的职业要求。

其次，涉警事件社会影响力大。涉警事件是社会关注的焦点，特别像社区警务工作站、派出所、交警队、刑警队、基层公安局等，都是直面人民群众社会生活的部门，直接涉及人民群众的切身利益。涉警事件发生后，较短时间就会引发社会广泛议论，产生一定规模的社会影响，其中一些负面事件容易激起社会对政府公信力的质疑。

4)间接涉警事件

间接涉警事件主要指涉警舆情事件发生初期不涉及具有警察身份的人员，也不存在任何涉警要素，但在舆情发酵过程中，关联到警务人员，或出现了涉警要素。近年来，间接涉警事件的影响往往比直接涉警事件更大，产生的负面效应更多。由于间接涉警事件起初几乎没有涉警要素的出现，是涉警舆情监测容易忽视的方面，当事件作为一个普通舆情获得一定的热度时，随着曝光的信息越来越多，当事人的关系网越来越清晰，一些涉警要素随之被关联，此时这一舆情已经是有一定规模和热度的涉警舆情，管控和引导的难度也比常见的直接涉警舆情要大。常见的间接涉警舆情有以下两种：一是事件中的关联当事人具有警察身份或者其家属、社会关系密切的人具有警察身份；二是事件追责过程中关联到警方责任。

5)警民关系

涉警舆情中还有一个重要的主题就是警民关系，指警民之间可能出现的合作、冲突等关系情况。

首先，民众是涉警舆情的当事人，更是传播者。涉警舆情往往涉及社会的治安稳定以及公民的生命财产安全，关乎人民群众的切身利益，因此对涉警舆情的关注不会因为年龄、职业、社会地位的不同有明显的差异。网络开放性的环境让网民能够直接、自由地选择自己所关注的事件、并提取自己所需要的信息，这其中包括涉警事件信息，由此大大拓宽了涉警事件传播的渠道和途径。

其次，不能维系良好的警民关系可能导致执法环境遭到破坏，甚至引发线下事件。一些负面涉警舆情危机事件发生后，如果不能快速、有效、合理应对，在网络传播媒介的聚合作用下，信息传播呈现爆炸式、裂变式效果，负面影响加剧，破坏公安机关执法环境，对于公安机关形象也有极强的破坏作用。如果不能妥善引导，涉警舆情风险波及的范围将从网上蔓延到网下的现实生活中。情况严重时，可能使民众对警察失去信任，甚至引发警民之间的对抗事件，危害社会稳定。

3.1.3　涉警舆情风险辨识

涉警舆情风险可分为网上（网络）风险和网下（现实）风险。网上风险指互联网中的信息、媒体平台、客户端应用软件产生的风险。网络中的信息大致可分为正面、负面、客观中立三类。网络平台包括社交平台、新闻平台等提供信息传播、网民交流功能的平台。网下风险指现实世界中的人、机构部门、涉警事件中存在的风险。事件层面包括正面、负面和客观中立三种情况。网民层面考虑普通网民、网络推手、意见领袖等不同身份的网民。部门机构包括政府、公安、媒体等。下面从上述视角进行涉警舆情风险辨识。

1. 网上风险辨识

网上风险主要是源于网络上的信息及供网民发表意见的信息平台，主要包括舆情演化、信息主体、舆情标签三个方面。

1）舆情演化

由网上的信息、平台引发的网上涉警舆情风险，主要是信息质和量的变化以及平台对信息展示形式的变化导致的风险，这些变化可以统称为“舆情演化”，即舆情变化过程中存在的风险。

Ⅰ. 衍生舆情

衍生舆情指在一个舆情事件演化过程中，由于网民信息爆料、媒体挖掘等行为出现的与原舆情事件有一定联系的新舆情事件，衍生舆情的出现往往伴随着舆情信息数量的新爆发，激发网络热议，一些所谓内幕性、爆炸性的衍生舆情所带来的风险甚至超过原舆情事件。

Ⅱ. 网络谣言

网络谣言指随着舆情事件的发展，网络推手、个别网民等编造与事实不符的虚假舆情信息，或激发民愤、或扰乱视听，导致网民情绪极度波动。高热度的涉警舆情几乎都伴随有谣言的产生。

Ⅲ. 信息量骤变

网络上关于某事件的舆情数量骤变也是舆情风险的重要检测指标之一。数量骤变包括数量突然激增、数量急剧减少等。对于数量突然激增的舆情，要及时把握事件性质，分析网民情绪分布，做好应对准备。对于数量急剧减少的舆情，要查明原因，做好预案，避免出现欲盖弥彰的情况。

Ⅳ. 舆情反转

舆情反转指随着事件调查进展的披露或新信息的曝光，原来在舆情事件发展过程中被网民褒奖或指责的一方角色发生反转，成为被批判或赞许的一方。涉警舆情中，通常伴随事件调查过程会出现一次甚至多次反转。

Ⅴ.平台推广

平台推广是促使热点网络舆情形成的重要原因，一些原本由普通网民发现、发表的新闻事件，经过新闻平台或社交平台的整理、包装，一经发表收获大量的阅读量，社交平台的转发更是让舆情加速扩散。由于审核机制不健全，平台推广信息中可能包含虚假信息。

2)信息主体

一些特殊身份的网民或机构发表了信息，由于这些人或机构受到网民的广泛关注、影响力大，或者其本身就是公安部门监控的重点对象，因此他们在网络上发表信息这一行为存在风险。

Ⅰ.官方回应

官方回应指某事件的当事方、直接责任方、组织方等具有权威性、话语权、解释权的机构、组织或个人，针对事件相关内容给予网民的公告或回应。官方回应必须注意内容的真实性和语句措辞。

Ⅱ.媒体报道

随着一手信息、现场报道、内幕披露等逐渐成为媒体之间竞争的重要筹码，个别媒体为了吸引眼球、抢占市场，在信息未得到完全证实的情况下就对外发布，甚至采用夸张的标题和配图发布虚假新闻。

Ⅲ.敌对势力

敌对势力指为达到自身利益或者政治上的目的而挑起目标国家周边和内部矛盾，激起民族之间的冲突和仇恨，使其陷入混乱状态，并从中获利以达到自身目的的某些国家或组织。敌对势力的渗透早已蔓延至网络，一些典型的敌对势力平台、账号发布的信息中具有严重风险。

Ⅳ.共情网民

网络情绪是一种社会情绪，是社会成员共性的情绪感受。网络情绪通过个体间以及个体与群体、群体与群体之间的互动传播，通过多种网络互动和传播途径形成相对稳定的普遍情绪体验。涉警舆情事件中的网民情绪，存在负面社会情绪集中、社会情绪强烈极化等风险。

Ⅴ.意见领袖

意见领袖指在网络中构成信息和影响的重要来源，并能左右多数人态度倾向的少数人。他们对涉警舆情事件发表的评论能够影响大部分摇摆不定的网民，动摇与自己意见相反的网民，部分意见领袖的观点和态度潜藏风险。

Ⅵ.网络推手

网络推手借助网络媒介进行策划、实施并推动特定对象，使之产生影响力和知名度，对象包括企业、品牌、事件以及个人。通过制造轰动、策划作秀，让特定对象迅速成名。网络推手为了博眼球、获关注，会发表一些夸张言论，甚至造假，涉警事件作为社会热点极易被利用。

3)舆情标签

涉警舆情信息中涉及的当前社会上广泛流行的典型、热门的标签词汇，这些能够被“标签化”的事件曝光在网上，极易引发舆论热议，此风险要素称为“舆情标签”。

Ⅰ. 弱势群体

弱势群体，也称社会脆弱群体、社会弱者群体。弱势群体根据人的社会地位、生存状况而非生理特征和体能状态来界定，它在形式上是一个虚拟群体，是社会中一些生活困难、能力不足或被边缘化、受到社会排斥的散落的人的概称。

Ⅱ. 公众人物

公众人物也称公共人物，指一定范围内拥有一定的社会地位，具有重要影响力，为人们所广泛知晓和关注，且因此能从社会中得到巨大利益，并与社会公共利益密切相关的人。公众人物有责任珍视和维护自身社会形象，努力做精神家园守望者、社会价值风向标、道德航船压舱石，成为弘扬社会主义核心价值观的公共标杆。反之，其言行极易引发舆情风险。

Ⅲ. 社会热点

社会热点问题与涉警事件相结合，风险指数会明显增加，网民对社会热点的关注是稳定的、较高的，当二者相结合，将会增加彼此的风险。

Ⅳ. 猎奇出位

网民具有猎奇心理，对于一些骇人听闻的事件，将给予更强的关注度并引发激烈争论，因此对于猎奇出位的涉警舆情应当进行风险管理。

Ⅴ. 低频偶发

对那些偶然性极强、发生概率极低的涉警事件引发的舆情进行风险管理，特别是一些造成人员、财产等损失的意外事件，在引发舆论哗然的同时，极易引发管理缺位等的质疑。

Ⅵ. 人员伤亡

据统计，当涉警舆情事件中出现人员死伤的情况时，网民参与度极高，网民出现负面情绪的概率大，舆情引爆的可能性明显增加。因此，对于涉警舆情中出现人员死伤事件的情况，应当进行风险监控，避免引发舆论风暴。

Ⅶ. 突发事件

突然发生造成或者可能造成严重社会危害，需要采取应急处置措施应对的自然灾害、事故灾难、公共卫生事件和社会安全事件等，此类事件具有显著的公共威胁性和突发紧迫性。

Ⅷ. 黑恶势力

黑恶势力是黑势力与恶势力的通称。与黑恶势力、黑社会性质组织相关的事件，通常涉及社会公平正义和社会安全感，关系群众切身利益，极易引发涉警争议。

2. 网下风险辨识

网下风险指由现实生活中的涉警舆情事件相关机构部门、具体涉警事件和网民引发的风险，包括舆情应对、政治敏感问题、直接涉警事件、间接涉警事件和警民关系五个方面。

1)舆情应对

网络涉警舆情风险与公安部门及其他相关部门对舆情的处理应对方式息息相关,科学合理的舆情应对策略有助于掌握舆论阵地,把握涉警事件应对的主动权,维护公安部门形象。

Ⅰ. 反应速度

把握舆情回应的“黄金时间”,提高处置效率,是掌握舆情引导和应对主动权的重要一步。涉警舆情事件发生后,如果不予回应、延迟回应,处置效率低下,将导致舆情高涨、谣言弥漫,激发多重潜在风险。

Ⅱ. 回应效力

回应效力指涉警舆情事件发生后,相关部门针对涉警舆情进行回应的方式方法。对涉警舆情的回应要做到又快又好、合情合理、科学准确,及时通报事件相关情况,回答网民提出的问题或质疑,解答事件中存在的争议,压缩谣言的传播空间,为事件调查处理争取良好的舆论环境。

Ⅲ. 处置效果

科学研判是确保处置效果的基础,建立健全涉警舆情的监测、研判、回应机制,科学决策相关事件的回应时间、回应力度,有助于达成良好的处置效果,避免舆情处置过程中出现衍生舆情。

Ⅳ. 信息公开

对于一些非涉密的涉警舆情事件的处置办法,应当酌情向社会通报,尽量满足网民的知情权,确保事件经过和调查过程公开透明,适当披露关键细节、解释存疑问题,避免舆情反复的风险。

Ⅴ. 善后工作

针对在涉警舆情事件中有损警察形象的情况,应当及时采取恰当措施进行弥补,修复、维护警察形象,如果在一次涉警舆情事件后大量网民产生“仇官”“仇警”心理,将导致警察公信力降低,影响正常执法工作开展。

Ⅵ. 责任分割

责任分割指针对涉警舆情事件中相关责任方的认定和公开。对于警方应当承担责任的事件,应该通报事件调查情况,对相关责任人的处理方式进行通报,确保执法公平公正公开。

Ⅶ. 部门配合

部门配合指公安部门内部以及与其他部门之间的合作、配合情况。对于重特大事件或活动,公安部门需要和其他部门相互配合,避免部门内部或部门之间配合不当,而对政府公信力造成不良影响。

2)政治敏感问题

Ⅰ. 三股势力

三股势力指暴力恐怖势力、民族分裂势力、宗教极端势力,当涉警舆情中涉及这三股势力相关信息时，应当及时预警，严肃对待。

Ⅱ. 党政话题

当涉警舆情中的内容涉及党政话题时，需提高警惕，防范借涉警舆情的名义，炒作衍生话题，攻击党和政府，传播错误思想，引发对立情绪，扰乱社会秩序。

Ⅲ. 国防与外交

涉及国防、外交问题的涉警舆情，对国家形象、社会稳定都有巨大影响，需要进行风险管理。

Ⅳ. 民族与宗教

当涉警舆情事件中出现民族或宗教相关信息时，要谨慎对待。

Ⅴ. 政府公信力

政府公信力是公众对政府履行其职责情况的评价，抨击政府公信力的涉警舆情，或是由于处置不当而影响政府公信力的涉警舆情，可能导致社会秩序的失控，应当归纳在风险要素中。

3）直接涉警事件

直接涉警事件主要指涉警舆情事件发生初期就有警察参与其中，或事件中存在直接性的涉警要素。

Ⅰ. 应对不力

应对不力指由于警力有限、能力不足等原因导致的工作不力。执法人员和执法方式并无不当，属于正当执法的范畴，但是在执法过程中由于应对不力，没有解决问题，甚至造成损失的情况。

Ⅱ. 暴力执法

暴力执法指执法过程没有依法进行，执法时使用暴力。暴力执法事件可能伴随着人员伤亡，在舆论上往往会将警察和公众推向两个对立面，破坏警民关系，损害公安形象。

Ⅲ. 正当执法

正当执法指在涉警舆情中警方的行为是正当、合法的。在执法过程中，应保留相关的音视频材料，保障警方权益。

Ⅳ. 处置不当

处置不当指由于处置方法错误、违背法律法规等原因导致的工作不力。因警方处置不当导致的涉警舆情，警方应承担相应责任，及时向公众通报事实情况。

Ⅴ. 辅警管理

辅警管理指公安部门对辅警的管理方式等。辅警是非警察身份的人员，但是参与警务活动，日益增多的涉及辅警的相关舆情，对公安部门的辅警管理方式提出了更高要求。

Ⅵ. 滥用职权

滥用职权指执法主体在行使权力或履行职能过程中对法律赋予的职权不规范或者超常规的使用，致使公共财产、国家和人民遭受重大损失的行为。滥用职权是造成警民冲突、引发涉警舆情的重要因素之一。

Ⅶ.贪污腐败

贪污腐败是导致舆情危机的重要因素,能否有效回应民众严惩腐败的正义诉求、全面推进反腐倡廉的具体行动和制度建设,是涉及贪污腐败的涉警舆情处理的重要考量。

Ⅷ.刻意作秀

刻意作秀指为了达到形象宣传等目的而故意进行的摆拍等作秀行为。对于警察克己奉公、无私奉献的正面事例,因宣传方式方法不当,反而引起负面舆论,被认为是刻意制造的煽情摆拍新闻。

Ⅸ.执法争议

对执法方式、执法依据、执法结果存在争议的事件,其引发的舆论争议极易损害警察执法公信力。

4)间接涉警事件

间接涉警事件主要指涉警舆情事件发生初期不涉及具有警察身份的人员,也不存在任何涉警要素,但在舆情发酵过程中,关联到警方人员,或出现了涉警要素。

Ⅰ.社会关系

事件当事人与警察有亲属关系或朋友关系,因涉警要素而由一般舆情衍生为涉警舆情,并极易因特殊的社会关系而引发徇私舞弊、仗势欺人等舆论争议。

Ⅱ.追责问责

突发事件、公共事件等事件调查追责过程中,涉及警方责任,引发涉警舆情。

Ⅲ.警察身份

事件并非警务事件,但当事人有警察身份,因特殊身份而引发涉警舆情。

Ⅳ.道德作风问题

事件并非警务事件,但当事人有警察身份且涉及道德作风方面的问题。违反公序良俗的行为,虽未触犯法律,但通常会受到舆论谴责,因当事人的警察身份而引发间接的涉警舆情。

5)警民关系

警民之间可能出现合作、冲突等关系情况。

Ⅰ.群体性事件

群体性事件通常影响社会秩序甚至危害社会安全、造成经济损失和人员伤亡,在依法处置过程中,可能引发警民之间的关系紧张或冲突。

Ⅱ.阻碍执法

阻碍执法指采取暴力、威胁的方法阻碍警察执行公务,情节严重的要依据妨碍公务罪惩处。对于阻碍执法的行为,警方应当采取合理有效的方式应对,记录执法过程,依法处理。

Ⅲ. 执法监督

执法监督指对执法行为的监督工作。网络社会环境下，社会组织和个人可以采取多种方式对警方执法进行社会监督。

Ⅳ. 袭警事件

警察在依法执行公务活动中遭受执法对象的围攻和袭击，警察人身权利遭到不法侵害的同时，正常的公务秩序受到严重的破坏，袭警事件极易引发警民关系的讨论。

Ⅴ. 维护警察权益

维护警察权益指对警察群体的保护、对警察合法权益的维护。警察权益具有普遍性和特殊性，既包括警察的执法权益，也包括警察作为公民应享有的基本权利。

3.1.4　涉警舆情风险 HHM 框架

通过分析涉警舆情风险管理中的风险要素，构建网上风险和网下风险的涉警舆情风险管理 HHM 框架，如图 3.2 所示。其中，网上风险包括舆情演化、信息主体、舆情标签三个维度，包括风险项 19 项；网下风险包括舆情应对、政治敏感问题、直接涉警事件、间接涉警事件和警民关系五个维度，包括风险项 30 项。

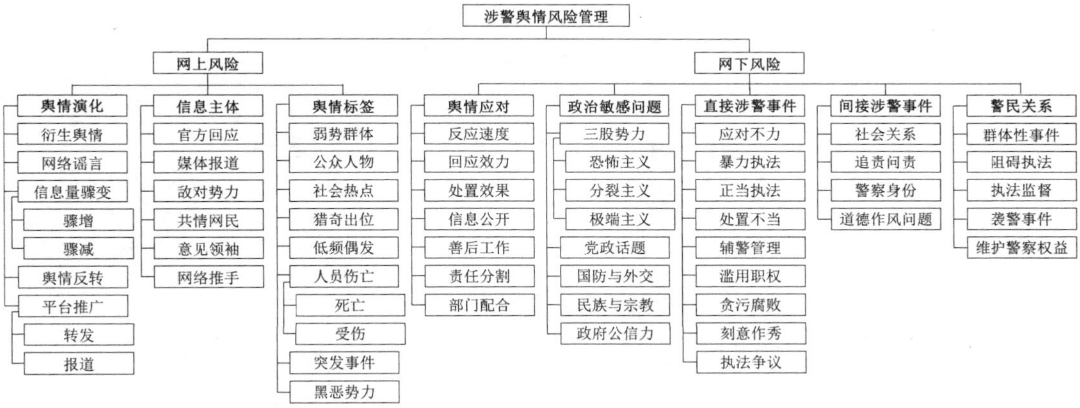

图 3.2　涉警舆情风险 HHM 框架

全息风险建模通过反复迭代的方法来分析涉警舆情风险要素。首先，利用往年的涉警舆情案例和涉警舆情信息进行要素提取；其次，应用当前的 HHM 框架验证各种风险；最后，若现有框架不能有效识别涉警舆情风险，可以增加新的视角，搜索更多案例，继续对框架进行扩展。通过反复修正 HHM 框架的方法，最终达到捕获所有风险要素的目的。

3.1.5　涉警舆情风险场景

1. 单一风险场景

单一风险场景的识别是对涉警舆情风险 HHM 模型的基本应用，也是复杂风险场景识别的基础。在对涉警舆情事件风险的筛选过程中，可以针对上述关键词进行初步筛查，目的是从海量的舆情信息中更快地找到风险指数更大的舆情问题。例如，在涉警舆情信息中反复出现“暴力执法”“应对不力”“处置不当”等词语时，很有可能触发“直接涉警事件”这一风险类别。而相对于“直接涉警”而言，“间接涉警”的情况往往更加严重。这些事件起初与警察通常没有关系或者关系不大，但是随着事件的发展、舆情的发酵，当这些事件出现涉警要素时，由于前期的信息积累，此时的涉警舆情的“基础”就比其他事件而言呈现信息量更大、内容更复杂等特征，是典型的风险型涉警舆情，如“社会关系”“追责问责”等情况。

2. 复杂风险场景

上述 HHM 框架从不同视角、不同方面和不同维度展现了涉警舆情风险管理的基本情况，在此基础上可以通过反复迭代的过程确定可能存在的风险来源、风险成因等风险识别的基本要素，系统地进行涉警舆情风险管理。

按照涉警舆情风险可能引爆的地点（网上、网下），可将 HHM 变为层次（三层）结构（图 3.3，表 3.1），并在此基础上，总结出 15 个主要的 HHM（双层）子模型——风险场景，对不同层面、不同角度的风险要素予以提取，进而进行涉警舆情风险识别，这也是 HHM 应用在风险识别方面最大的优势。

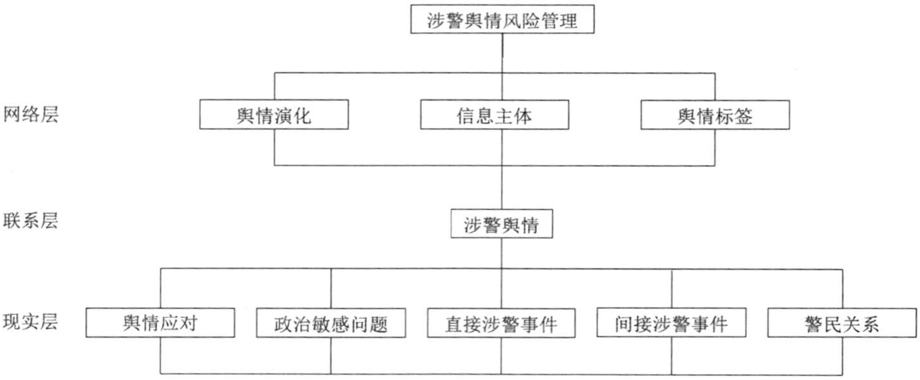

图 3.3 涉警舆情风险场景构建

表 3.1 涉警舆情复杂风险场景

序号	网络层	现实层	序号	网络层	现实层
1	舆情演化	舆情应对	9	信息主体	间接涉警事件
2	舆情演化	政治敏感问题	10	信息主体	警民关系
3	舆情演化	直接涉警事件	11	舆情标签	舆情应对
4	舆情演化	间接涉警事件	12	舆情标签	政治敏感问题
5	舆情演化	警民关系	13	舆情标签	直接涉警事件
6	信息主体	舆情应对	14	舆情标签	间接涉警事件

续表

序号	网络层	现实层	序号	网络层	现实层
7	信息主体	政治敏感问题	15	舆情标签	警民关系
8	信息主体	直接涉警事件			

以“舆情演化 - 政治敏感问题”风险场景为例进行说明如图 3.4 所示。在该风险场景中，以不同的视点为基础进行交错分析，分别从不同的角度来观察。网络层选择舆情演化（衍生舆情、网络谣言、信息量骤变、舆情反转、平台推广）视点为基础，现实层选择政治敏感问题（三股势力、党政话题、国防与外交、民族与宗教、政府公信力）进行交互，分析舆情演化的连带影响及耦合作用关系。因网络层（舆情演化）有 5 个风险项，现实层（政治敏感问题）有 5 个风险项，理论上有 25 种风险来源。

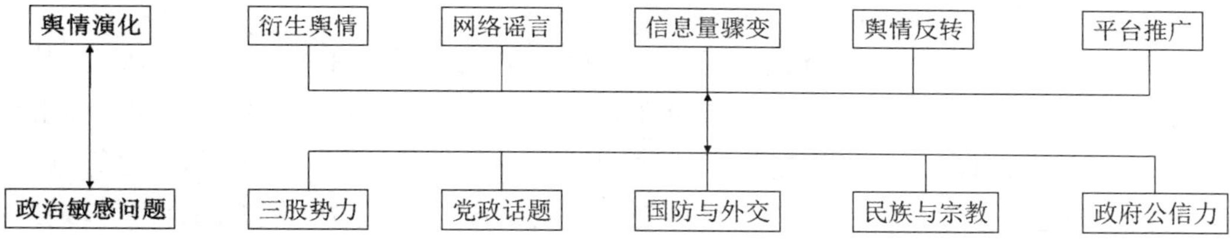

图 3.4　“舆情演化 - 政治敏感问题”风险场景

以“舆情演化”与“政治敏感问题”两个要素为例，在涉警舆情风险管理过程中，要素不是孤立存在的，要素之间的相互组合、影响、耦合作用可能引发或者酝酿出尚未出现的风险类型。涉警舆情一旦出现，势必要经过舆情的演化过程，在这个过程中若一般涉警舆情事件向政治敏感问题衍生，事态将变得严峻，严重情况下扰乱社会秩序，甚至破坏社会稳定、引发社会慌乱。

在“舆情演化 - 政治敏感问题”风险场景中，风险监控过程中监测到舆情演化和政治敏感问题两个方面的关键词同时出现的情况下，风险指数要比单一要素下的风险指数大大增加。包含政治敏感问题的涉警舆情相较于普通涉警舆情事件而言，舆情演化的速度和衍生方向更复杂；同时，舆情演化效应强烈的涉警舆情事件要注重监控引导，避免衍生政治敏感问题。总而言之，在舆情数量和质量转变过程中，要着重关注一些涉及政治敏感问题的舆情观点，一些境内外不法分子极易在舆情爆发初期、事情原委不明之时，制造谣言，混淆视听，将事态严重化，应及时有效地对这类舆情观点进行引导治理，避免风险激化和升级。

3.2 政府反恐策略模型

3.2.1 政府应对恐怖事件风险因素识别

1. 风险识别方法

风险评估和管理过程的第一步就是识别所有可以想到的风险来源。恐怖主义风险来源的识别是有效采取应对策略的必要条件。常见的风险识别方法有专家调查法、核查表法、故障树分析法、风险列举法、情景分析法、图解法、综合应急评审与响应技术等。HHM 方法对大规模的、复杂的等级结构的系统建模非常有效，由于恐怖活动涉及面广、情势复杂，因此基于 HHM 识别政府应对恐怖活动的风险因素非常关键。

通过分析恐怖事件相关主体及其活动中的相关要素，构建 HHM 的三层结构图。其中，目标层即分析恐怖事件的相关主体及其活动，主体层分为我国政府、国际社会和恐怖组织，活动维度层分为计划与战略、依据与支撑、组织与协调、行动与指挥、媒体与舆论等五个方面。在此基础上，通过收集、分析恐怖事件案例信息，验证当前 HHM 框架的合理性，最终在反复迭代的过程中确定不同主体在政府应对恐怖活动中的风险因素。

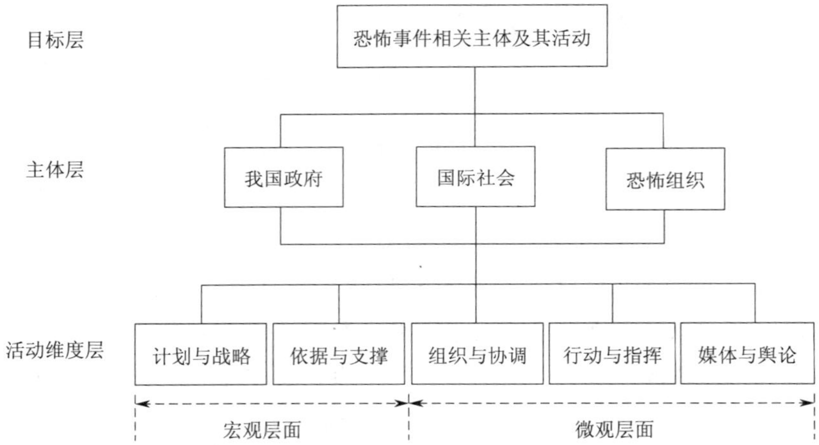

图 3.5 恐怖事件的相关主体及其活动的 HHM 框架

对于发生在我国的恐怖活动，其中有较大影响力的主体是我国政府、国际社会和恐怖组织，三个主体根据各自的不同属性，从宏观层面和微观层面做出不同的部署，起到不同的作用。其中，计划与战略侧重于各主体发挥作用的短期和长期规划，起指导思想作用；依据与支撑是各主体开展行动的依据、规范和支持；组织与协调着重于部门间的协作以及为具体行动提供保障的各种工作；行动与指挥则是具体行动，包括战术指挥、技术应用等；媒体与舆论作用则贯穿始终，并且其前端更加提前、后端更加延后于恐怖活动本身。

2. 我国政府应对恐怖事件的风险因素识别

我国政府在应对恐怖事件过程中的风险因素主要有以下方面：计划与战略包括国家战略布局、战术安排以及长期的日常工作计划；依据与支撑主要包括我国与反恐相关的立法以及我国奉行的宗教政策等；组织与协调包括组织机制、部门联动方式以及人员培训、后勤保障等；行动与指挥包括人员的素质与经验、高新科技的应用以及军队战斗力等；媒体与舆论包括恐怖事件发生各个阶段媒体与舆论发挥的作用以及对它们的管理。我国政府应对恐怖事件的 HHM 框架如图 3.6 所示。

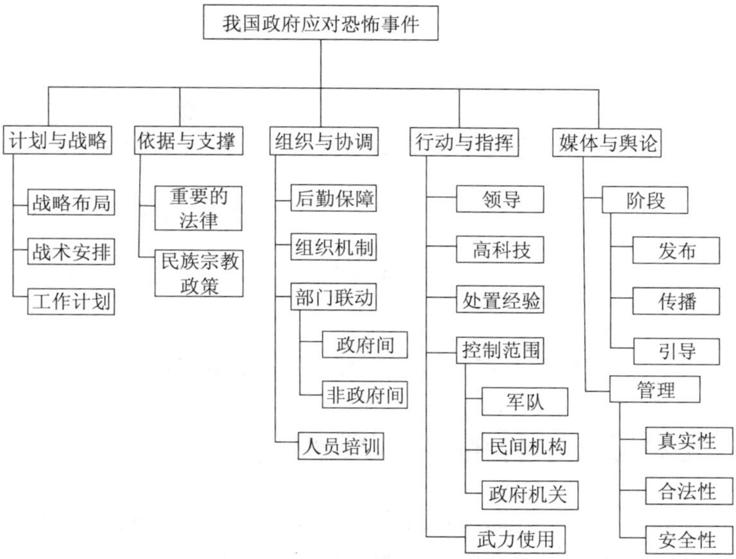

图 3.6　我国政府应对恐怖事件的 HHM 框架

3. 恐怖事件中国际社会活动的风险因素识别

恐怖事件中国际社会活动的风险因素主要有以下方面：计划与战略包括各国间的合作与制衡以及个别国家所表现出的反恐的不彻底性；依据与支撑包括国际法和各国制定的反恐法以及个别国家所持的反恐双重标准，并对恐怖组织暗中支持；组织与协调包括信息共享、国际组织在反恐中的地位与作用；行动与指挥包括反恐情报支援、反恐军事行动以及互联网反恐作战等；媒体与舆论包括国际社会对恐怖事件和反恐斗争的报道、评论。

4. 恐怖事件中恐怖组织活动的风险因素识别

恐怖事件中恐怖组织活动的风险因素主要有以下面：计划与战略包括恐怖组织寻求外部支援的策略以及发生的战略转移和具体行动计划的变更；依据与支撑包括恐怖主义极端化解读的宗教经典以及其利用社会矛盾作为支撑，对普通民众进行分化；组织与协调包括恐怖组织运行所需的财物供给、人员招募、活动空间以及各种犯罪活动等；行动与指挥包括恐怖组织不断发展变化的行动特点和在指挥过程中对信息技术的广泛利用；媒体与舆论包括利用网络、媒体宣扬恐怖思想，渲染恐怖气氛等恐怖事件中恐怖组织活动的 HHM 框架如图 3.7 所示。

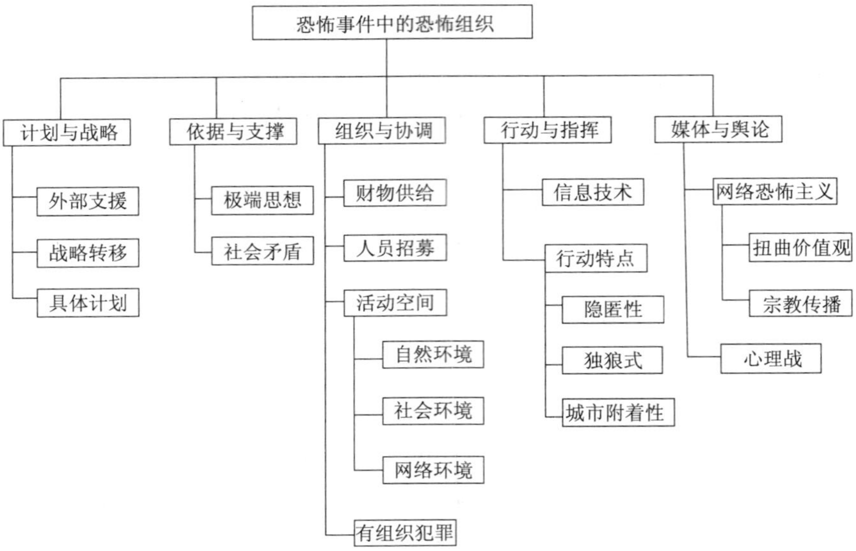

图 3.7 恐怖事件中恐怖组织活动的 HHM 框架

3.2.1 政府应对恐怖事件的 SWOT-AHP 分析

SWOT 方法是一种通过分析主体自身的优势、劣势、机会和威胁，从而将主体未来的发展方向与其内部资源和外部环境有机结合的一种态势分析法。在大数据环境下，更加强调事件之间的相关性，因此本节改进了 SWOT 分析法，以恐怖事件相关主体及其活动的 HHM 框架为依据，列出事件结构目录和具体因素，并对以上因素按照内部优势因素、内部劣势因素和外部机会因素、外部威胁因素进行分类。以列出的具体因素为参考，运用德尔菲法对结构目录中五个方面的优势、劣势以及机会、威胁进行打分，再通过层次分析法（AHP）对其计算权重，最后根据权重大小，确定出每个方面需要采取的策略，形成策略组合。这种方法体现了大数据思维的相关性思想，做到了尽可能全面的因素整理，在一定程度上改进了传统方法因素列举不周全、分析结果不直观的局限。政府应对恐怖事件的 SWOT 分析流程如图 3.8 所示。

根据以上识别出的政府应对恐怖事件风险因素，结合实际情况对政府应对恐怖事件的现状进行 SWOT 矩阵分析，具体因素的填充见表 3.2。

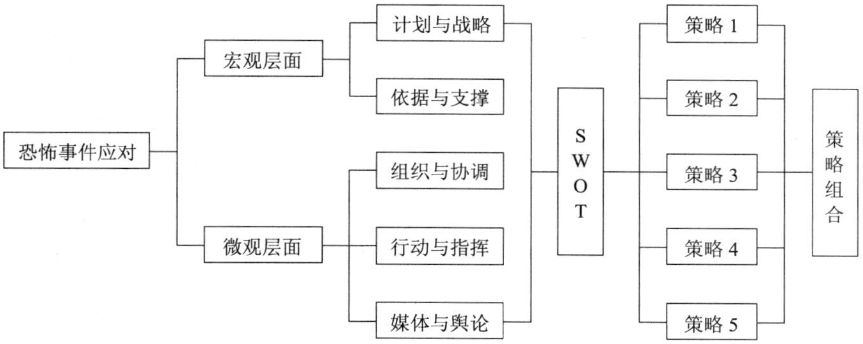

图 3.8　政府应对恐怖事件的 SWOT 分析流程图

表 3.2　政府应对恐怖事件的 SWOT 矩阵

系统结构目录	内部因素		外部因素	
	优势（S）	劣势（W）	机会（O）	威胁（T）
A. 计划与战略	（1）从战略高度重视反恐工作；（2）设定计划、预案，事前防范意识强；（3）去极端化工作成效显著	（1）反恐力量构建过多依赖国家强制力；（2）对我国在国外的利益维护难度大	（1）各国能够达成反恐共识；（2）各国具有协作精神	（1）国际恐怖组织加紧对外渗透，国内恐怖势力争取境外支持；（2）新型武器被恐怖组织利用的风险上升
B. 依据与支撑	（1）《反恐怖主义法》从法律层面为反恐提供依据；（2）以宗教信仰自由政策为依据开展宗教活动	（1）反恐专门法律不完善；（2）配套法律法规不到位	（1）联合国出台一系列反恐公约、文件，为反恐合作提供依据；（2）世界各国的反恐法律体系为我国提供借鉴	（1）极端主义思潮蛊惑人心；（2）社会疏离感将催生本土恐怖分子；（3）反恐存在双重标准，个别国家暗中支持
C. 组织与协调	（1）反恐体系较为完善；（2）重视人员培训，战斗力强；（3）积极开展反恐科研工作，科研投入大	（1）组织分工不合理；（2）信息共享程度低	（1）恐怖组织生存环境差；（2）恐怖活动组织难度大；（3）国际组织及多边机制力图在反恐中发挥更大作用	（1）各国信息共享程度低；（2）恐怖主义与跨国犯罪相勾结；（3）有组织招募、偷渡
D. 行动与指挥	（1）指挥长负责制提高指挥效率；（2）特种行业管制较到位；（3）通过大数据技术分析反恐情报	（1）情报预警不到位；（2）处置经验不足	（1）外国反恐行动为我国提供借鉴；（2）各国进行联合反恐行动，开展联合军演	（1）独狼式袭击对情报工作极具挑战；（2）利用互联网指挥，行动隐秘；（3）通过混入难民潮到处流窜

续表

系统结构目录	内部因素		外部因素	
	优势（S）	劣势（W）	机会（O）	威胁（T）
E. 媒体与舆论	（1）信息公开与沟通工作较好； （2）高度重视涉恐舆情； （3）提出反恐人民战争，发挥人民力量，增强公民防范能力	（1）自媒体报道的可靠性难以保证； （2）缺乏对当事人的保护	（1）信息报道迅速； （2）媒体话语的正面导向作用好	（1）网络恐怖主义来势凶猛； （2）国外媒体的双标报道

以 AHP 为指导，将 A、B、C、D、E 的各个影响因素根据内部因素和外部因素拆分为指标体系，其中以系统结构目录中的 A、B、C、E、D 作为目标层，将内部因素的优势和劣势以及外部因素的机会与威胁合起来作为指标层，根据具体因素的权重比较优势与劣势、机会与威胁的大小，从而确定最终的策略。以计划与战略层面为例，其内外部因素指标分别见表 3.3、表 3.4。

表 3.3 计划与战略层面的内部因素指标

目标层	指标层
计划与战略	F1. 从战略高度重视反恐工作； F2. 设定计划、预案，事前防范意识强； F3. 去极端化工作成效显著； F4. 对我国在国外的利益维护难度大； F5. 反恐力量构建过多依赖国家强制力

表 3.4 计划与战略层面的外部因素指标

目标层	指标层
计划与战略	F1′. 各国能够达成反恐共识； F2′. 各国具有协作精神； F3′. 国际恐怖组织加紧对外渗透，国内恐怖势力争取境外支持； F4′. 新型武器被恐怖主义利用的风险上升

利用德尔菲法，引用表 3.5 中的数字标度建立两两比较的判断矩阵 $A=\left(a_{ij}\right)_{nn}$，具体见表 3.6 至表 3.15。

表 3.5 判断矩阵标度

赋值	含义
1	表示两个因素相比，具有相同的重要性
3	表示两个因素相比，前者比后者稍微重要

续表

赋值	含义
5	表示两个因素相比，前者比后者明显重要
7	表示两个因素相比，前者比后者强烈重要
9	表示两个因素相比，前者比后者极端重要
2，4，6，8	表示上述相邻判断的中间值
倒数	因素 i 与 j 的重要性之比为 a_{ij}，则因素 j 与 i 的重要性之比为 $a_{ji}=\frac{1}{a_{ij}}$

表 3.6　A(计划与战略)的内部因素评判矩阵

A 内	F1	F2	F3	F4	F5	W
F1	1	2	5	3	7	0.417
F2	1/2	1	3	4	5	0.288
F3	1/5	1/3	1	1/2	4	0.1
F4	1/3	1/4	2	1	6	0.155
F5	1/7	1/5	1/4	1/6	1	0.041
CR（＜ 0.1）　0.069						
策略选择　F1+F2+F3 ＞ F4+F5　S ＞ W						

表 3.7　A(计划与战略)的外部因素评判矩阵

A 外	F1′	F2′	F3′	F4′	W
F1′	1	1/3	1/5	1/4	0.073
F2′	3	1	1/3	1	0.19
F3′	5	3	1	3	0.522
F4′	4	1	1/3	1	0.214
CR（＜ 0.1）　0.032					
策略选择　F1′ +F2′＜ F3′ +F4′　O ＜ T					

表 3.8　B(依据与支撑)的内部因素评判矩阵

B 内	F1	F2	F3	F4	W
F1	1	3	4	4	0.528
F2	1/3	1	2	3	0.243
F3	1/4	1/2	1	1	0.119
F4	1/4	1/3	1	1	0.11
CR（＜ 0.1）　0.023					
策略选择　F1+F2 ＞ F3+F4　S ＞ W					

表 3.9　B（依据与支撑）的外部因素评判矩阵

B 外	F1′	F2′	F3′	F4′	F5′	W
F1′	1	2	1/5	1/4	1/3	0.086
F2′	1/2	1	1/3	1/2	1/4	0.084
F3′	5	3	1	3	4	0.451
F4′	4	2	1/3	1/4	3	0.205
F5′	3	4	1/4	1/3	1	0.173
CR（< 0.1）　0.069						
策略选择　F1′+F2′< F3′+F4′+F5′　O < T						

表 3.10　C（组织与协调）的内部因素评判矩阵

C 内	F1	F2	F3	F4	F5	W
F1	1	2	3	1/2	1/5	0.138
F2	1/2	1	1/3	1/4	1/5	0.1
F3	1/3	3	1	1/3	1/4	0.065
F4	2	4	3	1	1/3	0.226
F5	5	5	4	3	1	0.471
CR（< 0.1）　0.079						
策略选择　F1+F2+F3 < F4+F5　S < W						

表 3.11　C（组织与协调）的外部因素评判矩阵

C 外	F1′	F2′	F3′	F4′	F5′	F6′	W
F1′	1	1	1/3	1/7	1/5	1/4	0.044
F2′	1	1	1/3	1/7	1/5	1/4	0.044
F3′	3	3	1	1/4	1/3	1/2	0.105
F4′	7	7	4	1	3	3	0.417
F5′	5	5	3	1/3	1	2	0.231
F6′	4	4	2	1/3	1/2	1	0.159
CR（< 0.1）　0.024							
策略选择　F1′+F2′+F3′< F4′+F5′+F6′　O < T							

表 3.12　D（行动与指挥）的内部因素评判矩阵

D 内	F1	F2	F3	F4	F5	W
F1	1	2	5	2	5	0.409
F2	1/2	1	2	1	3	0.201
F3	1/5	1/2	1	1/2	4	0.128

续表

D 内	F1	F2	F3	F4	F5	W
F4	1/2	1	2	1	3	0.201
F5	1/5	1/3	1/4	1/3	1	0.062
CR（< 0.1）　0.038						
策略选择　F1+F2 > F3+F4+F5　S > W						

表 3.13　D(行动与指挥)的外部因素评判矩阵

D 外	F1′	F2′	F3′	F4′	F5′	W
F1′	1	3	1	4	5	0.341
F2′	1/3	1	1/3	3	5	0.176
F3′	1	3	1	4	5	0.341
F4′	1/4	1/3	1/4	1	3	0.093
F5′	1/5	1/5	1/5	1/3	1	0.05
CR（< 0.1）　0.052						
策略选择　F1′ +F2′ +F3′> F4′ +F5′　O > T						

表 3.14　E(媒体与舆论)的内部因素评判矩阵

E 内	F1	F2	F3	F4	F5	W
F1	1	2	3	4	5	0.389
F2	1/2	1	2	4	5	0.263
F3	1/3	1/2	1	5	6	0.216
F4	1/4	1/4	1/5	1	3	0.085
F5	1/5	1/5	1/6	1/3	1	0.048
CR（< 0.1）　0.079						
策略选择　F1+F2+F3 > F4+F5　S > W						

表 3.15　E(媒体与舆论)的外部因素评判矩阵

E 外	F1′	F2′	F3′	F4′	W
F1′	1	2	1/3	1/2	0.158
F2′	1/2	1	1/4	1/3	0.094
F3′	3	4	1	3	0.501
F4′	2	3	1/3	1	0.247
CR（< 0.1）　0.023					
策略选择　F1′ +F2′< F3′ +F4′　O < T					

策略选择的标准表示见表3.16。

表3.16　策略选择标准

外部因素	内部因素	
	S>W	S<W
O>T	SO	WO
O<T	ST	WT

根据以上判断矩阵的结果和策略选择标准，得出如图3.9所示政府应对恐怖事件的策略组合。

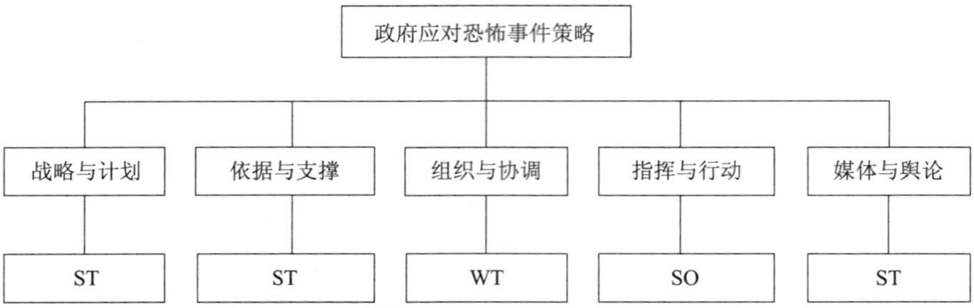

图3.9　政府应对恐怖事件的策略组合

3.2.3　政府反恐策略

根据SWOT-AHP分析，在计划与战略、依据与支撑以及媒体与舆论层面，政府应采取增强优势、化解威胁的策略；在组织与协调层面，应采取改变劣势、化解和避免威胁的策略；在指挥与行动层面，应采取增强优势、把握机会的策略。因此，每个层面形成的对应策略论述如下。

1. 计划与战略层面的ST策略分析

（1）增强反恐战略前瞻性，做好反恐情报工作。我国颁布的《反恐怖主义法》规定，国家将反恐怖主义纳入国家安全战略，运用政治、经济、文化、外交、军事等手段，开展反恐怖工作。只有从我国的实际出发，才能制定出符合国情的反恐计划与战略；只有结合国际反恐形势，才能制定出具有前瞻性的反恐计划与战略。在计划与战略的制定过程中，情报是先导。我国要更加重视反恐情报的获取和利用，实施情报主导反恐工作的战略。首先，要加强对敌方情报的收集与研判，提高情报的准确性和及时性。其次，提高对我国作战实力的认识，知己知彼，百战不殆。最后，要积极关注周边环境的变化以及与我国反恐斗争相关的各种信息，形成综合、完善的情报研判机制，为我国反恐战略的制定提供前瞻性的指导。

（2）提高事前绸缪意识，先人一步主动加强防御。对于恐怖组织大力招募新型武器专家，妄图利用新型武器进行恐怖袭击，甚至对相关机构直接进行破坏活动的战略意图要提前做好防范。主动加强对相关人员和机构的安全保卫工作，并进行重点关注。重要公共设施要具备基本的防范恐怖袭击的构造，提高安全系数，未雨绸缪，做好反恐防范工作，同时针对可能出现的情况制定处置方案，主动加强防御能力。

（3）深入开展去极端化工作，踏实实现反恐长远目标。深入开展去极端化工作是对反恐斗争具有重要意义的战略任务。坚定推行去极端化工作，通过开展形式多样的群众活动助力去极端化教育，使民众具备基本的反恐斗争知识，防止被恐怖分子利用、煽动。除此之外，切实提高人民生活水平，落实我国宗教政策，实现各民族共同发展，也是防止恐怖分子利用社会矛盾、民族矛盾煽动民心的最根本途径。

2. 依据与支撑层面的 ST 策略分析

（1）完善反恐相关法律，提高法律震慑力。从法律方面来看，我国当前虽然已颁布《反恐怖主义法》，但必须尽快完善与其配套的其他法律法规及相关的司法解释。其中，更值得我国关注的是网络恐怖主义的相关立法。各国已经注意到打击网络恐怖主义犯罪的重要性，美、日、英等国都有相关的专门法律，国际条约也有相关规定，我国也要在打击网络恐怖主义方面出台专门法律法规。

（2）把握宗教政策的实质，实现宗教健康发展。我国关于宗教政策的相关文件中指出，我国宗教政策的实质是为了使信教、不信教的群众联合起来，把他们的意志和力量集中到现代化的社会主义强国这个共同目标上来。宗教极端思想是我国社会发展中的毒瘤，要坚定地对宗教极端思想加以打击，引导宗教健康发展，尊重并鼓励对宗教教义的正确解读，促进正确宗教精神和宗教思想的传播，清除被恐怖分子误传误导的极端化宗教教义。

（3）加强文化建设，提高反恐软实力。反恐必须采取综合性的控制策略，而思想阵地中的文化反恐是反恐斗争中重要的一环。做好文化反恐工作，就是要通过加强文化建设、提升文化自信，有效抵制极端思想，提高全民文化素养，增强全民国家意识，积极促进民族团结，教育民众正确认识恐怖活动的严重危害，提高国家反恐软实力。

3. 组织与协调层面的 WT 策略分析

（1）提高反恐系统内部协调性，完善信息共享。在反恐管理体系中，要充分发挥各部门的协同作用，促进各部门协同反恐更加通畅、高效，提升反恐信息共享效能。例如，强化不同警种的协同作战、多方出击，对恐怖分子打出一套稳、准、狠的组合拳。

（2）形成政府主导下全社会反恐网络，对恐怖活动实现合围之势。提高各行各业和人民群众的反恐斗争意识和素质，协助反恐部门从恐怖组织内部单个成员的社会活动情况入手，对大量不同信息进行汇集和比对，摸清恐怖组织招募成员、组织偷渡等活动情况，对恐怖活动形成全方位的监控和堵截。

（3）加强国际合作，协同打击跨国涉恐犯罪活动。在涉外反恐合作方面，需要把握原则的坚定性，毫不妥协地与个别国家的反恐双重标准作斗争。加强与其他国家在打击跨国涉恐犯罪中的合作，例如针对跨国涉恐贩毒犯罪，深挖案件间的联系，切断恐怖组织经费来源。同时，呼吁国际社会遵循禁止向恐怖活动提供支持的相关协议，通过法律手段制裁暗中支持境内恐怖活动的行为。

4. 指挥与行动层面的 SO 策略分析

（1）借鉴先进反恐经验，提高指挥处置的科学性。促进反恐斗争管理体系向扁平化方向发展，实现对恐怖活动更加高效、快速的处置。重视指挥处置人员的能力培养，深入学习恐怖事件处置成功经验，以期在现场处置过程中，实现人力调配快速、高效，战术指挥科学、有效，从而提高政府应对突发恐怖事件的快速处置能力。同时，完善武器、爆炸物品、放射物品等危险物品的安全监测和追踪，防范暴力恐怖袭击。

（2）加强网络反恐部署，应对恐怖活动新特征。网络恐怖主义愈演愈烈，加强网络反恐工作，需综合运用新兴网络信息技术，维护网络安全，包括加大网络监管力度，加强网络大数据分析，追溯恐怖信息发布源和传播路径，及时责令停止传输、实施拦截删除、关闭相关网站、关停相关服务。做好重要网站的安全维护，提高网站防御攻击的能力。构建网络空间安全共同体，加强与各国在网络反恐方面的全方位合作，共同防范恐怖信息跨境传输。

（3）重视联合反恐，把握国内外战场主动权。加强与各国的反恐合作，依托上合组织等在反恐问题上就各国的利益关切达成共识，在情报支持、人员控制、军事行动等方面加强沟通，形成互信、互助的局面。不仅要重点打击境内恐怖活动，还要把握境外恐怖活动态势，削弱两者间的互相影响。

5. 媒体与舆论层面的 ST 策略分析

（1）规范媒体话语，发挥媒体的正面导向作用。随着媒体技术发展，部分媒体被恐怖分子利用，成为发泄政治不满的平台，并促使恐怖事件暴力性的升级，扩大恐怖暴力的不良社会影响。由此，需进一步规范媒体话语，加强行业监管和行业自律，一方面阻断暴恐信息、极端思想传播；另一方面开展反恐宣传教育，揭露恐怖组织真实面目，科普反恐防恐知识，提升全社会反恐防恐意识，夯实反恐斗争的群众基础。

（2）加强涉恐舆情引导，防止信息传播失控。加强涉恐信息监控，防止涉恐网络谣言产生。积极主动应对涉恐言论，避免虚假涉恐言论、激进涉恐舆情在网络广泛传播，甚至造成现实的群体事件。对切实存在的言论威胁，做好监测研判，引导疏解舆情，避免涉恐观点向现实行动转移，构建有利于反恐斗争的舆论环境。

延伸思考

等级全息建模方法具有系统、全面等优势，思考该方法可以与哪些方法组合应用，以更好地描述复杂系统的时变规律？

第 4 章　知识图谱方法

知识图谱是一种基于图的数据结构，由节点和边组成，每个节点表示一个“实体”，每条边为实体与实体之间的“关系”，以结构化三元组的形式存储现实世界中的实体以及实体之间的关系，其基本形式为（实体 1- 关系 - 实体 2）、（实体 - 属性 - 属性值）。知识图谱本质上是大型的语义网络，是实体、属性、关系等多颗粒度、多层次语义单元的关联，通过多关系图这一抽象载体表示知识，这一知识表示方式适合理解、推理、解释，已被广泛应用于智能搜索、智能问答、个性化推荐、内容分发等领域。鉴于能够表示知识这类认知内容，知识图谱是实现认知智能的关键技术，是实现机器认知智能的使能器。知识图谱的逻辑架构包括数据层和模式层，构建技术架构包括知识表示与建模、知识获取与融合、知识存储与检索、知识推理与分析等。

科学知识图谱是以知识域为对象，显示科学知识的发展进程与结构关系的一种图像，具有“图”和“谱”的双重性质与特征，既是可视化的知识图形，又是序列化的知识谱系。科学知识图谱是一个复杂关联的知识体系，通过对知识单元或知识群之间网络结构及相互关系的可视化呈现，能够精准定位知识点，呈现知识网络中哪些是中心点、转折点、前沿点等；可以通过关键路径、分时连线等可视化方法呈现知识发展中新主题的生成路径、研究主题的迁移路径、知识网络随时间的历时演进过程等；可以通过学科领域共现、期刊叠加分析、地理可视化等方法呈现知识领域的学科分布和重心漂移、跨学科融合和地理分布等宏观图景；可以通过文本挖掘、主题挖掘、潜在语义分析等方法挖掘深层知识，通过数据挖掘进行网络结构分析，进而深入探索知识涌现和创新的规律。

运用知识图谱方法构建公安领域知识图谱，对于促进认知智能在警务领域的深度应用、促进公安科技发展和知识创新具有重要意义。本章以反恐情报知识管理、反恐情报分析为例，介绍知识图谱方法在警务领域的应用。

4.1　反恐情报知识管理模型

1. 反恐情报知识管理概念

知识管理有多种表示，例如知识抽取、知识发现、数据开采、数据智能分析等，Usama M. Fayyyad 认为“知识管理是从数据集中识别出有效的、新颖的、潜在有用的以及最终可理解的模式的非平凡过程”，即从结构化或者非结构化的信息中，用一个可以抽象描述某个数据集的表达式，来描述信息之间的内在联系、发展规律、特征属性等，并且能够利用这些表达式智能地将信息组织起来。因此，面向开源情报的反恐情报知识管理应该具有以下几方面特征。

（1）对象特征：面向开源情报的知识管理，其处理的对象主要是半结构化或非结构化的案例文本。

（2）技术特征：使用的技术主要是数据挖掘、机器学习、自然语言处理等，对文本信息中的实体、属性、关系进行抽取、整理、储存。

（3）目标特征：主要是获得可用于辅助决策的情报知识，满足反恐情报需求，主要表现为信息序化规则、概念模式、态势趋势等。

（4）过程特征：过程应当具有智能性，首先采用抽取技术将半结构化或非结构化的信息转化成结构化的信息存储在相关的关系数据库中，再利用理论建模将抽取出的实体、属性、关系等知识进行序化，从而识别出有效的、新颖的、潜在有用的以及最终可理解的概念模式。

综上所述，考虑到知识管理的四个特征，反恐情报知识管理过程应当包括以下四部分：首先，基于对象特征，本模型处理的对象主要是半结构化或者非结构化的案例文本信息，所以需要预处理案例信息数据，进行分词、词性标注，将句子化整为零，使之符号化；其次，基于技术特征，本模型需要用到数据挖掘、机器学习等技术进行实体提取、属性提取、关系提取，将非结构化的知识结构化；再次，基于目标特征，本模型需要根据情报需求进行知识管理，即根据情报需求确定符号推理的思路与解读方法；最后，基于过程特征，面向开源情报的知识管理过程应当具有智能性，能够根据文本自动调整信息的编码、抽取、存储技术，适应情报来源的内容特征，如图 4.1 所示。

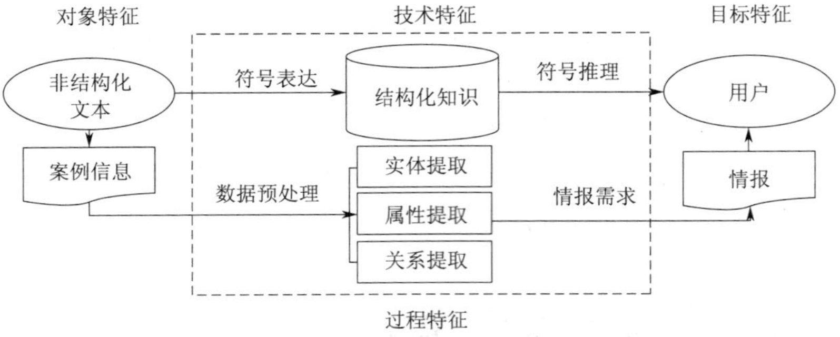

图 4.1 面向开源情报的反恐情报知识管理过程

4.1.2 反恐情报知识管理建模

常规的知识管理模型通常包含数据预处理、数据抽取、质量管理、数据仓库构建、数据分析、数据可视化等六部分，本节构建的面向案例的反恐情报知识管理模型重点在于数据抽取部分，该部分可分为实体抽取、属性抽取、关系抽取三个子模块，具体步骤如图 4.2 所示。

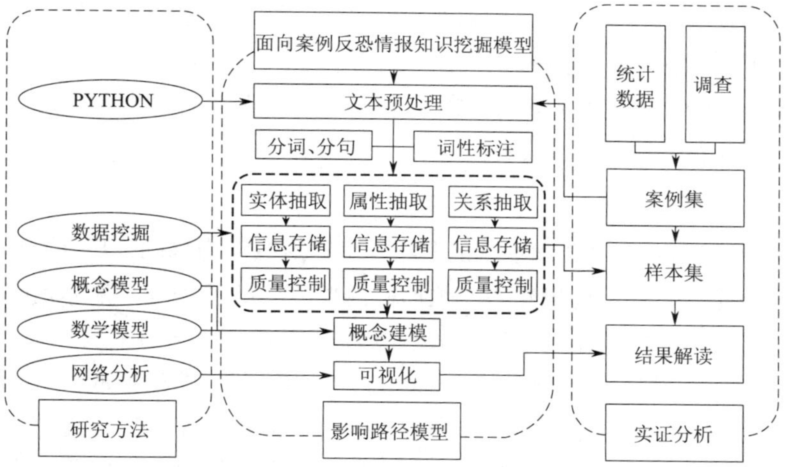

图 4.2　反恐情报知识管理模型思路图

首先，利用 PYTHON 语言编程，对案例集进行分词、词性标注；其次，利用数据挖掘技术对案例集的实体、属性、关系进行抽取、储存和质量控制，形成案例样本集；再次，根据已有研究中的概念模型进行数学建模，利用样本集中的统计数据进行计算；最后，利用可视化技术对结果进行图谱绘制，便于情报解读。在反恐情报领域，对于数据预处理、数据仓库构建、数据分析、数据可视化等部分已有前人进行了详尽的研究，本节在借鉴前人成果的基础上，仅对反恐情报知识中实体、属性、关系的数据抽取、数据存储和数据质量管理部分进行详细论述。

1. 实体抽取

实体一般指能够独立存在、作为一切属性的基础的客观存在。在知识管理中，实体一般由多重属性来描述，与其他实体相互区别但能够和其他实体之间产生关系。例如，“热比娅”的属性为“世界维吾尔代表大会主席”“中国新疆人”“维吾尔族人”“恐怖分子”等属性，同时她作为一个人与其他人相互区别，但是能够与其他人产生亲属、上下级、同伙、敌对等关系。所以，从案例信息中进行实体挖掘是知识图谱构建中知识表示环节的基石所在。

1)实体抽取方法

常见的实体抽取方法有四大类：基于词典和规则的方法、双语对齐方法、基于传统机器学习的方法、基于深度学习的方法。基于词典和规则的方法是实体抽取技术的经典方法，需要人工构建词库和规则库，本节所构建的反恐情报知识图谱的知识来源之一便是各国所构建的案例库，包含大量的已规范化的词库、术语库等，故将此方法作为本节实体抽取的主要方法。双语对齐方法主要根据双语图、单语相似度、实体命名的映射与对齐等方法对应不同语言之间的实体，由于各国案例库词典储存的语言不同，且暴恐案例时刻在更新，所以将双语对齐方法不仅用在融合各国案例库上，也用在新的语料与库存语料的对齐上，以提取新的实体更新词库。传统机器学习和深度学习的方法包括语言模型方法、隐马尔科夫链模型、错误驱动的学习方法、决策树方法、协同训练方法、最大熵模型、条件随机模型等，需要大量的标记数据进行训练，而暴恐案件属于小概率犯罪案件，单纯的反恐案例无相当规模的标注语料，需要结合其他语料库进行训练，所以将这两类方法作为实体抽取的辅助方法，用于实体抽取的质量控制与错误检测。

2)实体抽取过程

依据前文所述，以基于词典和规则的方法和双语对齐法为基础，以传统机器学习和深度学习的方法为补充构建反恐情报知识实体抽取模型，其流程如图 4.3 所示，包括以下三个模块：已有的实体词库模块，首先以案例文本集为输入，其次根据已有的实体词库（如《国际恐怖主义与反恐怖斗争年鉴》[①] 的词汇表等）对案例文本进行词典法抽取；相对于已有实体词库中新增的词汇，首先提取其词法特征、句法特征、语义特征等，其次与已有实体词库相比较，进行双语图对齐法抽取；对于常规词汇的抽取则以互联网爬虫内容作为训练样本集，进行机器学习与深度学习抽取。

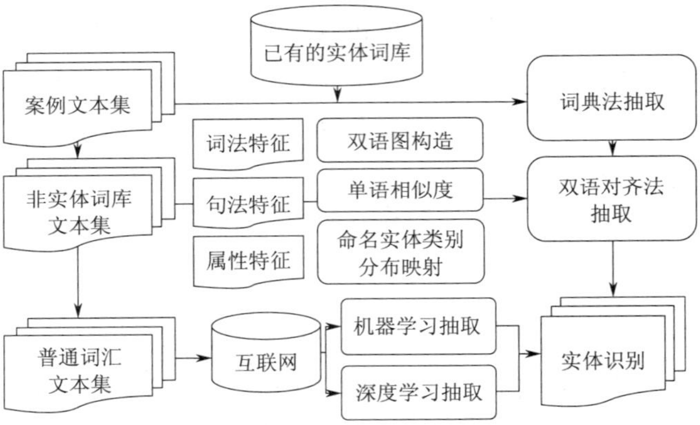

图 4.3 反恐情报知识实体抽取流程图

3)实体挖掘结果表示与储存

反恐情报相较于信息的查全与查准来说，更侧重于查准，抽取后的实体信息过于庞杂则会牺牲情报的准确性。在已有研究中，以对各类反恐实体（如反恐行动组织、恐怖分子、恐怖组织等）关系进行建模为主流，其中恐怖分子间的人际关系网络是最为重要的分析内容，由于关系类型多样，结合已有研究成果，常见的建模视角包括人际关系视角、多元关系视角、时空关系视角等。由此，结合已有文献与《国际恐怖主义与反恐怖斗争年鉴》所提供的词汇表，围绕“反恐行动组织”“恐怖组织”“恐怖分子”“恐怖活动”“反恐活动”“背景要素”六个视角来进行抽取，同时抽取时也要注意分子实体与原子实体之间的层次关系、概念交叉关系，抽取示例见表 4.1。

① 中国现代国际关系研究所反恐怖研究中心．国际恐怖主义与反恐怖斗争年鉴 [M]. 北京：时事出版社，2001.

表 4.1　实体储存类目表（示例）

一级类目	二级类目	三级类目	……	原子实体类	实体其他名称
恐怖组织	不同地区的恐怖组织	俄罗斯的恐怖组织、埃及的恐怖组织……	……	索马里青年党	Al-Shabaab、青年党
	不同诉求的恐怖组织	政治类恐怖组织、宗教类恐怖组织、民族冲突类恐怖组织……	……	圣灵抵抗军	LRA
	不同存在时间段的恐怖组织	20 世纪 80 年代的恐怖组织、20 世纪 90 年代的恐怖组织……	……	伊斯兰国	IS
……	……	……	……	……	……

4）实体数据的质量控制

实体数据的质量控制可分为两类，即众包与检测。反恐情报中的专有名词以众包的方式进行纠错，即将本模型所构建的实体数据库开放给各个反恐研究机构使用，提供报错、实体补全的机制，通过人工的方式进行质量控制。同时，反恐情报中的非专有名词可以通过常规数据库的质量控制方法进行检测，如 pattern、wikipedia、embedding 三种常规的实体抽取方法进行实体挖掘，然后通过 probase 中的知识支持度来计算每个实体的知识支持度采样结果，剔除支持度较低的实体。

2. 属性抽取

属性是属于实体的本质方面的特性，从认知学的原型理论视角来看，人们是通过多重属性来确定一个实体的，所以一个属性可以看作实体的某个侧面，一个实体可以看作多重属性的重合。从案例的文本信息中提取实体属性，最基础的方法是对围绕实体展开的形容性词句进行属性约简，然后基于规则进行属性归类、赋值。同时，使用属性来区分范畴中心成员及边缘成员有着较强的解释力，可作为实体归类、分级的依据，通过对比未知实体与已知实体的属性相似度，可以用于挖掘隐含的实体信息。所以，围绕已确定的实体进行属性抽取，不仅是对实体相关知识的丰富，更是挖掘未知的隐含实体的关键所在。

1）属性抽取方法

提取实体属性关系指的是提取实例与属性、实例与属性值、属性与属性值之间的对应关系，只有这三者能够一一对应，才能够满足知识图谱构建的要求。为了满足反恐情报知识图谱面向案例的需要，本节所要抽取的属性大多存在于非结构化的文本中，现有的基于学习的属性抽取方法需要大量的人工标注训练，不适用于缺少可供训练语料的反恐情报领域。为了获取训练语料，采取弱监督的学习方法，根据文本的平行结构或者利用知识库中已有的结构化关系实例，从包含关系实例的文本中自动获取训练语料，有效解决训练语料不足的难题。因此，在属性抽取上，用句子分类器的学习算法优化训练语料，提取信息模板中的高频属性作为待取的属性名称，训练抽取器完成属性值的自动抽取。

2)属性抽取过程

属性抽取过程的第一步是根据已有知识构建标准的信息模板，该信息模板应当包含多对实体、属性名称和属性值的三元组。以《国际恐怖主义与反恐怖斗争年鉴》中的恐怖分子词表中“穆特组织”为例（表 4.2），穆特组织是一个实体，“ Dawlah islamiya organization -- establishment time -- 2012—2017.1016”，“ Dawlah islamiya organization -- activity area -- Philippines”则是两组属性值对。如果在文本中发现包括属性三元组的语句，如“Dawlah islamiya organized a confrontation with government forces in Malawi，shooting 162 government soldiers and police”，则将该语句作为训练语料，得到对应的属性值对“ Dawlah islamiya organization -- operating area -- Malawi”，“ Dawlah islamiya organization -- main attack means -- shooting”。基于弱监督的属性抽取方法流程如图 4.4 所示，其中抽取分为以下四个阶段：

（1）属性关系提取：从信息模板中抽取属性关系三元组。

（2）文本预处理：对百科条目文本进行分词、词性标注、实体标注和分句等自然语言预处理。

（3）训练语料构建与优化：根据从信息模板中抽取的关系三元组回标百科文本获取训练语料；利用句子分类器对训练语料进行优化。

（4）条件随机场（Conditional Random Field，CRF）抽取器构建：利用优化的训练语料，基于 CRF 建立属性值抽取模型；利用抽取模型从百科条目文本中抽取属性值。

表 4.2　属性储存类目表(示例)

实体名称	穆特组织	其他名称	Dawlah islamiya、穆特兄弟组织
设立时间	2012—2017.1016	主要头目	奥马尔穆特（Omar mutter）， 阿普度拉穆特（Abdul Rahman mutter）
活动地域	the Philippines	主要主张	Religious extremist
受众群体	Young people，education recipients	主要手段	Bomb attacks，blackmail
……	……	……	……

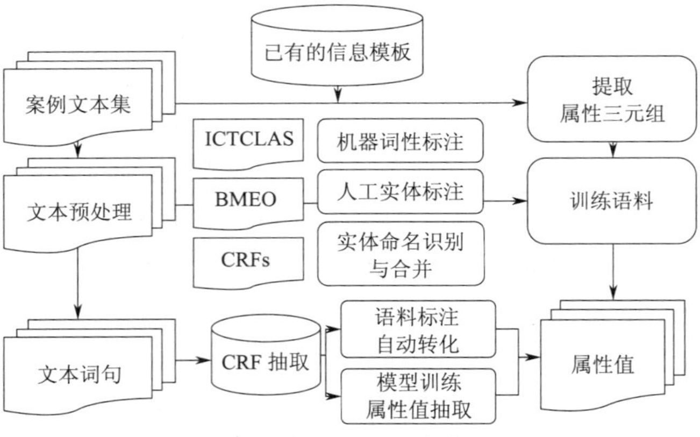

图 4.4　反恐情报知识属性抽取流程图

3)属性抽取结果表示与储存

由于文本信息受到修辞手法、作者语言习惯、跨语言翻译等影响,往往一个实体具有多个属性、一个属性又有多种表达方式,根据原型范畴理论,可以做出以下三个推断,来确定最确切的属性表达方式与具体的属性值:①同一个分子实体范畴内的原子实体存在梯度差异,有一些是典型的原子实体,其他原子实体依靠与典型原子实体的相似性得以进入该分子实体;②实体的属性也是具有梯度的,有的属性是重要的,有的是不重要的;③同一分子实体内的所有原子实体并不一定存在共同特征,而是呈家族相似性逐步扩散,最外延的分子实体边界也并不明显。基于以上推断,探讨基于属性的原子实体分类与属性约简,进而便于从数学模型上区分树结构的层次分类体系和图结构的“实体 - 属性”体系。

由于模型是面向案例的,所以数据源以案例的文本信息为主,故而对属性的提取内容以文本中的形容词、形容词性短语、定语从句、状语从句等词句为主,对文本信息进行词频统计,对一个实体概念所映射的概念进一步细化分类,构建三元组关系;同时,再依据某个原子实体与分子实体的属性相似度对其进行分类,从而构建实体属性词表(表 4.3)。如表中示例,穆特兄弟组织和宗教极端主义有很强的亲缘关系,其指导思想便是宗教极端主义,但是穆特兄弟组织和恐怖组织的属性相似度更高,所以它宏观上可以归类到宗教极端主义,但是并不是宗教极端主义的典型原子实体。

表 4.3　属性储存类目表(示例)

实体	共同属性 / 自有属性	属性(以词频来降序排列)	属性三元组
宗教极端主义(分子实体)	12/12	一种极端主义思潮(52)、恢复神权统治(32)、政教合一(20)、建立国家政权(20)、暴力性(19)、政治性(17)、反社会(2)、反人类(2)、反科学(2)、欺骗性(1)、邪恶(1)、反动(1)	类别:极端主义思潮; 目的:恢复神权统治、建立国家政权; 特征:暴力性等
穆特兄弟组织(原子实体)	5/12	恐怖组织(50)、宗教极端主义(27)、武装(25)、极端主义(13)、建立国家政权(11)、暴力性(19)、邪恶(1)、反动(1)	类别:恐怖组织; 目的:建立国家政权; 指导思想:宗教极端主义; 特征:武装、暴力性等
恐怖组织(分子实体)	3/12	反社会(35)、反国家(31)、暴力性(31)、政治诉求(20)、组织性(20)	类别:恐怖组织; 目的:政治诉求; 特征:反社会、反国家、暴力性

4)属性数据的质量控制

属性数据的质量控制在于属性本身的质量、属性与实体对应程度的质量两方面。属性本身的质量可以参照实体数据质量管理的众包与知识支持度检测来解决。属性与实体的对应程度可以用“属性 - 实体”对齐的相关方法来进行质量控制,采用“属性 - 实体”的两步对齐方法,第一步对数据源不同但是含义相同的多个实体进行对齐,其基本思想是同时利用自由文本视图和消息盒视图两个视图的模型进行实体对齐;第二步对表示同一概念的属性进行合并,通过 Word2vec 及词向量技术挖掘文本中的潜在语义信息,并融合对齐实体的相似属性,排除掉边缘的属性。

3. 关系抽取

一个关系被定义为若干个实体的有实际意义的寓意组合,对于一组关系通常需要给出以下说明:发生关联的是哪些实体,实体之间具有何种关系,发生关系的实体扮演什么角色。关系的抽取是知识表达环节的核心,只有将实体置于常识网络构建的知识背景中,才能够对针对该实体所提出的情报需求进行有效而全面的信息索引和知识导航。

1)关系抽取方法

所有属于同一种关联的关系称为关系类,关系类的提取、划分、设计已有诸多学者进行研究。根据前文所述的关系抽取过程,基于朗文语法词典与《Country Reports on Terrorism》,对常见的关系类触发词、句式、关系规则进行梳理,针对反恐情报的具体情况,将关系类划分为显性关系、隐性关系、逻辑关系和动态关系四大类,对其抽取方法进行总结。显性关系、隐性关系主要强调文本句子内部词之间的关系,是信息层的关系。逻辑关系、动态关系则更强调句子乃至段落之间的深层次的语义关系,是知识之间的关系。图 4.5 所示为给定篇章示例的知识关系结构树。

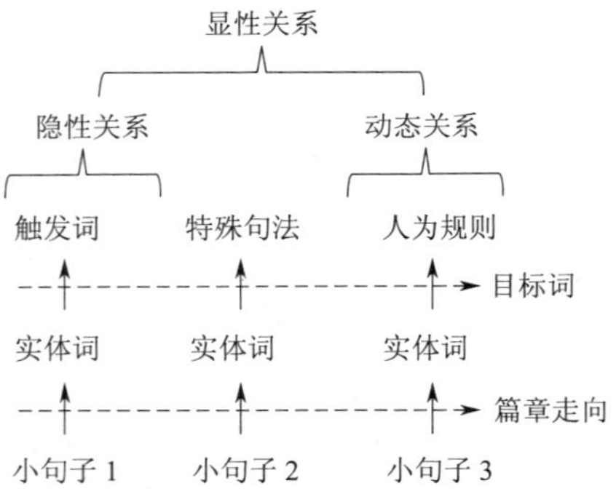

图 4.5 知识关系结构树

显性关系是指在文本中直接发生联系的实体语义关系,如文本“Albania continued its participation in the Global Coalition to Counter the Islamic State of Iraq and the Levant(ISIL)”中 Albania 与 the Global Coalition 直接发生关系。隐性关系是指在文本句子中未直接发生联系,但是基于伴随性动词或者从句,而发生语义上的关系,如文本“Albania continued its participation in the Global Coalition to Counter the Islamic State of Iraq and the Levant(ISIL)”中的“to”连接的从句“Counter the Islamic State of Iraq and the Levant(ISIL)”使得 Albania 与 the Islamic State of Iraq and the Levant(ISIL)发生了关系。逻辑关系是指语义之间的前因后果,往往由逻辑关系词、逻辑从句、文章中的承上启下句来进行关联。动态关系强调语义

之间的推理关系，指后置实体脱胎于前置实体，可根据此关系举一反三。本节梳理了较为常见的详细抽取方法中的几种关系抽取方法（表 4.4），但是仍需根据实际应用对关系抽取进行细化。

表 4.4　关系抽取方法表（示例）

一级关系类	二级关系类	解释
显性关系	表征联系	某类分子实体的语义由其他属性类实体进行表征，如“恐怖组织”的属性实体是“组织”
	事实相关关系	同一事实相关于两类以上的实体，如“夫妻关系”中的“夫”和“妻”
	集合型关系	属于同一分子实体的多个原子实体，它们之间存在集合等价关系、子集关系、互斥关系、分割关系、依赖型关系
隐性关系	伴随关系	基于协陪义动词、伴随性状语等来挖掘文本中未建立直接关联的语义关系对
	主次关系	不同实体语义之间的重要性层级关系，例如“让步关系”表明重点在后一句，“顺承关系”表明重点在前一句，“并列关系”表明两者同样重要
逻辑关系	因果关系	两组语义在时间上具有连续性、反事实性，即 A 通常发生在 B 前，且两者时间上连续，A 发生了 B 也会发生，但是 B 发生不会导致 A 的发生
	条件关系	两组语义在时间上具有反事实性，即 A 通常发生在 B 前，A 发生了 B 也会发生，A 不发生 B 也不会发生
动态关系	演化关系	强调语义之间的推理关系，指后置实体脱胎于前置实体，可根据此关系举一反三
	相关关系	强调事实之间的耦合关系，指前者发生后，后者很大概率上也会发生

2）关系抽取过程与储存

关系抽取的关键在于关系连接词的抽取，关系连接词以介词、动词、从句的引导词为主。通过前文所述，不同关系所用到的连接词抽取、逻辑判断不同，已有多位学者进行了详尽的研究，下面仅就知识表示过程中实体抽取、属性抽取与关系抽取之间的操作流程进行研究，不再赘述具体关系类的抽取方法。如图 4.6 所示，文本经过预处理、实体提取、属性提取后，进行事件抽取。

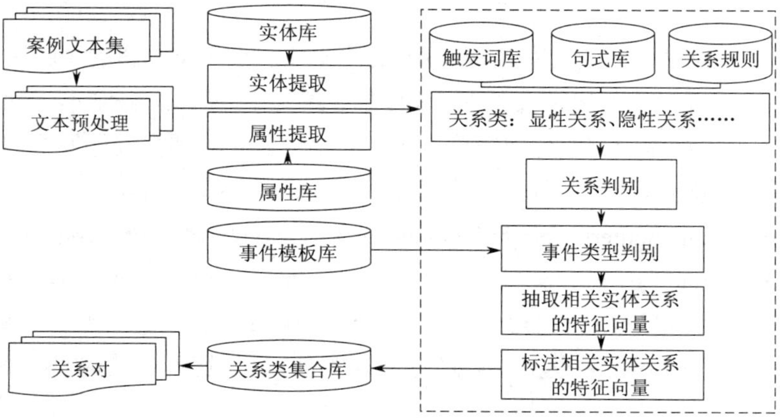

图 4.6　关系抽取与储存流程图

（1）实体、属性抽取。所面向的案例文本以英文文本为主，由于一些英文修辞手法的缘故，一组短句中的主谓宾可能并不存在事实上的语义关联，如“sb play an important role in sth”，仅看主谓宾关系，应当提取 sb 与 role 的关系，事实上 play an important role in 可被看作一个动词性短语，真正的宾语在该动词短语后。所以，不以词为粒度进行分句，而是以小句子（一套主谓宾关系的短句，包括长句子中的从句）为粒度进行分句。通过对小句子进行分句后，以每个小句子为单位进行实体提取与属性提取，并对其进行标注。以实体词标注后的小句子为样本，进入关系提取环节。

（2）构建触发词库、句式库、关系规则库。关系类的划分是通过定义触发词列表来完成的，如果小句子与小句子之间出现了某类触发词，则可认为这两个小句子存在某类关系。如“Louati also posted messages in favor of jihad on his Facebook profile and claimed that he had been thrown out of a Milan mosque by the local Imam because he asked him for help in obtaining a flight ticket to reach Syria and join ISIL”，首先对该句子进行主谓宾的分句与补全，形成“Louati also posted messages in favor of jihad on his Facebook profile”“Louati claimed that he had been thrown out of a Milan mosque by the local Imam”“He asked him for help in obtaining a flight ticket to reach Syria and join ISIL”三个小句子，其次根据触发词进行关系类判断。触发词“because”属于因果关系的触发词库，“and”属于相关关系的触发词库，所以可以将此句中涉及的三个事件做如图 4.7 所示关系判别。同时，触发词库并不能满足所有关系的建立，如演进关系、伴随关系，还有一些关系需要人为的定义标注，所以另构建了句式库、关系规则库来进行补充，三者共同判断小句子的关系类。

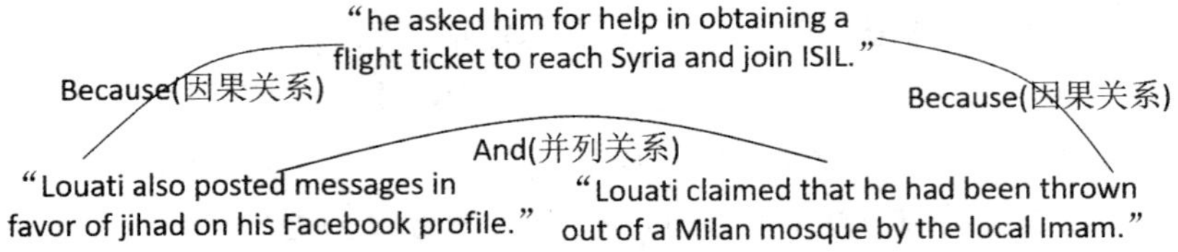

图 4.7　句子关系拆分图

（3）根据实体构建事件模板库，结合与该实体相关的小句子之间的逻辑关系，进行初步的事件归类。由于反恐情报中涉及的基本知识、背景文化、反恐态势的不同，所以围绕实体类型展开，基于人工标注的方法对围绕该类实体的常见句式的结构进行解构，对反恐情报的意图结构关系进行区分，构建事件模板库。如“German cooperation with regional and international organizations on counterterrorism includes the UN and UN Security Council，EU，OECD，OSCE，NATO，Council of Europe，G-7，the Global Initiative to Combat Nuclear Terrorism，and INTERPOL”，可以提取到武器类实体名称“Nuclear”；然后根据常见的八种意图关系找到触发该实体的常规动词，并根据词典进行词表扩展；最后解构例句，提取事件模板，见表 4.5。

表 4.5　事件模板提取表(示例)

实体类型	实体名称	意图解构	事件触发动词	事件模板
武器类	Nuclear	环境关系、目的关系、对照关系、阐述关系、让步关系、评价关系、背景关系、解答关系等	目的关系：Combat（文中）、revolt（扩展）、defiance（扩展）	Sth（事件 1）do（事件 2）to（表示事件 1、2 与 nuclear 的目的关系）Combat（表示反抗的目的）Nuclear Terrorism.
……	……	……	……	……

(4)根据事件内部、事件之间的指向关系，绘制事件关系的向量图，并且根据事件关系对的共现次数为向量关系赋值，最后形成关系库，见表 6。

表 4.6　关系库(示例)

实体类别	事件 1（句子）		指向与属性值	事件 2（句子）	
“反恐行动组织” “恐怖组织” “恐怖分子” “恐怖活动” “反恐活动” “背景要素”	小句子 1	小句子 n	指向以“+”“-”表示	小句子 1	小句子 n
	（实体 1+vob+ 实体 2）+ 关系触发词 +（实体 3+vob+ 实体 4）+ 关系触发词 +（实体 5+vob+ 实体 6）……		属性值以数字表示	（实体 7+vob+ 实体 8）+ 关系触发词 +（实体 9+vob+ 实体 10）+ 关系触发词 +（实体 11+vob+ 实体 12）……	
……	……		……	……	

(5)在关系可视化环节，首先根据情报需求进行触发词检索，如想探明两个实体之间的显性关系，则从关系库中调出显性关系的触发词和与之相关的小句子；其次对小句子进行数字编码，以阿拉伯数字作为代号来表示；再次以小句子为列、以实体词为行，构建“0-1”编码的矩阵，若该小句子含有该实体词，则显示为 1，不含有则显示为 0；最后将该矩阵输入 GEPHI 进行可视化分析。

3)关系数据的质量控制

前文所指的关系，已经不仅是单个词语之间的文本上的距离远近，而是在语义逻辑上产生的关联，所以“关系”质量控制方法不能完全套用“关系型数据”的方法，而应当人工和机器相结合进行纠错的算法设计。关系数据的质量控制应当注意异常值核实、实体间逻辑关系矛盾核实和缺失数据补充三点。异常值的检测可以采用常规的异常数据挖掘方法，辅助以人工设置描述性统计上的警戒值进行检测，如频数分布、最大值最小值、百分位数、茎叶图、标准差等；变量间的逻辑关系矛盾应当设计 probase 中的回路图来检测异常的逻辑关系；缺失数据则需通过疑问质询进行补充。

4.1.3　案例分析

以美国《Country Reports on Terrorism》中俄罗斯的情况通报为素材，以恐怖活动态势感知要素为重点展开深入分析，分别选取恐怖组织及成员、恐怖活动发生时间及位置、涉恐关键词等作为切入点，绘制俄罗斯 1999—2009 年十年内的恐怖态势图谱，并基于此展开分析。《Country Reports on Terrorism》数据格式较为规范，便于操作演示，但是从数据来源来看，仅以《Country Reports on Terrorism》为输入，其作为美国官方的情况通报，属于二次情报，情报内容受到政治因素的影响程度较高。从数据完整性来看，《Country Reports on Terrorism》对案例有筛选，并非全数据，所以下文仅是上述分析方法的操作示例。

根据情报需求，案例分析需要针对俄罗斯的恐怖分子与恐怖组织之间的关系、恐怖活动与犯罪地点关系、涉恐关键词的时间关系、反恐合作关系进行知识管理。首先，采用集搜客等较为成熟的文本挖掘软件进行常规文本挖掘，依据《国际恐怖主义与反恐怖斗争年鉴》对反恐特殊词汇进行人工标注，同时录入《国际恐怖主义与反恐怖斗争年鉴》中对于特殊词汇的词条，便于构建态势图谱的背景知识网络。其次，采用 MYSQL 进行知识储存和质量控制。最后，采用 GEPHI 进行态势图谱的绘制。经过整理后，共采集得到俄罗斯 1999—2009 年十年内的恐怖案件以及重大反恐活动相关信息 103 条，涉恐要素关键词汇 56 个，挖掘出 12 个恐怖组织、20 个主要恐怖分子，经与实际情况对比，验证本节提供的知识管理方法基本能够满足反恐情报需求。

1. 恐怖分子与恐怖组织

以恐怖分子与恐怖组织间的联系为依据构建相应的态势图谱（图 4.8），并将具有联系的恐怖分子、恐怖组织用相同颜色表示。由图可清晰地观察出恐怖分子、恐怖组织之间的隶属关系以及恐怖组织之间的亲缘关系。根据亲缘关系可将恐怖组织依据颜色分为六组。紫色组为“高加索圣战者联军最高军事委员会”组，其是最为核心的恐怖组织，其首脑马斯哈多夫、继任者巴萨耶夫被称为俄罗斯恐怖分子的精神导师，其他较为人知的恐怖组织的领导人均曾是巴萨耶夫的手下。蓝色组为“车臣伊奇里亚共和国武装力量高加索阵线”组，其是活动最为频繁的恐怖组织，其首脑多库乌马罗夫分别设立了乌拉尔线、伏尔加线、东北方面军、西北方面军、中央方面军等多个恐怖活动阵线，是巴萨耶夫死后最危险的恐怖分子，曾是萨杜拉耶夫的得力干将也是其继任者，而萨杜拉耶夫与巴萨耶夫相互支持。同时，这两个恐怖组织与基地组织关系密切，基地组织在这两个组织都设立了代表人，帮助募集资金、联络消息等。红色、黄色、绿色、青色的恐怖组织规模较小，多由极端化的宣教组织演变而来，具有极强的宗教信仰特色与地方特色，基本只在当地活动，或针对莫斯科发动小规模的、低科技的袭击，如 2004 年“卡拉恰伊切尔克斯宣教组织”针对莫斯科地铁的袭击活动。

根据背景知识可知，俄罗斯的车臣问题错综复杂，1991 年退役空军少将杜达耶夫通过政变和非法总统选举取得了车臣实际控制权，两次车臣战争后，虽然非法武装的建制部队被消灭，但是车臣分离主义者化整为零进行恐怖活动，甚至和境外基地组织相互勾连，从极端民族主义渐渐蒙上了极端宗教的色彩。根据图谱可知，1999—2009 年十年内活动的 10 余个恐怖组织中规模较大的马哈斯耶夫 - 巴萨耶夫集团和车臣非法政府关系紧密，在马哈斯耶夫和巴萨耶夫被击毙后，该集团分裂成数个小型集团，基地组织、塔利班组织在这些集团中都设置了联络人；同时越来越多的宗教团体走向极端化，演变为小型恐怖组织。由此可见，该图谱基本能够反映俄罗斯恐怖组织关系，能够满足反恐情报需求。

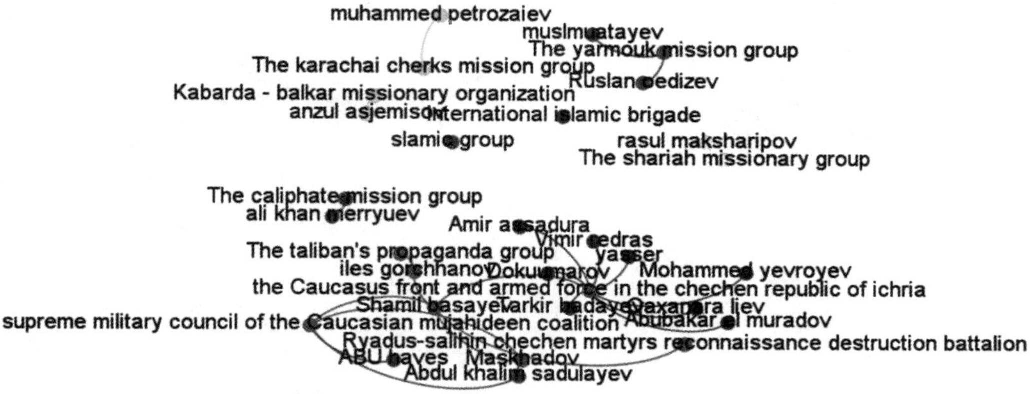

图 4.8　恐怖分子与恐怖组织关系图

2. 恐怖活动与犯罪地点

如图 4.9 所示，将 1999—2009 年十年间《Country Reports on Terrorism》中记录的 56 次重大袭击根据恐怖袭击的次数、烈度、伤亡程度进行综合打分，以圆点表示袭击发生地点，以圆点半径和颜色深度表示恐怖活动的打分结果，以此绘制态势图谱。图 9（a）为 1999—2009 年恐怖活动态势图谱总图，可知恐怖活动较为猖獗的地方有北高加索地区与莫斯科地区，阿富汗、伊斯坦布尔、伏尔加斯克、圣彼得堡虽也有恐怖袭击发生，但大多数袭击针对的是该地区飞往莫斯科的航班。图 9（b）为 1999—2001 年恐怖活动态势图谱，在此期间恐怖活动出现大集中的趋势，主要集中在莫斯科、车臣和达吉斯坦三个地区；图 9（c）为 2002—2005 年恐怖活动态势图谱，在此期间恐怖活动烈度最大，反恐斗争也最为激烈，同时出现恐怖活动多点分散的趋势；图 9（d）为 2006—2009 年恐怖活动态势图谱，在此期间莫斯科、车臣、达吉斯坦的恐怖活动得到了有效遏制，但是恐怖活动多点分散的趋势更加明显，恐怖活动蔓延至周遭若干个城市。

根据背景知识可知，在 1999 年的第二次车臣战争之后，俄罗斯在车臣大量驻军，恐怖组织化整为零进行巷战，所以 1999—2001 年恐怖活动主要集中在车臣与达吉斯坦两个主战场，同时恐怖分子意图复仇开始针对莫斯科进行恐怖袭击，而 2003 年的别斯兰惨案达到顶峰；2002—2005 年恐怖袭击烈度最大，反恐斗争也最为激烈，在此期间爆发了“卡斯皮伊斯克阵亡将士纪念日游行爆炸案”“莫斯科剧院人质劫持案”“别斯兰惨案”等多起伤亡人数多达百人的大案，同时马哈斯多夫、巴萨耶夫等重要恐怖分子相继在此期间被击毙；2005 年后，恐怖活动得到了有效遏制，但是由于巴萨耶夫的死亡，恐怖分子陷入了群龙无首的状态，形成了若干个小型恐怖组织,恐怖活动也由大、集中向小、分散发展。由此可见,所绘制的恐怖活动与犯罪地点关系图谱基本能够反映该地区的恐怖活动状况,能够满足反恐情报需求。

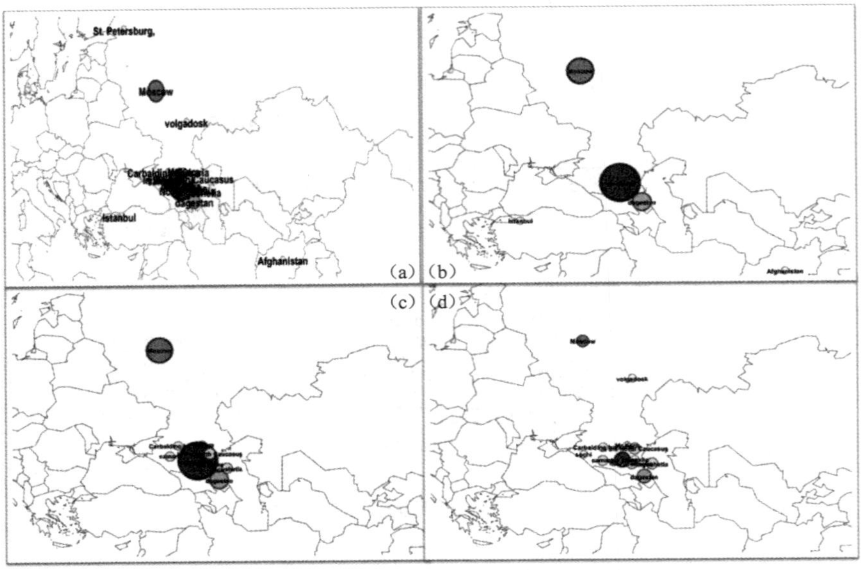

图 4.9 恐怖活动与犯罪地点关系图

3. 犯罪时间与涉恐关键词

将有关恐怖袭击的知识点按照时间排序提取关键词,并绘制关键词共现图谱,以观测每个年份中恐怖活动最突出的特征词,如图 4.10 所示。首先,从恐怖活动的地区来看,“莫斯科”“车臣”两个词为所有年份的核心词,可知这两个地区应当加强反恐力量部署;同时,在 1999—2004 年指向“莫斯科”“车臣”两个词的箭头较粗,并由 2005 年开始变细,说明自 2005 年起这两个地区的紧张程度有所缓解。其次,从袭击方式来看, 1999—2005 年出现了战争、驻军、巡逻、炸弹、枪击、劫机等烈性战争式袭击手段,而在 2006 年后,虽然也有枪击等袭击手段,但更为主要的是绑架、汽车炸弹、自杀式袭击、简易炸药以及火车、车站、大学等暗杀性质的袭击手段,袭击烈度有所降低。

根据背景知识可知,在第二次车臣战争结束后,成建制的非法武装基本被消灭,俄罗斯政府取得了车臣地区的控制权,又在 2005 年前后击毙了车臣恐怖组织大量头目,车臣恐怖组织一度群龙无首,军事实力受到严重削弱。从涉恐要素来看, 1999—2005 年车臣恐怖分子多使用炸弹、枪支、烈性炸药等作为袭击手段;而 2005—2009 年恐怖分子开始使用简易炸药、汽车炸弹等低科技含量的武器。由于车臣普通民众对恐怖分子的态度从同情到敌视,恐怖分子越发缺乏群众基础,袭击对象逐渐由普通民众开始向军、警、政府机关转变,袭击地点开始由车臣、达吉斯坦等北高加索地区向俄罗斯其他主要城市蔓延。由此可见,该图谱在涉恐关键词上能够如实反映俄罗斯恐怖活动态势,满足反恐情报需求。

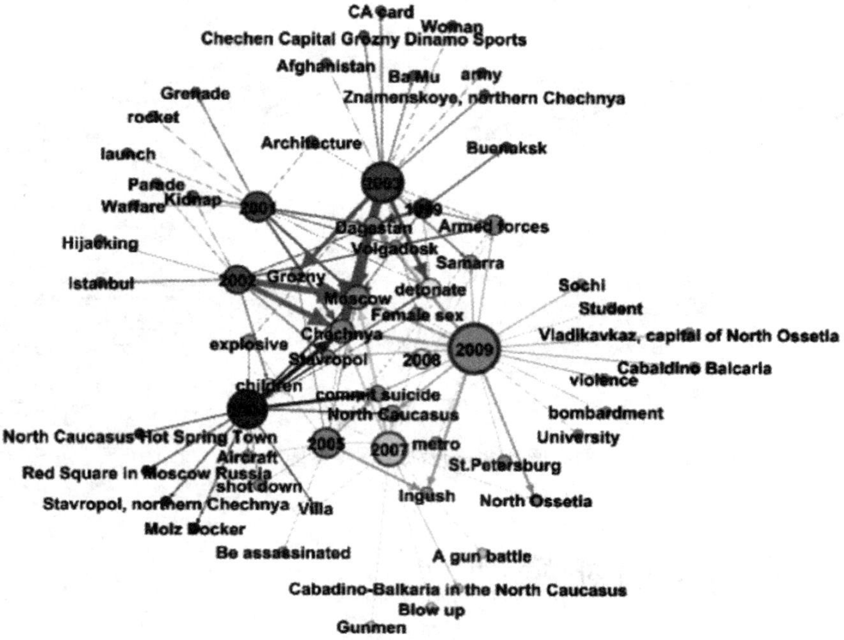

图 4.10　犯罪时间与涉恐关键词关系图

4. 反恐合作态势图谱

依据俄罗斯与其他国家反恐合作的关系绘制态势图谱，并根据颜色对其之间的合作亲缘关系进行区分。如图 4.11 所示，红色表示俄罗斯与美国的合作态势，俄罗斯与美国反恐合作最为密切，合作范围最为广泛，包括金融反洗钱合作、执法合作、签订外交条约的政治合作、进行军事演习的军事合作等，双方多次互派代表进行访问学习，如 2003 年 8 月美国联邦调查局在新泽西州逮捕了赫蒙特•拉卡尼，原因是拉卡尼试图向一名假扮基地组织恐怖分子的卧底出售一枚肩扛式导弹；2004 年俄罗斯联邦安全局和俄罗斯对外情报局与美国机构建立了良好的合作关系，以确定潜在的恐怖主义资金流动以及可疑的银行账户和交易。蓝色表示俄罗斯与欧洲各国所保持的联系，俄罗斯与欧洲各国的联系程度并不高，主要利用召开反恐合作会议，制定国际公约的形式邀请他国加盟来进行合作，如 2003 年 5 月俄罗斯主办了北约 - 俄罗斯理事会在莫斯科举行的第一次会议，会议的重点是制定具体的联合反恐培训项目和行动；俄罗斯还与英国、法国和德国等国建立了反恐双边工作组。绿色表示俄罗斯与中亚地区的合作态势，俄罗斯与中亚的合作分为两类，一类是直接建立反恐联系，如俄罗斯 2009 年允许飞往阿富汗的航班携带致命物资，以支持国际安全援助部队飞越其领空；另一类与欧洲地区类似，通过反恐会议和政治框架进行合作，如俄罗斯通过上海合作组织支持 2004 年在塔什干建立一个联合反恐中心。黄色表示俄罗斯与东南亚地区保持的联系，两个地区间的合作关系建立时间较短，且东盟在其中发挥着重要的作用。由此可见，该图谱基本能够反映俄罗斯反恐合作关系，满足反恐情报需求。

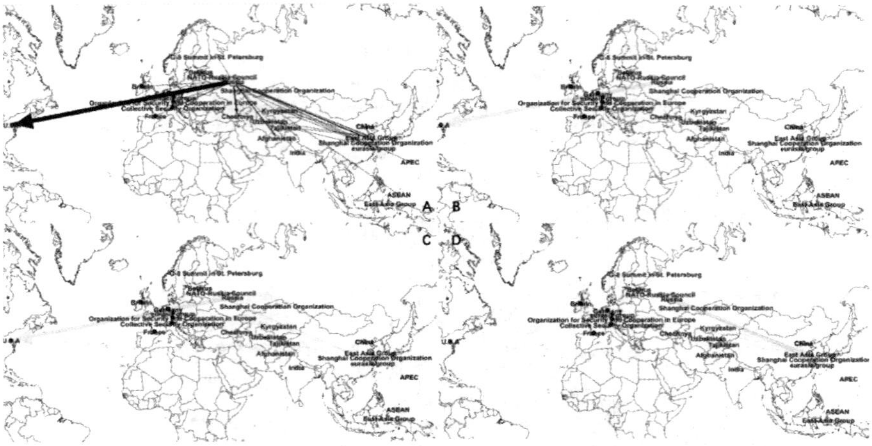

图 4.11 反恐合作关系图

4.2 反恐情报分析模型

4.2.1 数据来源与研究方法

基于反恐情报分析模型的相关文献构建科学知识图谱，从情报分析过程中风险识别、内容分析与预测分析等三个方面对现有反恐情报分析模型进行整理、分析，旨在发现反恐情报分析模型研究中有待解决的技术难点，以期为未来研究奠定基础。

1. 数据来源

选取中国知网期刊数据库作为样本来源，构建检索式“情报 and 反恐 and 模型”或“情报 and 恐怖 and 方法”或“情报 and 恐怖 and 模型”或“情报 and 反恐 and 方法”，对 2002 年 1 月 1 日至 2017 年 6 月 16 日的相关文献进行主题词检索。在显示的信息中剔除征稿、会议通知、一稿多发、新闻等文献以及与反恐情报分析模型无关的文献后，得到 306 篇期刊作为有效样本进行研究。

2. 研究方法

使用 MATLAB、Excel 以及 Citespace 等软件对收集的数据进行整理，同时采用文献计量方法进行分析。Citespace 是应用 Java 语言开发的科学知识图谱软件，基于共引分析理论和寻径网络算法等，对特定学科领域文献进行可视化分析，探寻学科领域演化的关键路径及其知识拐点，探测学科演化潜在动力机制和学科发展前沿。

4.2.2　反恐情报分析模型研究的科学知识图谱

1. 文献共被引知识图谱

1）文献引用关系分析

文献的利用价值主要体现为其被引用的次数，采用共被引文献分析来确定该领域发展中的高质量文献，如图 4.12 所示。样本中，聚类圆越大表示引用次数越多，距离越近表示引用关系越强，箭头表示相互的引用关系。其中，共被引频次最多的文献见表 4.7。

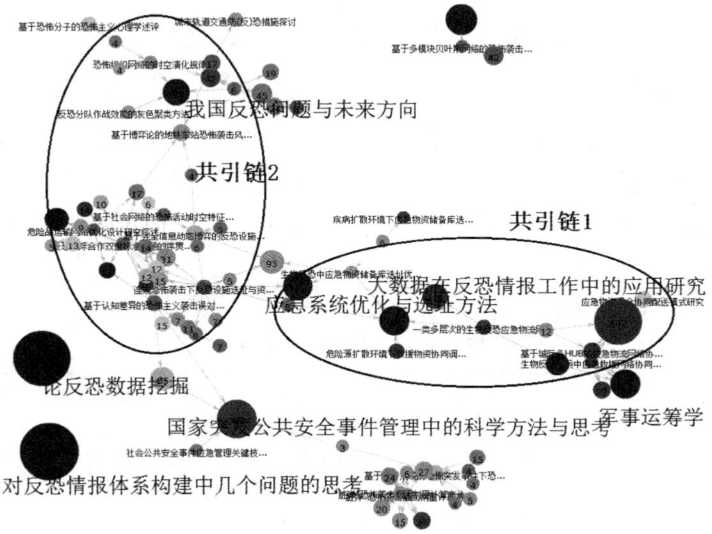

图 4.12　反恐情报分析模型共被引关系图

表 4.7　共被引频次最多的文献一览表

序号	年份	作者	题目	期刊	被引
1	2007	梅建明	论反恐数据挖掘	中国人民公安大学学报	17
2	2014	李本先、梅建明、张薇、江成俊	对反恐情报体系构建中几个问题的思考	情报杂志	46
3	2014	李本先、张薇、梅建明、凌云翔	大数据在反恐情报工作中的应用研究	情报杂志	24
4	2015	李本先、梅建明	我国反恐研究热点问题与未来方向	中国人民公安大学学报	6

上述文献集中发表在 2014 年前后，表明 2014 年后该研究领域基本成型。

（1）其中不具有明显共引链的文章为《论反恐数据挖掘》《对反恐情报体系构建中几个问题的思考》，这两篇文章对反恐情报与大数据结合的基本概念、研究目的、主要问题做出了解答，在发表后很长一段时间内具有较高共被引率。

（2）其中共有两条明显的共引链，共引链 1 存在于文献《大数据在反恐情报工作中的应用研究》《应急系统优化与选址方法》《生物反恐中应急物资储备库选址优化研究》《应急物资储备协同配送模式研究》等之间，该系列文章主要是在战术应用层面上对大数据在反恐中的应用进行探讨；共引链2存在于文献《我国反恐研究热点问题与未来方向》《基于恐怖分子的恐怖心理学评述》《反恐分队作战效能的灰色聚类方法评估》《基于博弈论的地铁车站恐怖袭击风险定量研究》《基于社会网络的恐怖活动时空特征分析》等之间，该系列文章主要是基于大数据建立数学模型，对恐怖活动本身的规律进行探讨。

由此可知，反恐情报分析模型研究的理论架构在2014年已经发展得较为成熟，而2014年后，反恐情报分析模型的研究从战术应用和恐怖活动规律分析两方面开展。可见，该领域研究视角较为集中，有利于形成合力，研究成果相互支撑，但是反恐工作是一个综合性很强的系统工程，过于集中的研究视角不利于研究视野的拓展。

2）引文半衰期分析

文献半衰期是指在所有利用的文献当中较新的50%所发表的时间，引文的半衰期可以通过其发表的时间来进行计算。由表4.8可知，2014年文献的引用百分率为49.5%，故引文半衰期为2006—2014年，共9年，即针对该领域可以9年为一个周期来整理文献，以提高文献价值与利用效率。

表4.8 引用文献半衰期

发文年度	2006	2007	2008	2009	2010	2011	2012	2013	2014	2015	2016
引文数量	3	6	6	9	13	13	16	25	23	59	57
引文累积量	3	9	15	24	37	50	66	91	114	173	230
累积占比/%	1.3	3.9	6.5	10.4	16.0	21.7	28.6	39.5	49.5	75.2	100

2. 作者合作知识图谱

1）核心作者和机构分析

由普赖斯定律可知，核心作者n为$n=0.749\sqrt{N_{\max}}$，其中$N_{\max}$为发文最多作者的发文量。由样本数据可知，发文最多作者共发表了10篇论文。因此，只有发文数量在2篇以上的作者能够成为核心作者，样本数据中共有49人满足该条件，其中发文数量排在前十的作者见表4.9。

表4.9 反恐情报分析模型核心作者

作者	单位	学科背景	发文量	作者	单位	学科背景	发文量
李本先	国防科技大学	军事学	10	凌云翔	国防科技大学	军事学	4
梅建明	中国人民公安大学	法学	9	付举磊	国防科技大学	军事学	4
王沙骋	中央财经大学	管理学	7	魏海亮	重庆警察学院	法学	3

续表

作者	单位	学科背景	发文量	作者	单位	学科背景	发文量
刘德海	东北财经大学	政治学	5	魏中许	中国民航学院	经济学	3
周婷婷	东北财经大学	政治学	4	陈明	武警警官学院	军事学	3

上述作者来自军事学、法学、政治学、经济学、管理学等各个学科，说明该领域受到了多学科领域学者的普遍关注。该领域贡献较多的研究机构为国防科技大学、中国人民公安大学、中央财经大学、东北财经大学、重庆警察学院、中国民航学院和武警警官学院，结合各位学者所著文章来看，可得以下结论。

（1）国防科技大学贡献较多的学者为李本先、凌云翔、付举磊等，三位专家结合军队指挥学、军事运筹学、计算机学的学科背景知识，对反恐情报模型的应用进行了研究。

（2）中国人民公安大学贡献较多的学者为梅建明，重庆警察学院贡献较多的学者为魏海亮，武警警官学院贡献较多的学者为陈明，三位专家结合法学、军事学等学科背景，主要研究了反恐情报的理论模型。

（3）中央财经大学贡献较多的学者为王沙骋，东北财经大学贡献较多的学者为刘德海、周婷婷，中国民航学院贡献较多的学者为魏中许，四位专家结合政治学、经济学、管理学的学科背景，主要将恐怖活动当作一种社会现象进行剖析，利用经济学、管理学的理论模型和数学模型进行反恐情报模型研究。

采用 Citespace 对研究机构进行共现分析，可见国内相关研究机构以高等院校为主，又以公安院校和军队院校居多，如中国人民公安大学、中国人民武装警察部队学院、国防科技大学等，如图 4.13 所示。

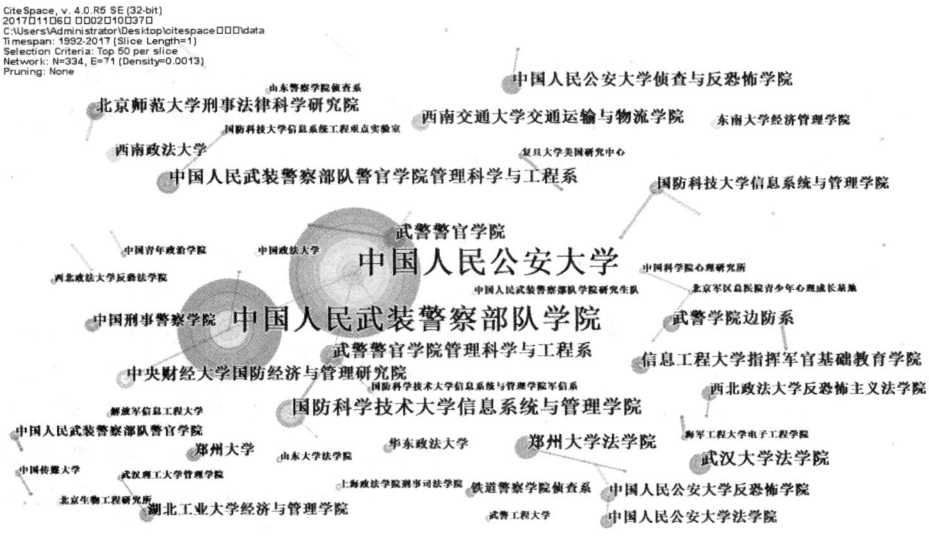

图 4.13　国内反恐研究中心图

2)合作分析

采用 Citespace 对研究机构与作者进行共现分析，对机构和作者的节点类型采用修剪分段网络的方法，阈值设置为前 50%，得到作者、机构共现知识图谱如图 34.14 所示。

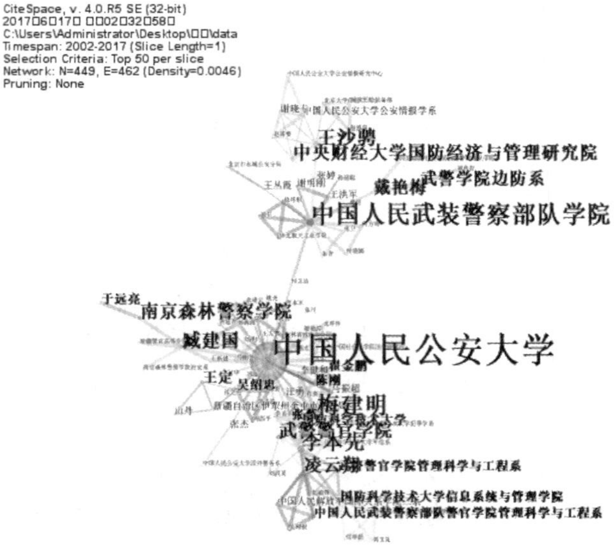

图 4.14　反恐情报分析模型合作者谱系图

图 4.14 中，聚类圆越大，说明发文量越多，距离越近说明两个机构联系越紧密，作者之间的合作关系由线条相连。由此可知，我国反恐情报分析模型的研究中心主要集中在国防科技大学、武警警官学院、中国人民武装警察部队学院以及中国人民公安大学等高校，且高校之间还有着紧密的合作。其中，中国人民公安大学与武警警官学院合作较多，而中国人民武装警察部队学院与中央财经大学合作较为密切。

基于前文研究，可发现该领域核心作者学科背景多为军事学、政治学和法学，也包含经济学、情报学等；四个研究中心都属于公安类、军事类院校，相互合作频率高的作者多来自同一研究背景的机构，使切入视角比较局限和单一。同时，整体来看，缺乏与理工科背景的研究机构的合作。

3. 关键词知识图谱

通过 Citespace 软件进行可视化分析，隐去词频为 5 以下的关键词，生成关键词共现的可视化图谱，如图 4.15 所示。可知反恐情报分析模型的研究主要集中在以下三个部分。

首先，从理论层面来研究反恐情报分析模型（A 区）。李本先等构建了针对反恐的预警与情报分析系统，其中包括的四个模块分别为情报预警、知识获取、信息处理以及数据收集[①]。李亦农在分析反恐情报时借助了信息集成分析原理，结合了感应集成分析架构、元素

① 李本先，梅建明，张薇，等. 对反恐情报体系构建中几个问题的思考 [J]. 情报杂志，2014(4):1-5.

自集成分析以及构架集成[①]。陈刚提出了从比较和审查犯罪信息，到构建图表得出初步推论，再复查犯罪信息，最终得出推论并制定行动计划的分析过程[②]。祁文杰提出了制定计划 - 情报收集 - 评估管理 - 情报分析 - 形成报告 - 结果反馈的反恐情报分析流程，归纳总结了“疑难假定”“客观证实”的分析原则[③]。

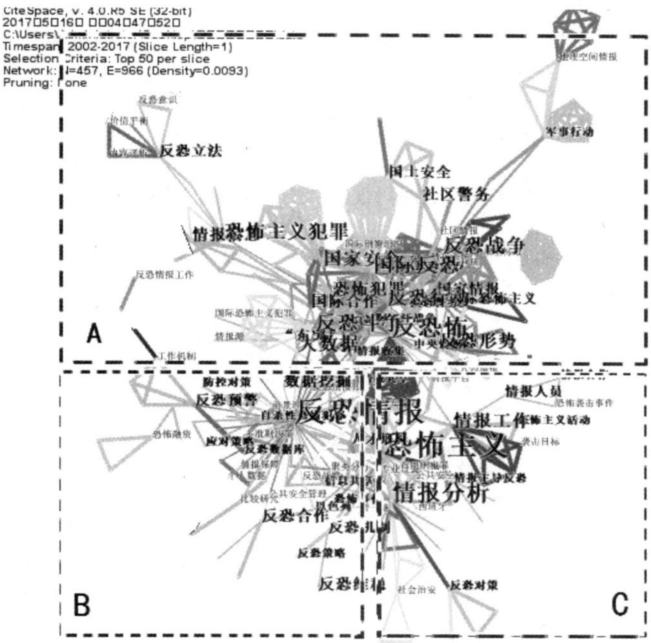

图 4.15　反恐情报分析研究热点

其次，反恐情报分析模型技术支持研究（B 区）。部先永从智能信息检索、数据挖掘、情报分析技术、语音识别技术以及人际情报网络挖掘等方面进行了反恐情报分析模型的构建[④]。李本先等强调应当强化博弈、社会网络分析技术、数据挖掘技术、数据仓库技术等工具在反恐情报中的运用，尤其应当重视分析并识别一些网络舆情信息[⑤]。王沙聘等指出，数据挖掘技术能够更加容易地分析出恐怖分子之间的内在联系，在反恐情报分析中，数据挖掘主要有三类应用，分别为聚类分析与分类分析、序列模式分析与分类分析、序列模式分析与关联分析[⑥]。

最后，反恐情报分析模型应用研究（C 区）。张婷等通过运用人际网络理论构建反恐情报综合模型实现对恐怖分子、六度人际关系网络的挖掘[⑦]。汪明敏借助风险管理理论对涉及

① 李亦农．论反恐情报的集成分析 [J]. 山东警察学院学报 ,2005(5):65-68.

② 陈刚．反恐对策体系中的重要组成：反恐情报分析 [J]. 吉林公安高等专科学校学报 ,2003(5):22-25.

③ 祁文杰．情报分析应用于恐怖主义事件预测的基本原理 [J]. 法制与社会 ,2009(23):323-324.

④ 部先永．基于开源信息整合的反恐情报获取研究 [D]. 武汉：武汉大学 ,2013.

⑤ 李本先，张薇，梅建明，等．大数据在反恐情报工作中的应用研究 [J]. 情报杂志 ,2014(12):1-5.

⑥ 王沙骋，陈波．系统工程视角下的情报主导反恐研究 [J]. 军事运筹与系统工程 ,2011(1):54-58.

⑦ 张婷，王沙骋．基于人际网络的公安边防反恐情报网络模式研究 [J]. 情报杂志 ,2014(6):17-21.

恐怖活动的“噪声”与“信号”进行了综合分析、选择、过滤、识别等，从而能够在一定程度上预测恐怖袭击的发生①。于新勇在分析“东突”恐怖主义时引入了粗糙集理论，从情报系统、预警系统以及反恐政策等方面思考了相应的风险控制策略②。朱胜楠结合 CARVER 与 EVILDONE 方法，在美国社区反恐理念的基础上考虑恐怖袭击的损失程度以及目标，根据恐怖袭击发生的可能性提出了针对性的防范措施③。

已有研究对反恐情报分析模型多方面、各层次进行了研究，主要集中在实战经验提炼与理论构建等方面。随着大数据环境的形成，人工无法处理海量信息，所以当前研究难点和未来研究热点集中在研判、分析、预测、预警的数学模型的研究。

4.2.3 基于分析流程的反恐情报分析模型

将反恐情报分析流程分解为风险识别、内容分析和预测分析三步，并针对这三部分总结相关模型，如图 4.16 所示。

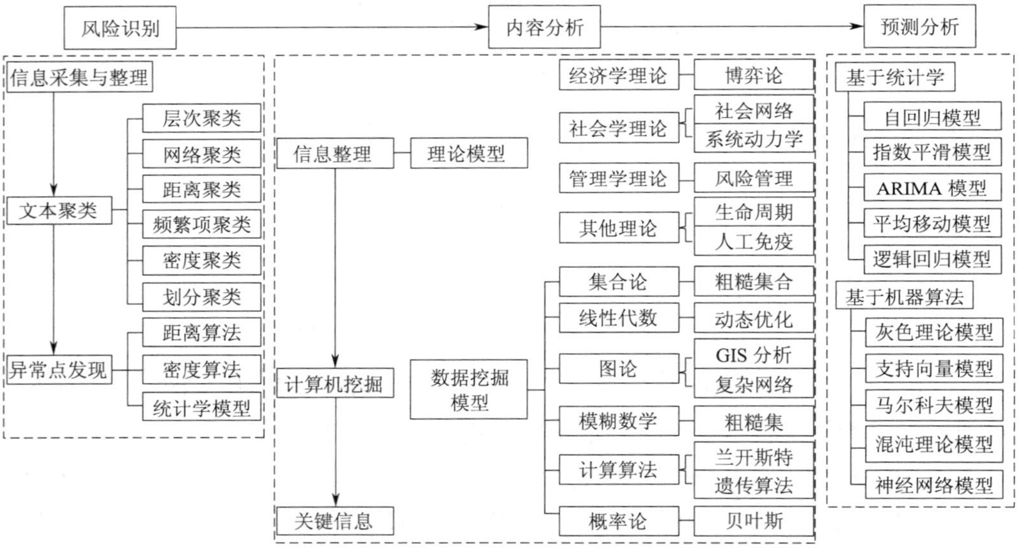

图 4.16 基于分析流程的反恐情报分析模型

1. 风险识别

风险识别是反恐情报分析的第一步，由信息熵理论可知，信号源的信息熵量与其所发出信号的概率呈负相关，大数据环境下的反恐风险识别，从本质来看是对小概率信息的识别与预测，预测过程一般可分为信息采集与整理、文本聚类、异常点发现三个步骤，如图 4.17 所示。

---

① 汪明敏．反恐预警情报分析的本质探析 [J]. 江苏警官学院学报，2016(1):72-76.

② 于新勇．“东突”恐怖主义威胁风险评估及管理研究 [D]. 长沙：国防科技大学，2013.

③ 朱胜楠．城市社区恐怖袭击风险分析及预防策略研究 [J]. 北京警察学院学报，2016(4):78-82.

信息整理是对多源信息，如工作简报、图像、视频、音频、实物、电子数据信息等进行规范化、有序化处理，加工成情报产品的过程。文本聚类是以情报产品为输入，然后将其归于不同主题的过程。异常点发现是从众多信息数据中将具有潜在使用价值的知识与信息提取出来的过程。

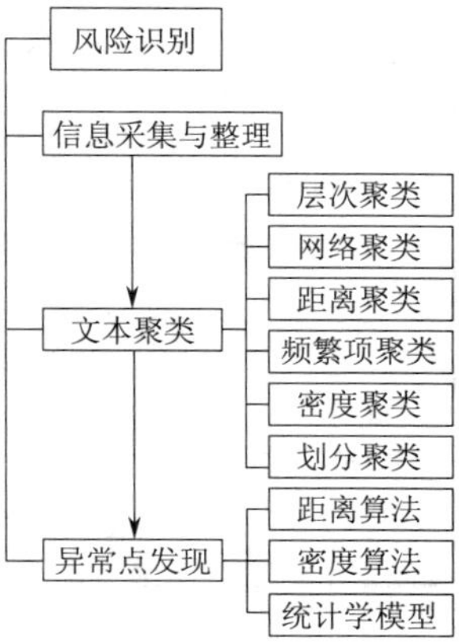

图 4.17　风险识别模型分类

对于文本聚类的算法常见的有基于密度的聚类法、频繁项集算法、基于距离的聚类算法、划分式聚类法以及层次聚类法等，其中运用到反恐情报分析模型的方法见表 4.10。对于信息异常点识别算法比较常见的有三类：一是基于统计学的算法，如利用正态分布等规律的不一致性或者根据已有的数学模型进行拟合，进行异常点识别；二是基于距离的算法，其在识别异常点时主要借助基于单元（cell-based）的方法、嵌套循环（nested-loop）算法、基于索引（index-based）的算法等；三是基于密度分析的算法，该算法能够对那些存在局部异常的数据进行检测，例如 LOF 算法及其优化算法等，其中运用到反恐情报分析模型的方法见表 4.11。目前，异常检测算法与各种聚类算法的主要研究对象为静态数据集，其需要多次扫描相关数据进而得到结果。在实际工作中，在线处理数据往往时间紧迫，故很多学者倾向于研究数据流异常检测算法。

表 4.10　反恐情报分析聚类算法

理论基础	时间	作者	文章	切入点与评价
基于频率的聚类	2015	梅毅等	网络中涉恐信息的高效挖掘模型研究与仿真①	提出了一种聚类特征优化算法，对涉恐信息进行多维空间重构。该算法结合涉恐词汇的模糊性与概括度来进行聚类的阈值设置，有效降低了挖掘复杂程度，从而降低了数据挖掘难度
划分聚类法、层次聚类法、基于密度的聚类法	2016	吴绍忠	基于聚类分析的反恐情报中潜在恐怖团伙发现技术②	混合使用了三种聚类方法，对海量涉恐情报进行自动化、智能化的处理，针对不同聚类算法的特点应用于不同情景，确保分析结果准确可信
距离聚类分析法	2017	陈鲁巧等	基于聚类分析法的恐怖人员分群研究③	利用定性与定量相结合的方法，将理论模型 RFM 数值化，利用聚类分析找出危险程度高的重点人员

① 梅毅，熊婷，蒋德荣．网络中涉恐信息的高效挖掘模型研究与仿真 [J]. 计算机仿真，2015(5):302-305，314.

② 吴绍忠．基于聚类分析的反恐情报中潜在恐怖团伙发现技术 [J]. 警察技术，2016(6):18-21.

③ 陈鲁巧，张冠男．基于聚类分析法的恐怖人员分群研究 [J]. 电子世界，2017(5):45-46.

表 4.11 反恐情报异常点识别模型

理论基础	时间	作者	文章	切入点与评价
统计模型	2016	阿地力江•阿布来提等	基于统计分析的“东突”恐怖主义犯罪原因研究①	利用数据的统计特征来分析中国恐怖指数与经济发展的关系。但是在实战中，在信息不完全的情况下，情报分析人员并未掌握历史数据的分布特征，且实际数据往往不会与任何模型的理想状况完全契合，故很难借助单一算法来有效发现异常
k-means 算法	2016	黄一洲等	基于大数据的涉恐信息预警机制研究②	利用 k-means 算法对 GTD 反恐数据库中的恐怖袭击武器使用情况、袭击地点和时间、人员伤亡情况进行聚类分析，找出异常值。但是基于距离的算法只能用于分析已知数据分布情况下的低维数据，对于那些高维数据则分析效果不佳

2. 内容分析

内容分析主要是对反恐情报的具体内容进行分析研判，其工作思路是依据理论模型确定开源数据的数据挖掘思路，构建数学模型进行数据挖掘，提取关键信息，从而指导情报研判，如图 4.18 所示。

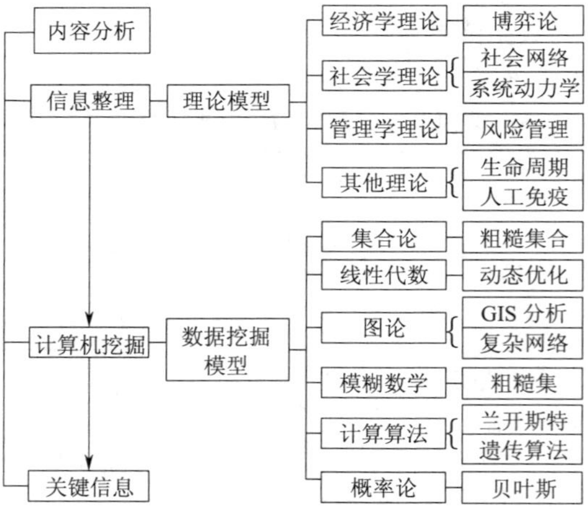

图 4.18 内容分析模型分类

在分析反恐情报时常会结合定量与定性的方法，先借助理论模型对问题进行简化，然后再挖掘相关数据信息。常用的分析理论模型有系统动力学理论、社会网络理论、博弈论、风险管理理论、传染病模型、竞争模型等，其中应用于反恐情报分析的理论模型见表 4.12。常用的数据挖掘模型有基于概率论的贝叶斯模型、基于图论的复杂网络模型、基于模糊数学的模糊评价模型、基于运筹学的规划模型、基于集合论的文本挖掘算法等，其中应用于反恐情

① 阿地力江•阿布来提，古丽阿扎提•吐尔逊．基于统计分析的“东突”恐怖主义犯罪原因研究 [J]. 中国人民公安大学学报(社会科学版)，2016(4):7-12.

② 黄一洲，孙韶聪，孟欣洁，等．基于大数据的涉恐信息预警机制研究 [J]. 江苏警官学院学报，2016(3):117-121.

报分析的理论模型见表 4.13。

反恐情报分析涉及多个学科内容，如管理学、社会学、心理学、信息学等，具有明显的跨学科特点，所以反恐情报不能从单一学科的视角来分析。综合已有研究，理论模型方面研究较为充分，每种方法对反恐领域的一些具体问题都具有一定的指导作用，针对反恐的不同侧面均能解决一些实际的反恐问题，但是任何一种方法都不是万能的，定性模型虽然可以很好地对情报内容进行解读，但是很难对恐怖活动做出精准的刻画。同时，人力分析很难有效地在大数据环境下分析海量数据，所以必须借助计算机技术来进行分析。研究者往往在构建理论模型的基础上依据统计数据建立数学模型来进行数据挖掘，并用数学模型计算出分析对象的各项指标及其数值，进而分析出数据变化、数据关系以及数据特征。数学模型分析与理论模型分析二者之间能够优势互补，对于反恐研究都是极为有效的分析方法。

表 4.12　反恐情报分析理论模型

理论基础	时间	作者	文章	切入点	评价
风险理论模型	2008	李兴阔等	基于模糊综合评判的重点城市反核生化恐怖防化装备能力评估①	灰色多层次综合评价法	风险管理理论是对风险控制技术以及风险发生规律进行研究的理论，而反恐情报的根本目的便是将恐怖袭击的风险降至最低，所以基于此视角分析情报内容，并在此基础上选择与优化组合各种风险管理技术，进而对风险进行妥善处理与有效防控，可以在付出较低成本的情况下取得最大的效果
	2016	李琦等	涉恐人员偷渡活动风险预警模型构建研究②	层次分析法	
	2016	袁野等	基于 HHM-SWOT 分析的我国政府反恐策略模型研究③	HHM 分析法、SWOT 分析法	
	2015	唐超	涉恐风险评估供应链模型研究④	供应链模型	
生命周期循环模型	2014	安尼瓦尔•加马力等	基于生命周期循环模型的网络恐怖主义犯罪治理控制研究⑤	生命周期循环模型	构建生命周期循环模型来对网络恐怖主义的治理、实施、选择、观察以及准备等环节进行概括
社会网络	2014	张婷等	基于人际网络的公安边防反恐情报网络模式研究⑥	人际关系社会网络	社会网络分析主要以量化的方式来分析社会关系，从而更好地对恐怖组织成员的内在联系进行解释

① 李兴阔，周建梅，李树广 . 基于模糊综合评判的重点城市反核生化恐怖防化装备能力评估 [J]. 海南师范大学学报 (自然科学版),2008(4):462-464，468.

② 李琦，王洪伟 . 涉恐人员偷渡活动风险预警模型构建研究 [J]. 武警学院学报 ,2016(7):17-21.

③ 袁野，张秋波，兰月新，等 . 基于 HHM-SWOT 分析的我国政府反恐策略模型研究 [J]. 情报杂志 ,2016(10):42-48.

④ 唐超 . 涉恐风险评估供应链模型研究 [J]. 情报探索 ,2015(6):13-18.

⑤ 安尼瓦尔•加马力，木尼拉•塔里甫，张昆 . 基于生命周期循环模型的网络恐怖主义犯罪治理控制研究 [J]. 新疆警官高等专科学校学报 ,2014(3):15-21.

⑥ 张婷，王沙骋 . 基于人际网络的公安边防反恐情报网络模式研究 [J]. 情报杂志 ,2014(6):17-21.

续表

理论基础	时间	作者	文章	切入点	评价
系统动力学	2016	张淼	新疆暴力恐怖活动的社会网络分析⑦	恐怖活动空间社会网络	系统动力学是通过研究系统内部各个构成要素的因果关系来对问题产生的根源进行探究的方法，与从外部视角来进行分析的风险管理理论可以进行有效地优势互补
	2012	李本先等	基于平行系统的恐怖突发事件下恐惧传播的仿真研究⑧	系统动力学	
博弈论	2014	王方军	离散型序贯博弈计量模型研究⑨	博弈计量模型	博弈论能够有效考虑全面的个体的预测行为和实际行为，可将复杂的情报简化成理想模型，而后通过定量分析进行研究，从而提高情报分析的质量。但是博弈论是在双方都具有理性的基础上的行为分析理论，而恐怖袭击更多是非理性的，所以此种方法局限于研究反恐大策略方面，而很难分析具体情报内容
	2016	刘忠轶等	考虑空间因素的反恐防御竞争分析⑩	Hotelling 模型	
	2016	刘德海等	具有长期性特征的恐怖袭击与政府反恐多阶段重复博弈模型⑪	多阶段重复博弈	
	2015	刘德海等	反恐国际合作双重标准问题的序贯互惠博弈模型⑫	序贯互惠均衡	

表 4.13　反恐情报分析数据挖掘模型

理论基础	时间	作者	文章	切入点	评价
概率论	2015	魏静等	基于多模块贝叶斯网络的恐怖袭击威胁评估⑬	多模块贝叶斯网络	贝叶斯网络是一种采用概率推理与知识表示的框架，其在具有内在不确定性的推理和决策问题中得到广泛的应用，能很好地表示变量之间的不确定性和相关性，并结合专家知识进行不确定性推理
	2016	毛文渊	基于行为变化的恐怖预测算法研究⑭	多步加权贝叶斯	
图论	2014	李本先等	网络科学在反恐研究中面临的挑战和机遇⑮	复杂网络	反恐工作是一个复杂的系统工程，此方法可以很好地结合大数据环境，融合多种信息如地理信息系统（GIS）来进行全面的分析。但是此种方法主要分析的是平面的静态数据，而恐怖网络是时空动态的复杂网络，需要发展新的动态网络分析工具
	2013	李本先等	恐怖组织网络的时空演化规律⑯	无标度网络	

⑦ 张淼 . 新疆暴力恐怖活动的社会网络分析 [J]. 新疆社会科学 ,2016(2):109-114.

⑧ 李本先 , 李孟军 . 基于平行系统的恐怖突发事件下恐惧传播的仿真研究 [J]. 自动化学报 ,2012(8):1321-1328.

⑨ 王方军 . 离散型序贯博弈计量模型研究 [D]. 北京：首都经济贸易大学 ,2014.

⑩ 刘忠轶 , 翟昕 , 高岩 , 等 . 考虑空间因素的反恐防御竞争分析 [J]. 系统工程理论与实践 ,2016(1):136-144.

⑪ 刘德海 , 邹华伟 , 鲍雪言 . 具有长期性特征的恐怖袭击与政府反恐多阶段重复博弈模型 [J]. 电子科技大学学报（社科版）,2016(3):19-23.

⑫ 刘德海 , 周婷婷 , 王维国 . 反恐国际合作双重标准问题的序贯互惠博弈模型 [J]. 中国管理科学 ,2015(S1):301-309.

⑬ 魏静 , 王菊韵 , 于华 . 基于多模块贝叶斯网络的恐怖袭击威胁评估 [J]. 中国科学院大学学报 ,2015(2):264-272.

⑭ 毛文渊 . 基于行为变化的恐怖预测算法研究 [D]. 镇江：江苏大学 ,2016.

⑮ 李本先 , 江成俊 , 方锦清 . 网络科学在反恐研究中面临的挑战和机遇 [J]. 复杂系统与复杂性科学 ,2014(1):60-66.

⑯ 李本先 , 李孟军 , 方锦清 , 等 . 恐怖组织网络的时空演化规律 [J]. 自动化学报 ,2013(6):770-779.

续表

理论基础	时间	作者	文章	切入点	评价
机器算法	2017	黄一洲等	基于遗传算法的反恐风险评估指标体系应用研究⑰	遗传算法	在大数据环境下，利用数据挖掘与数据仓库方法来研究恐怖主义是必然的发展趋势，不过该方法由于可靠性方面的局限仅适用于开源情报，其由于很容易被伪装信息所影响，使人员挖掘效果并不能有较高的准确性
	2014	钟磊	基于网络信息的潜在恐怖分子挖掘模型仿真⑱	人工免疫算法	
集合论模糊论	2013	于新勇	“东突”恐怖主义威胁风险评估及管理研究⑲	粗糙集、模糊数学	粗糙集是一种良好处理不确定信息的算法，对于庞杂的反恐数据具有良好的降噪效果

3. 预测分析

将反恐情报预测分析模型分为两大类：一是基于传统统计学方法的分析模型；二是基于智能机器算法的分析模型，如图 4.19 所示。

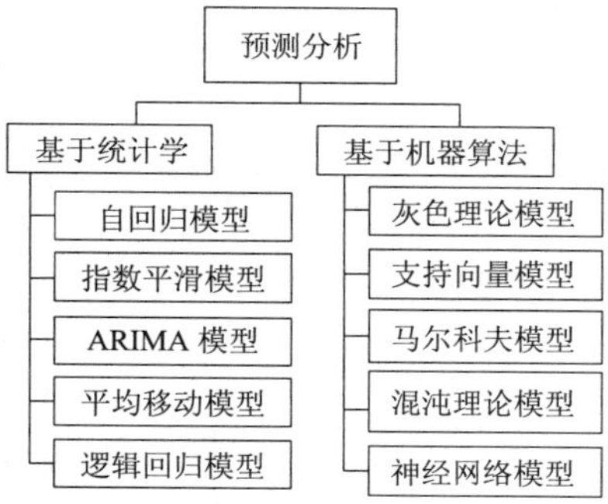

图 4.19　预测分析模型分类

基于统计学的模型往往针对单因素进行分析，如线性回归模型中的自回归模型、平均移动模型等和逻辑回归模型、ARIMA 模型以及非线性模型中的指数回归模型等。此类算法受到其他因素扰动较大，很难找到十分贴合的数学模型去解读，从而影响到预测的准确性。

基于机器算法的模型可以综合多因素，利用计算机自学习功能进行分析，如灰色理论模型、支持向量模型、马尔科夫模型、混沌理论模型、神经网络模型等。此类算法往往需要一定的历史数据为支撑，建立机器学习的训练样本，但恐怖活动是小概率事件，十分理想的训练样本在构建上存在难度，而且其预测过程为机器自学习的“黑箱”操作，难以解读，从而影响预测的可靠性。反恐情报预测模型见表 4.14。

⑰　黄一洲，徐敏捷．基于遗传算法的反恐风险评估指标体系应用研究 [J]. 中国公共安全（学术版）,2017(1):20-24.

⑱　钟磊．基于网络信息的潜在恐怖分子挖掘模型仿真 [J]. 计算机仿真 ,2014(7):313-316.

⑲　于新勇．“东突”恐怖主义威胁风险评估及管理研究 [D]. 长沙：国防科技大学 ,2013.

表 4.14 反恐情报预测模型

理论基础	时间	作者	文章	切入点与评价
有序多分类	2014	刘继等	暴恐主题下微博用户特征及情感倾向性分析①	为了对网民的情感倾向进行研究，专门构建了一个 Logistic 回归模型来进行有序分类，并以“新疆暴恐”作为主题组织微博抽样调查，通过网民所在地区、性别、活跃度等因素来对其情感倾向特征进行判断。但是，文章以定性指标来标度网民情感倾向，受主观因素影响较大。同时，曝光量指标选取较为粗糙、粒度较大，无法细腻描述网民特征。最后，文章仅测量了在网上表达观点的网民群体即活跃群体的特征，未考虑潜水群体的情绪特征，使测量存在一定的误差
Logistic	2014	李国辉	全球恐怖袭击时空演变及风险分析研究②	依据 GTD 数据库，提出了暴恐袭击的频率与死亡人数的幂律分布规律，从而对其函数拟合进行预测。但幂律分布只能够对死亡人数的变化趋势进行分析，并无法得出影响因素与死亡人数之间的内在联系
回归模型	2016	王雷等	基于和声搜索算法优化支持向量机的突发暴恐事件分级研究③	提出基于和声搜索算法优化的支持向量机的分级模型，用于突发暴恐事件分级研究，结果显示和声搜索算法能够提高大规模排列问题的解决效率，并对支持向量机参数进行优化，能够有效地预警一些暴恐事件
非线性回归	2016	陈泉湞	基于迁移学习的恐怖行为预测算法研究④	传统方法所得到的数据可能无法满足一些新领域对于数据规模的要求，而迁移学习则可以针对某一种数据类型在一个模型训练任务中所获得的关系将之应用到其他领域当中，从而使反恐情报预测中样本不足的缺陷得到完善，降低暴恐事件的预测难度
支持向量机	2015	战兵等	基于隐马尔可夫的恐怖事件预测模型⑤	将贝叶斯模型与隐马尔科夫模型相结合，构建恐怖袭击样本库，以对恐怖袭击进行预测。但是，马尔科夫模型需要对所有的行为主体进行单独建模，这将极大地增加预测时间，且预测成本较高

4.2.4 研究结论

通过文献计量分析、引用分析等方法，总结了反恐情报分析模型研究进展情况，通过分析可以发现，该领域尚有不少空白领域等待学者深入研究。通过作者分析可知，研究机构、研究者学术背景多集中于公安学、军事学和法学领域，研究背景较为单一。通过关键词分析可知，目前反恐情报分析模型研究集中在理论建设、技术支持和模型应用等方面，其中定量研究属于反恐领域的研究热点。通过研究现状分析可知，目前关于反恐情报分析的方法和模型比较成熟，但是多数论文对单一方法的研究较多，而比较系统、成体系的模型应用不是很多。关于体系架构建设、体制机制设计的论文较多，而包含数据采集、风险预警以及应对

① 刘继，李磊．暴恐主题下微博用户特征及情感倾向性分析 [J]. 情报杂志，2014(12):109-113，98.
② 李国辉．全球恐怖袭击时空演变及风险分析研究 [D]. 合肥：中国科学技术大学，2014.
③ 王雷，王欣，赵秋红．基于和声搜索算法优化支持向量机的突发暴恐事件分级研究 [J]. 管理评论，2016(8):125-132.
④ 陈泉湞．基于迁移学习的恐怖行为预测算法研究 [D]. 镇江：江苏大学，2016.
⑤ 战兵，韩锐．基于隐马尔可夫的恐怖事件预测模型 [J]. 解放军理工大学学报（自然科学版），2015(4):386-393.

策略的整套解决方案较少，反恐情报分析模型还需要进一步流程化、系统化。在总结相关文献的基础上，从以下几个方面进行展望。

1. 大数据侦查是未来反恐情报的重要手段

大数据侦查是一种全新的侦查模式，体现出数据共享的一体性特性，是一种由点到面的全景侦查，预知未来的预测型侦查以及利用数据模型的算法型侦查①。大数据的关联性分析、信息碰撞等功能可以提前预测犯罪活动，从过去的由案到人的逆推模式转变到大数据预测的主动型侦查模式。大数据侦查在反恐领域的应用仍需进行以下拓展：一是加强信息采集模型研究，模型的应用离不开数据环境的完善，而数据环境离不开对文本信息、非文本信息的量化，需要建立统一的反恐词表以及相应的信息采集模型，对此进行规范，从而方便情报交流与反恐数据的收集整理；二是加强对动态数据的分析技术研究，单一的静态模型不足以辅助实战，而当前模型研究多为基于历史数据、静态数据和平面数据的模型，不足以适应瞬息万变的战况；三是反恐情报的收集、分析、预警、响应、决策等过程往往是交叉进行的，单一的分析模型、决策模型不足以指导具体任务的行动，需要多套完整的行动方案来处理。所以，不论是客观情况角度还是主观应对角度，都需要加强对动态数据的处理分析能力。

2. 网络恐怖主义是未来反恐情报分析的难点

网络恐怖主义不仅是指利用网络手段来进行恐怖主义活动，或者以网络安全为攻击目标进行恐怖袭击，在全民上网、舆论对抗的环境下，网络恐怖主义更是一种传播恐怖情绪的新模式。恐怖主义的主要威力在于恐怖情绪的传播，恐怖主义战争亦是一场心理战、舆论战。近年来，暴恐袭击中涉恐涉暴信息的网络传播极易造成民众严重的恐慌情绪，体现出网络恐怖主义的重大危害。针对网络恐怖主义的新模式，应当加强对网络恐怖主义的心理机制的理论模型研究，加强对涉恐网络舆情的情感倾向研究，建立语料库与涉恐词表，以及进行相关的语义挖掘模型研究。

3. 强化反恐情报分析的关键在于人才建设

情报反恐工作队伍是建设情报反恐系统的核心要素，反恐情报人才培养应当以需求为导向，围绕需求确定相应的培养目标、内容和计划。反恐情报研究涉及多个学科，具有较强的跨学科特征，未来需要进一步引进计算机人才、数学人才，通过数据挖掘技术强化对大数据环境下反恐情报的研究。需要进一步引进心理学人才，加强对涉恐人员的心理研究，分析其恐怖犯罪的心理变异过程，为源头反恐提供理论依据。反恐人才需求分析图如图 4.20 所示，反恐学科谱系图如图 4.21 所示。

---

① 何军. 大数据与侦查模式变革研究 [J]. 中国人民公安大学学报 (社会科学版),2015(1): 75-80.

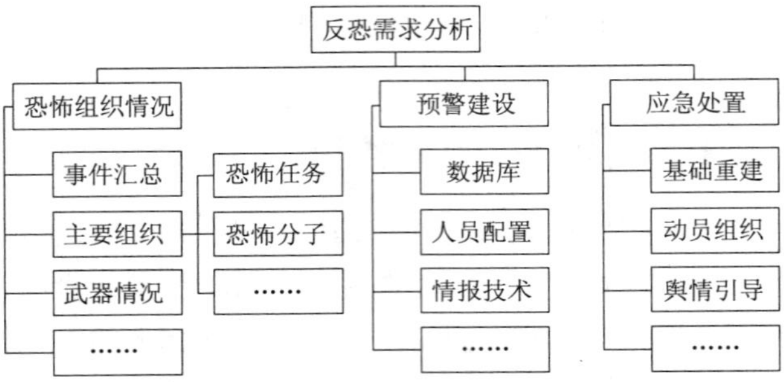

图 4.20　反恐人才需求分析图

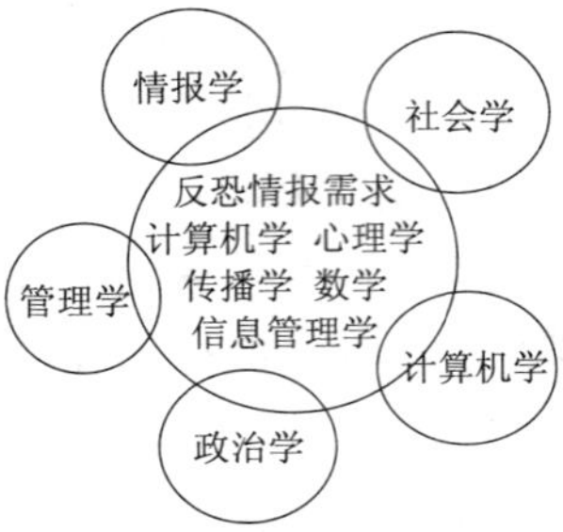

图 4.21　反恐学科谱系图

延伸思考

1. 如何在知识图谱方法中融入时间维度，构建动态演化知识图谱？

2. 科学知识图谱主要面向科学文献，如何将其刻画知识演进过程的分析方法应用于其他知识领域？

第 5 章　结构方程模型

结构方程模型（Structural Equation Model， SEM）是基于变量的协方差矩阵来分析变量之间关系的一种统计方法，是多元数据分析的重要工具。在许多科学领域中，通常需要处理多个原因、多个结果的关系，或者有些变量难以直接准确测量（即潜变量），只能用一些外显指标间接测量这些潜变量。传统的统计方法不能很好地解决这些问题，而结构方程模型能够对抽象的概念进行估计与检定，并能够同时进行潜变量的估计和复杂自变量或因变量预测模型的参数估计。结构方程模型可分为测量模型和结构模型。测量模型是指指标和潜变量之间的关系。结构模型是指潜变量之间的关系。

结构方程模型主要用于解决社会科学中的多变量问题，适用于复杂的多变量数据的探究与分析。结构方程模型可以替代多重回归、通径分析、因子分析、协方差分析等方法，清晰分析单项指标对总体的作用和单项指标间的相互关系。本章以网络舆情传播影响机制、涉稳舆情参与行为影响因素为例，介绍结构方程模型在警务领域的应用。

5.1　网络舆情传播影响机制模型

5.1.1　网络舆情传播阶段

1. 网络舆情传播规律

网络舆情本质是信息的集合，由此可基于信息生命周期理论研究网络舆情传播规律。生命周期是生命科学的术语，其本义是指生物体从出生、成长、成熟、衰退到死亡的全部过程，信息生命周期理论认为信息也具有“信息生命”，由此网络舆情也会经历酝酿、爆发、消退等发展阶段。生长曲线用于描述生长现象，生长曲线函数是描述生长曲线的数学表达式，Logistic 模型是典型的生长曲线函数模型，用来描述种群增长规律，即种群增长经历“形成期”“增长期”“稳定期”等时期，呈“S”形曲线形态。基于网络舆情传播与种群增长的内在机理一致性，选取 Logistic 模型描述网络舆情传播规律。

在实践层面，通过舆情案例数据分析，观察上述理论假设是否符合客观实际。以突发事件微博舆情为例，分别选取自然灾害类、事故灾难类、公共卫生事件类和社会安全事件类舆情，基于百度指数对突发事件微博舆情数据进行获取，画出微博舆情数据的累加曲线图，见表 5.1。

表 5.1　突发事件微博舆情数据累加曲线图表

自然灾害类

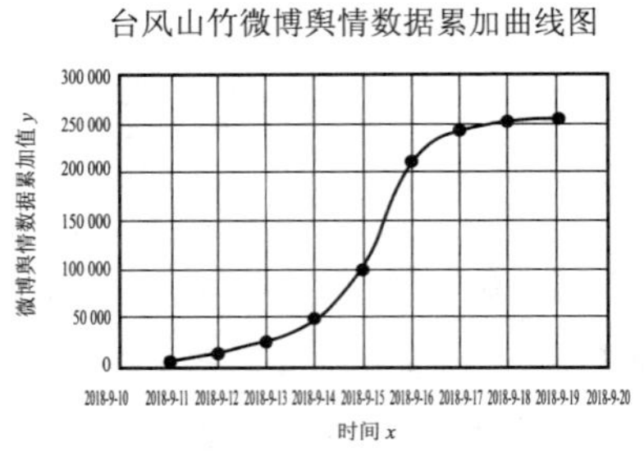

事故灾难类

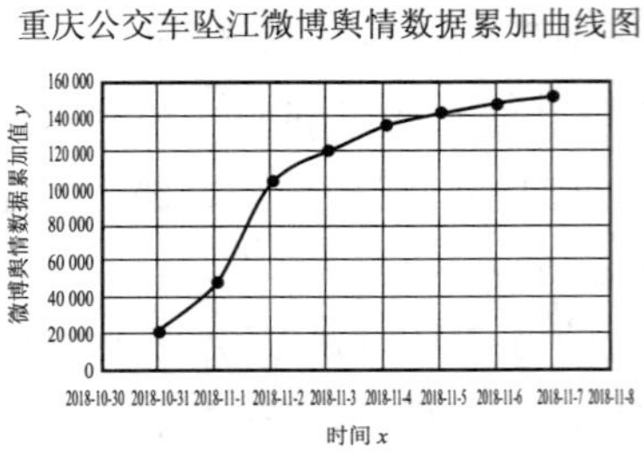

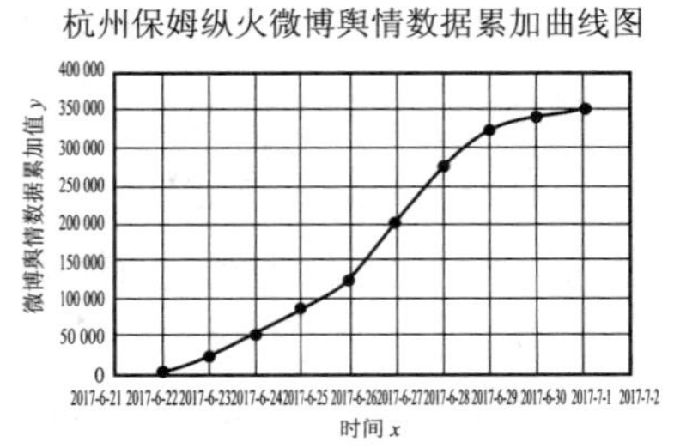

公共卫生事件类

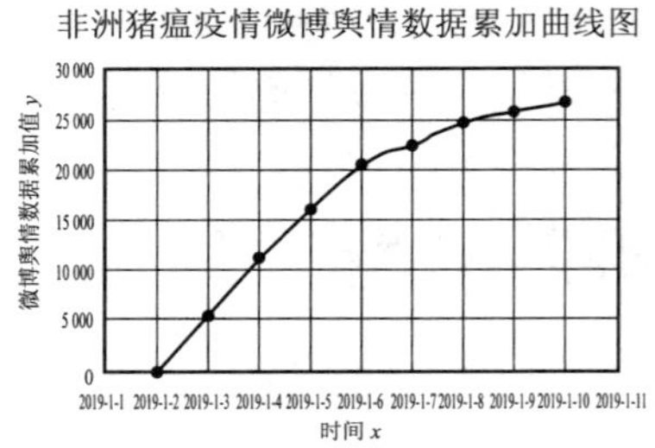

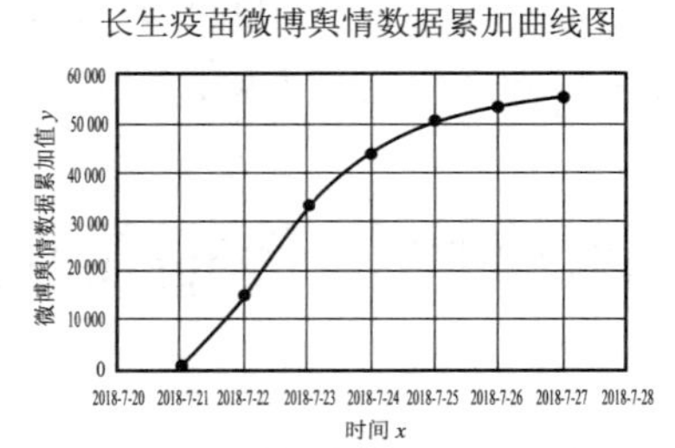

社会安全事件类

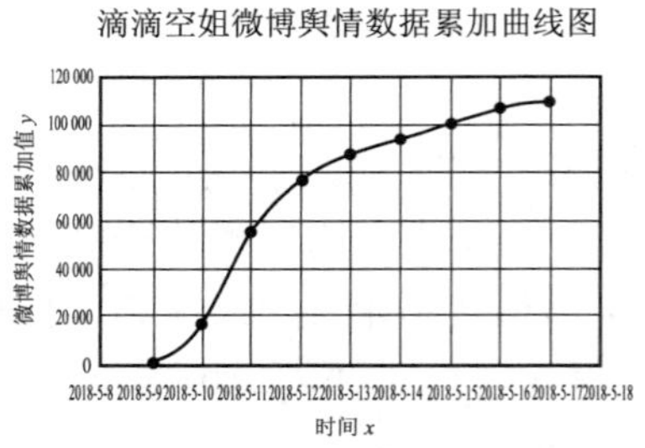

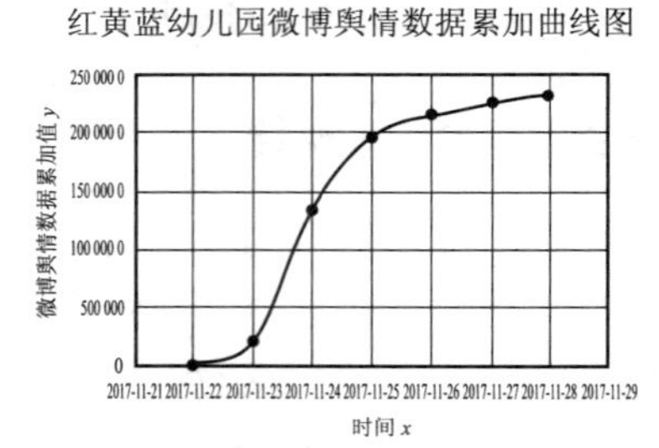

根据表 5.1 所示，突发事件微博舆情传播趋势呈近似“S”形，符合 Logistic 模型的曲线特征，说明 Logistic 模型适用于研究微博舆情的传播规律。由此，选用 λ-Logistic 模型，假设 y 为舆情信息量，x 为时间，r 为单位时间内舆情信息量的增长率，由于受到网络空间资源的限制，舆情信息量不可能无限制增长，随着舆情信息量增长，其增长率下降，则 r 应是 y 的减函数，当 $\Delta x \to 0$ 时，其微分表达式为

$$\begin{cases} \dfrac{\mathrm{d}y}{\mathrm{d}x} = ry \\ y(0) = y_0 \end{cases} \tag{5.1}$$

根据式（5.1）解出 λ-Logistic 模型的公式为

$$y=\frac{y_{\mathrm{m}}}{\left(1+\lambda\left(\frac{y_{\mathrm{m}}}{y_0}-1\right)\mathrm{e}^{-rx}\right)^{\frac{1}{\lambda}}}\quad(\lambda\geqslant-1)\tag{5.2}$$

其中，当 $x=0$ 时，舆情信息量的初值为 y_0；当 $x\to+\infty$ 时，得到舆情信息量的峰值为 y_{m}；引入参数 λ，使增长率 r 达到最大时，y 不再固定为 $\frac{y_{\mathrm{m}}}{2}$，此时对式（5.2）求导得，当 $\frac{\mathrm{d}^2y}{\mathrm{d}x^2}=0$ 时，$y=\frac{y_{\mathrm{m}}}{(1+\lambda)^{\frac{1}{\lambda}}}$，说明此时 y 是随着 λ 变化，使 λ-Logistic 模型适应现实中不同突发事件微博舆情的传播趋势。

2. 突发事件微博舆情传播的精细化分段

已有研究多基于生命周期理论将网络舆情传播过程分为三阶段、四阶段和五阶段，借鉴已有研究思路，根据 λ-Logistic 模型对微博舆情传播阶段进行精细化分段。基于 λ-Logistic 模型对突发事件微博舆情传播的建模研究，首先设 y 为突发事件发生后微博统计数据的累加值，x 为突发事件微博舆情传播始末区间的时间，y_{m} 为突发事件微博舆情传播统计数据的峰值，r 为突发事件微博舆情传播的信息增长率，y_0 为突发事件微博舆情传播的信息初值，λ 为调节拐点的参数，最终代入式（5.2）得 λ-Logistic 模型的微分方程式为

$$y=\frac{y_{\mathrm{m}}}{\left(1+\lambda\left(\frac{y_{\mathrm{m}}}{y_0}-1\right)\mathrm{e}^{-rx}\right)^{\frac{1}{\lambda}}}\quad(\lambda\geqslant-1)\tag{5.3}$$

对式（5.3）求三阶导数，使 $\frac{\mathrm{d}^3y}{\mathrm{d}x^3}=0$，得微博舆情传播趋势分段的两个节点 $P_2(x_2,y_2)$、$P_3(x_3,y_3)$，则可解出：

$$x_2=\frac{1}{r}\left[\ln(2-\sqrt{3})+\ln\left(\frac{y_{\mathrm{m}}}{y_0}-1\right)\right],\ y_2=\frac{3-\sqrt{3}}{3(1+\lambda)^{\frac{1}{\lambda}}}y_{\mathrm{m}}$$

$$x_3=\frac{1}{r}\left[\ln(2+\sqrt{3})+\ln\left(\frac{y_{\mathrm{m}}}{y_0}-1\right)\right],\ y_3=\frac{3+\sqrt{3}}{3(1+\lambda)^{\frac{1}{\lambda}}}y_{\mathrm{m}}$$

对式（5.3）求四阶导数，使 $\frac{\mathrm{d}^4y}{\mathrm{d}x^4}=0$，得微博舆情传播趋势分段的另外两个节点 $P_1(x_1,y_1)$、$P_4(x_4,y_4)$，则可解出：

$$x_1=\frac{1}{r}\left[\ln(5-2\sqrt{6})+\ln\left(\frac{y_{\mathrm{m}}}{y_0}-1\right)\right],\ y_1=\frac{3-\sqrt{6}}{3(1+\lambda)^{\frac{1}{\lambda}}}y_{\mathrm{m}}$$

$$x_4=\frac{1}{r}\left[\ln(5+2\sqrt{6})+\ln\left(\frac{y_{\mathrm{m}}}{y_0}-1\right)\right],\ y_4=\frac{3+\sqrt{6}}{3(1+\lambda)^{\frac{1}{\lambda}}}y_{\mathrm{m}}$$

最终得到突发事件微博舆情传播趋势分段的四个节点P_1，P_2，P_3，P_4以及一个传播过程中增速最大的点P。P_1，P_2，P_3，P_4这四点将突发事件微博舆情传播划分为五个阶段，第一个阶段为萌芽期$[0, x_1]$，第二阶段为潜伏期$[x_1, x_2]$，第三阶段为爆发期$[x_2, x_3]$，第四阶段为缓解期$[x_3, x_4]$，第五阶段为饱和期$[x_4, +\infty]$。

5.1.2 网络舆情传播影响机制建模

由于微博舆情具有动态性、衍生性和多维性等特点，传播影响因子较为复杂，为了深入探究突发事件微博舆情传播影响机制，掌握微博舆情传播趋势规律，需要进行微博舆情传播因子假设，建立影响因子和效果因子的指标体系，进而基于 SEM 构建突发事件微博舆情传播影响机制模型，为实证分析打下理论基础。

1. 微博舆情传播因子假设

1)影响因子假设

已有研究对微博舆情传播影响因子的研究主要集中于以下四个方面：①从信源特征和信息形式视角出发，分析粉丝数、微博数、关注数对微博舆情传播的中介作用[①]；②利用多分类 Logistic 回归，探究用户特征、时间指标和环境因素这三个层面对微博舆情传播的作用方向和作用程度[②]；③基于 ELM 模型研究信息内容（陈述型、策略型和情感型）和信息特征（引证标识和补充线索）对微博舆情传播的影响[③]；④基于结构方程模型，从用户感知、偏好和涉入三个方面研究影响微博舆情传播意愿的因素[④]。

微博舆情传播主要是微博用户作为信息主体，通过微博对突发事件进行转述和评价，促进事件在微博中的传播，因此需基于微博用户的行为特征来开展研究，同时参考已有研究对突发事件微博舆情传播规律的分析，本节针对微博用户提炼出传播用户（X1）、博文内容（X2）、文本特征（X3）三个层面，从中提炼 11 个突发事件微博舆情传播的影响因子，构建影响突发事件微博舆情传播的指标体系，见表 5.2。

---

① 张玥，孙霄凌，浦正宁，等．微博舆情传播影响因素研究：基于信源特征和信息形式的视角 [J]. 情报资料工作，2014(3):59-64.

② 何音，夏志杰，翟玥，等．突发事件情境下影响媒体官方微博传播的因素研究：基于多分 Logistic 回归 [J]. 情报科学，2017,35(4):43-47.

③ 张玥，孙霄凌，朱庆华．基于 ELM 模型的微博舆情传播影响因素研究：以新浪微博为例 [J]. 情报学报，2014,33(4):427-438.

④ 赵金楼，成俊会．基于用户感知、偏好和涉入的微博舆情传播意愿影响因素研究 [J]. 情报学报，2014(4):416-425.

表 5.2 微博舆情传播影响因子表

外因潜变量	传播用户（X1）	博文内容（X2）	文本特征（X3）
外因观测变量	粉丝数（a1） 关注数（a2） 微博数（a3）	真实性（a4） 新奇性（a5） 内容性（a6） 倾向性（a7） 敏感性（a8）	直观性（a9） 话题性（a10） 博文长度（a11）

传播用户（X1）是发布微博的主体，传播用户方面的影响因子包括粉丝数（a1）、关注数（a2）、微博数（a3），这些因子影响该主体在发出微博后其他用户的反应程度，粉丝数（a1）越高表明关注该主体的人越多，能让更多的用户看到发表的内容；关注数（a2）越高表明接触的领域更广，传播的范围更大；微博数（a3）越高说明平时发文频率更高，发文质量相对较高，使事件更容易传播。

博文内容（X2）是微博用户的发文详情，博文内容的差异将引发不同的关注和转发。在已有研究以及长期微博舆情监测的基础上，得出发文内容方面的影响因子包括真实性（a4）、新奇性（a5）、内容性（a6）、倾向性（a7）、敏感性（a8）。真实性（a4）、新奇性（a5）、倾向性（a7）往往会对该条微博的传播量、传播速度产生很大的影响。微博舆情的内容性（a6）分为事件的识别信息、处理信息和反应态度，是突发事件的基础描述，事件的处理措施以及后续当事人的反应态度往往更能引起人们的兴趣，且传播速度更快。敏感性（a8）则是指微博用户经常对公众人物、公务人员或者社会上的尖锐问题极其敏感，吸引众多围观者，进而促进舆情的传播。

文本特征（X3）是微博内容最直观的呈现，所以这方面的影响因子显得尤为重要。文本特征的影响因子包括直观性（a9）、话题性（a10）、博文长度（a11）。直观性（a9）是指发文内容有无视频、图片，这些都是补充信息的一种形式，使读者有更直观的体验，感受事件发生经过，因此可能会影响微博的转发和传播。话题性（a10）是发文内容中含 @ 标识和话题等，可能会影响到微博信息的转发。博文长度（a11）是指发文内容的字数，内容越多，一般情况下事情交代得越清楚，读者更容易理解。

2)效果因子假设

假设 4 个微博舆情传播的效果因子分别是评论量（b1）、点赞量（b2）、转发量（b3）、持续时间（b4），见表 5.3。这四个指标用来衡量突发事件微博舆情的传播趋势，通过这四个指标的量化，观察在影响因子的作用下信息流量的变化。

表 5.3 微博舆情传播效果因子表

内因潜变量	信息流量（Y）			
内因观测变量	评论量（b1）	点赞量（b2）	转发量（b3）	持续时间（b4）

2. 突发事件微博舆情传播影响机制模型构建

基于结构方程模型（SEM）构建突发事件微博舆情传播影响机制模型，对突发事件微博舆情的传播因子进行测量和验证，通过“路径分析”和“验证性分析”，对影响微博舆情传播各阶段的因子进行验证性研究，估计因子结构和因子关系，根据模型的因子权重提取各阶段的关键因子，进而把握微博舆情的传播路径和影响机制。结构方程模型是由测量模型和结构模型两个基本模型构成。测量模型是观测变量的线性函数，结构模型是潜变量间的因果关系模型，即将作为因的外因潜变量设为 X、作为果的内因潜变量设为 Y，外因观测变量设为 a，内因观测变量设为 b，ε 与 δ 皆为残差或干扰因素。采用常用的结构方程模型公式，以下公式作为模型研究基础。

将测量模型的回归方程表示为

$$\begin{cases} a_1 = \lambda_1 X_1 + \delta_1 \\ a_2 = \lambda_2 X_1 + \delta_2 \end{cases} \tag{5.4}$$

将测量模型的矩阵方程表示为

$$\boldsymbol{a} = \Lambda a \boldsymbol{X} + \boldsymbol{\delta} \tag{5.5}$$

同样地，将微博舆情传播作为内因潜变量，微博舆情的效果因子作为其观测变量的正向反馈，两者的回归方程表示为

$$b = \Lambda bY + \varepsilon \tag{5.6}$$

其中，ε 与 X、Y 及 δ 无关，δ 与 X、Y 及 ε 也无关。Λa 与 Λb 为观测变量（a、b）的因素负荷量，而 δ、ε 为外显变量的测量误差。

将前文假设的影响因子和效果因子指标代入式（5.4）和式（5.5），构建突发事件微博舆情传播影响机制模型，在测量模型中，信息流量（Y）是内因潜变量，并通过 4 个效果因子（b1~b4）作为观测变量进行测量，见表 5.3；而传播用户（X1）、博文内容（X2）和文本特征（X3）为外因潜变量，由 a1~a11 进行测量，见表 5.2。利用 Mplus 软件绘制突发事件微博舆情传播影响机制模型图，如图 5.1 所示。在结构模型中，传播用户（X1）、博文内容（X2）和文本特征（X3）三者之间相互影响，共同作用于信息流量（Y）的变化。

5.1.3 案例分析

1. 案例来源

以红黄蓝幼儿园舆情为例，本研究以新浪微博为研究对象，采用 python 爬虫的数据采集方法对事件进行数据采集，检索时间筛选为 2017 年 11 月 21 日至 12 月 3 日，采集共获得原创微博 703 条，其中评论量 89.9 万，点赞量 162.5 万，转发量 17.8 万，总计共有 270.2 万，部分数据采集结果如图 5.3 所示。

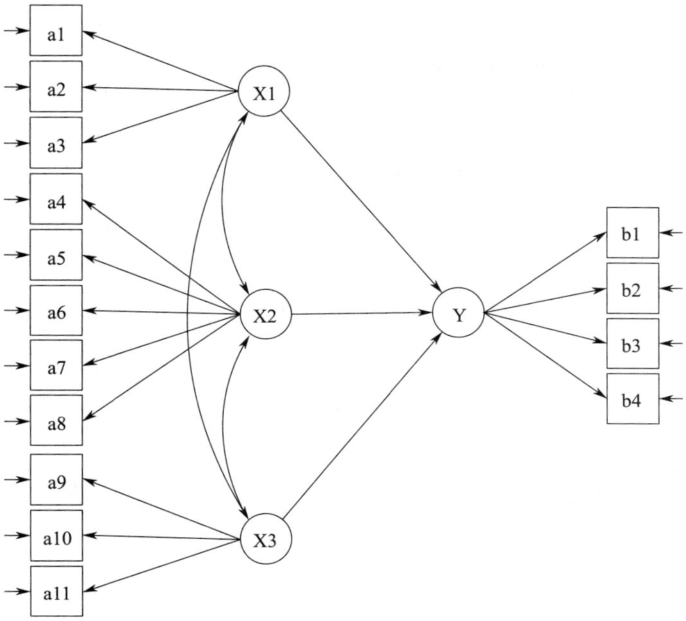

图 5.1　突发事件微博舆情传播影响机制模型

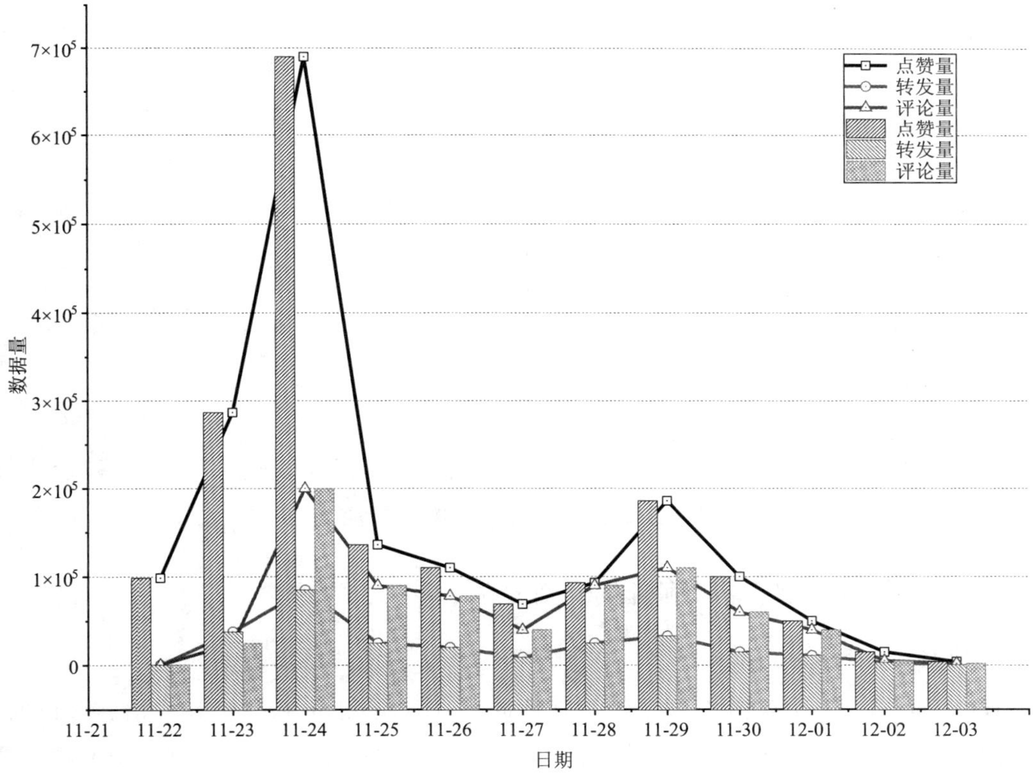

图 5.2　红黄蓝幼儿园事件微博舆情统计量

2. 事件微博舆情传播阶段划分

根据前文爬取的事件实际数据，将点赞量、评论量和转发量三者叠加值作为微博舆情信息量，代入 λ-Logistic 模型，计算微博舆情传播的五个阶段，拟合出事件微博舆情传播趋势，得到各参数值的最优解为 y_m =2 727 500，r=1.422 1，λ=5.887 6，由此得到其微分方程为

$$y=\frac{2\,727\,500}{(1+23\,679\mathrm{e}^{-1.422\,1x})^{\frac{1}{5.887\,6}}} \tag{5.7}$$

将式（5.7）中的各个参数值带入 P，P_1，P_2，P_3，P_4 中，则可计算出各个节点的横坐标为

x_1 =0.165 1，x_2 = 1.557 1，x_3 = 6.207 4，x_4 = 7.929 6 ，x_m= 3.882 3（增速最大点）

则事件的第一阶段为萌芽期 [0，0.165 1]，第二阶段为潜伏期 [0.165 1，1.557 1]，第三阶段为爆发期 [1.557 1，6.207 4]，第四阶段为缓解期 [6.207 4，7.929 6]，第五阶段为饱和期 [7.929 6，+∞]，如图 5.3 所示微博舆情传播将经历以上阶段最终达到饱和。

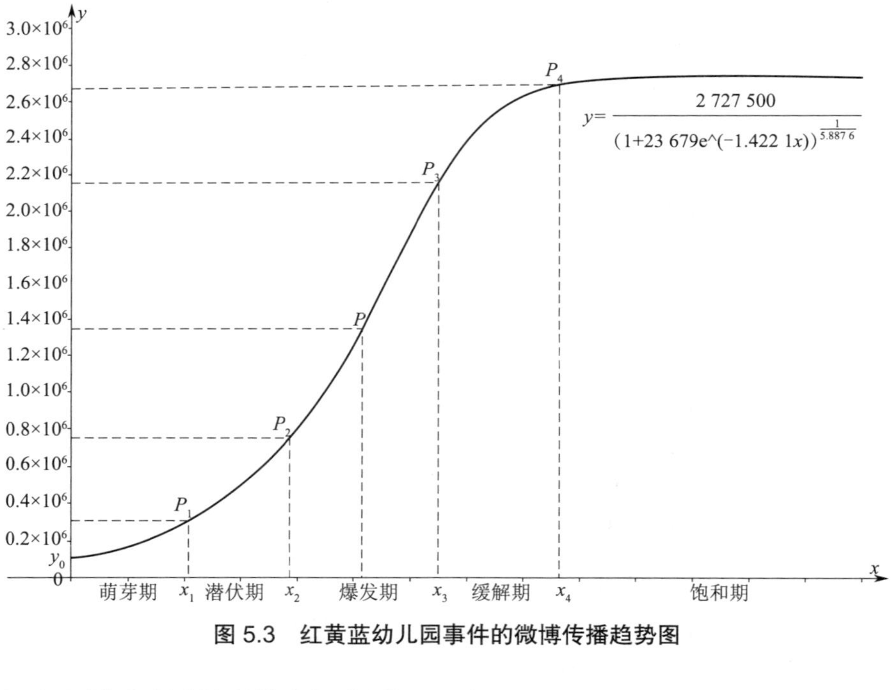

图 5.3 红黄蓝幼儿园事件的微博传播趋势图

3. 事件微博舆情传播影响机制模型分析

1)数据预处理

首先，要获取模型的 15 个因子的基础数据：①通过 python 构建细粒度情感分析的程序，将发文内容输入，得出各条微博的倾向性；②通过 python 爬虫直接获取微博的转发量、点赞量、评论量、发文内容、照片、视频、话题和各用户的粉丝数、关注数、微博数等数据。

其次，为了得到能在结构方程模型中直接应用和运算的有效数据，使用德尔菲法对红黄蓝幼儿园事件的 15 个因子的初始数据进行二次处理。结合突发事件的发展特征和模型运行特点，将模型中 15 个因子的数值转化为 1~5 分，分为五个等级。

最后，基于前文的精细化分段，将上述处理好的数据分成五部分，在对整体数据进行信度检验和验证性分析后，再分段提取影响较大的指标。

2)信度检验

模型的合理性需要进行信度检验，一般用 α 系数（即 Cronbach' s α 系数）来衡量数据信度的大小，α 系数越大，数据信度越高，$\alpha>0.7$ 作为数据信度可接受的分界线。将红黄蓝幼儿园事件的数据进行信度检验后，分析结果见表 5.4，α 都大于 0.7，说明数据具有较好的可靠性，事件微博舆情传播影响机制模型的信度检验可以通过。

表 5.4　信度检验

变量	Cronbach' s α	项数
传播用户（X1）	0.823	3
博文内容（X2）	0.876	5
文本特征（X3）	0.812	3
信息流量（Y）	0.877	4
总计	0.843	15

3)验证性分析与调整

利用验证性因子分析（Confirmatory Factor Analysis，CFA）来检验事件微博舆情传播影响机制模型收敛效度。在验证性因子分析中，效度水平可以由模型的拟合指数和标准化因子载荷系数来检验。评估收敛效度的标准共有三项：①所有标准化的因子荷载（Standard Regression Weights，SRW）要大于 0.5，且达到显著水平；②组合信度（Composite Reliability，CR）要大于 0.6；③平均变异抽取量（Average Variation Extraction，AVE）要大于 0.5。

第一次验证性因子分析检验的结果见表 5.5，持续时间（b4）的标准化载荷值小于 0.5，因此将该项删除之后进行第二次验证性因子分析。

表 5.5　第一次验证性因子分析

变量	指标	SRW	SE	T	p
传播用户（X1）	a1 粉丝数	0.879	0.028	31.869	0.000
	a2 关注数	0.707	0.031	22.995	0.000
	a3 微博数	0.74	0.03	24.772	0.000

续表

变量	指标	SRW	SE	T	p
博文内容（X2）	a4 真实性	0.768	0.022	34.83	0.000
	a5 新奇性	0.759	0.023	33.463	0.000
	a6 内容性	0.769	0.022	34.949	0.000
	a7 倾向性	0.797	0.02	38.932	0.000
	a8 敏感性	0.735	0.024	30.474	0.000
文本特征（X3）	a9 直观性	0.814	0.025	32.06	0.000
	a10 话题性	0.773	0.027	28.824	0.000
	a11 博文长度	0.718	0.028	25.422	0.000
信息流量（Y）	b1 评论量	0.964	0.006	150.483	0.000
	b2 点赞量	0.873	0.012	74.265	0.000
	b3 转发量	0.939	0.008	123.671	0.000
	b4 持续时间	0.472	0.035	13.379	0.000

删除持续时间（b4）之后进行第二次验证性因子分析，结果见表 5.6。根据载荷值计算得出四个部分的组合信度在 0.812~0.948，均大于 0.6 的标准，平均变异抽取量在 0.586~0.858，均大于 0.5 的标准，证明红黄蓝幼儿园事件微博舆情传播影响机制模型收敛效度符合标准。

表 5.6 第二次验证性因子分析

变量	指标	SRW	SE	T	p	CR	AVE
传播用户（X1）	a1 粉丝数	0.88	0.028	31.883	0.000	0.821	0.607
	a2 关注数	0.707	0.031	22.975	0.000		
	a3 微博数	0.74	0.03	24.751	0.000		
博文内容（X2）	a4 真实性	0.768	0.022	34.83	0.000	0.876	0.586
	a5 新奇性	0.759	0.023	33.471	0.000		
	a6 内容性	0.769	0.022	34.949	0.000		
	a7 倾向性	0.796	0.02	38.916	0.000		
	a8 敏感性	0.735	0.024	30.479	0.000		
文本特征（X3）	a9 直观性	0.814	0.025	32.066	0.000	0.812	0.591
	a10 话题性	0.772	0.027	28.819	0.000		
	a11 博文长度	0.718	0.028	25.423	0.000		
信息流量（Y）	b1 评论量	0.959	0.007	142.774	0.000	0.948	0.858
	b2 点赞量	0.874	0.012	75.14	0.000		
	b3 转发量	0.944	0.007	127.056	0.000		

4）红黄蓝幼儿园事件微博舆情传播阶段化分析

采用 Mplus 进行红黄蓝幼儿园事件微博舆情传播影响机制模型的路径分析，表 5.7 为模型的拟合结果，与结构方程模型的标准值相比，拟合指标均符合标准，说明模型拟合度高，适合分析。

表 5.7　模型拟合结果

指标	χ^2/ df	RMSEA	SRMR	TLI	CFI
本研究	2.27	0.05	0.042	0.978	0.971
标准值	⩽3	⩽0.08	⩽0.05	⩾0.9	⩾0.9

对模型进行整体的信效度分析和验证性因子分析后，得如图 5.4 所示模型，即红黄蓝幼儿园事件微博舆情传播过程中，传播用户（X1）、博文内容（X2）、文本特征（X3）对信息流量（Y）的影响路径权重和各观测变量的载荷值。结果表明，传播用户（X1）对信息流量（Y）有显著正向影响（β=0.235，p=0.000<0.001），博文内容（X2）对信息流量（Y）有显著正向影响（β=0.245，p=0.000<0.001），文本特征（X3）对信息流量（Y）有显著正向影响（β=0.115，p=0.020<0.05）。

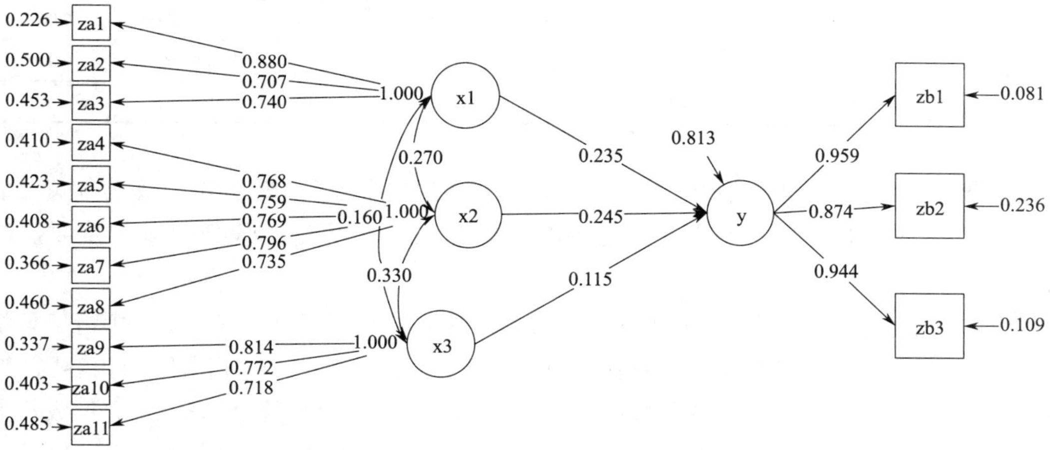

图 5.4　红黄蓝幼儿园事件微博舆情传播影响机制模型

将前面阶段化后的数据分别带入模型进行分析，得到其结构模型的阶段化路径系数和测量模型的阶段化载荷值，见表 5.8、表 5.9。

表 5.8　结构模型的阶段化路径系数

标准化路径系数	萌芽期	潜伏期	爆发期	缓解期	饱和期	p
传播用户（X1）→信息流量（Y）	0.169	0.276	0.365	0.203	0.102	0.000
博文内容（X2）→信息流量（Y）	0.241	0.261	0.332	0.311	0.113	0.000

续表

标准化路径系数	萌芽期	潜伏期	爆发期	缓解期	饱和期	p
文本特征(X3)→信息流量(Y)	0.266	0.271	0.284	0.173	0.112	0.000

表 5.9 测量模型的阶段化载荷值

变量	指标	萌芽期载荷	潜伏期载荷	爆发期载荷	缓解期载荷	饱和期载荷	p
传播用户(X1)	a1 粉丝数	0.844	0.861	0.883	0.821	0.834	0.000
	a2 关注数	0.755	0.769	0.775	0.735	0.732	0.000
	a3 微博数	0.747	0.851	0.863	0.812	0.799	0.000
博文内容(X2)	a4 真实性	0.748	0.756	0.867	0.876	0.786	0.000
	a5 新奇性	0.859	0.862	0.851	0.834	0.736	0.000
	a6 内容性	0.729	0.731	0.889	0.867	0.796	0.000
	a7 倾向性	0.736	0.741	0.896	0.859	0.759	0.000
	a8 敏感性	0.835	0.846	0.839	0.821	0.782	0.000
文本特征(X3)	a9 直观性	0.869	0.873	0.876	0.812	0.811	0.000
	a10 话题性	0.875	0.883	0.875	0.827	0.824	0.000
	a11 博文长度	0.718	0.736	0.744	0.716	0.711	0.000
信息流量(Y)	b1 评论量	0.959	0.956	0.913	0.948	0.942	0.000
	b2 点赞量	0.874	0.846	0.853	0.864	0.858	0.000
	b3 转发量	0.944	0.943	0.966	0.955	0.961	0.000

根据表 5.8、表 5.9,将事件各阶段载荷值大于 0.85 的因子指标提取出来,作为红黄蓝幼儿园事件各阶段的重要影响因子进行分析(带“*”的指标为各阶段新出现的重要影响因子)。

(1)在萌芽期,红黄蓝幼儿园事件刚刚发生,网络舆情信息苗头初起,微博舆情信息量增量最小,微博用户关注度低。根据表 5.10,结合红黄蓝幼儿园事件分析,微博内容“新奇性”越高,微博用户越感兴趣,这条微博被转发、评论、点赞的次数就会越多,进而形成热点话题;微博的“话题性”越强,形成转发的概率越高,即带有话题的博文会更吸引人们的注意,增加转发的可能性,事件初期的话题热度持续升温,网民关注这一事件的发展走向;在红黄蓝幼儿园事件微博舆情传播过程中有些微博含有照片、视频等,其“直观性”较强,起到补充说明的作用,用户容易理解,促进微博转发。

表 5.10 萌芽期的重要影响因子

a5 新奇性*	a9 直观性*	a10 话题性*
0.859	0.869	0.875

（2）在潜伏期，红黄蓝幼儿园事件继续发酵，微博舆情信息量增量变大，微博用户关注度提升。根据表 5.11，该事件的“意见领袖”出现，“粉丝数”和“微博数”高的微博用户，其活跃粉丝的比例也相对较高，信息向外扩散的可能性更大，相比普通用户，更容易促成高转发量，说明此时“传播用户”的特征对突发事件的传播有很大的影响，人们更喜欢通过官微、“大 V”等来得到关于突发事件的发展进程。

表 5.11　潜伏期的重要影响因子

a1 粉丝数*	a3 微博数*	a5 新奇性	a9 直观性	a10 话题性
0.861	0.851	0.862	0.873	0.883

（3）在爆发期，红黄蓝幼儿园事件的微博舆情信息量在短时间内快速增加，微博用户关注度最高，网络舆情热度最高，同时该事件相关的大量小道消息、猜测信息等相互碰撞，极易出现网络流言。根据表 5.12，原创的博文内容中“真实性”和“倾向性”往往会结合在一起，影响红黄蓝幼儿园事件微博舆情的传播，此时伴随着极端正向或者负向情感的微博，都容易被用户广泛传播。

表 5.12　爆发期的重要影响因子

a1 粉丝数	a3 微博数	a4 真实性*	a5新奇性	a6 内容性*	a7 倾向性*	a9 直观性	a10 话题性
0.883	0.863	0.867	0.851	0.889	0.896	0.876	0.875

（4）在缓解期，红黄蓝幼儿园事件的原因调查、事件处理和信息公开等工作已经接近尾声。根据表 5.13，与爆发期相比，事件的“粉丝数”“微博数”“新奇性”和“话题性”在这个阶段影响力不大，舆情热度开始降低。但是由于衍生舆情的出现，舆情传播趋势出现第二个“S”形，这一阶段的“真实性”“内容性”和“倾向性”对于微博舆情的影响强度和爆发期一致，促进舆情传播的又一高潮。

表 5.13　缓解期的重要影响因子

a4 真实性	a6 内容性	a7 倾向性
0.876	0.867	0.859

（5）根据表 5.9，在饱和期，没有重要影响因子需要提取，红黄蓝幼儿园事件处理完毕，没有出现如缓解期的衍生舆情，微博用户不再关注这一事件，各指标对“信息流量”的影响都不大。

研究突发事件微博舆情的传播规律，精细化、深刻化地分析各个阶段中突发事件微博舆情传播影响机制，有助于科学有效地引导舆情，辅助微博舆情生态治理。由此，在萌芽期，需加强舆情监测，重点关注新奇性和直观性强、带有话题标签的网络舆情；在潜伏期，需关注

“大 V”等影响力高的微博用户，引导其发布真实客观信息，发挥意见领袖的积极作用，加强舆情趋势引导；在爆发期，需及时发现情绪极端化的用户以及发布的谣言，针对谣言进行集中澄清和阶段性的舆情疏导，充分利用官微公开事实、表明态度、妥善应对；在缓解期，舆情事件热度逐渐下降，但仍需持续高强度的舆情监测，防止衍生舆情出现而造成不良影响扩大；在饱和期，需针对舆情事件，总结舆情传播规律，完善相应预案，增加有效措施。

5.2 涉稳舆情参与行为影响因素模型

5.2.1 涉稳舆情参与行为影响因素建模

基于结构方程模型，研究网民涉稳舆情参与行为的影响因素，辅助涉稳舆情防控。

1. 研究假设

基于技术接受模型、计划行为理论和感知风险理论等综合提出研究假设。

1)基于技术接受模型提出的假设

技术接受模型（Technology Acceptance Model，TAM）是将社会心理学领域的理性行为理论（Theory of Reasoned Action，TRA）和计划行为理论（Theory of Planned Behavior，TPB）应用到信息系统领域的成果（Davis，1989 年）。技术接受模型探究人们对某一新兴信息技术的接受和使用行为，是研究用户对信息系统的接受时所提出的一个模型。该模型可刻画用户的感知有用性、感知易用性与用户对新技术的接受和使用的关系，主要描述个体的态度、外部变量与其行为意向之间的关系，如图 5.5 所示。

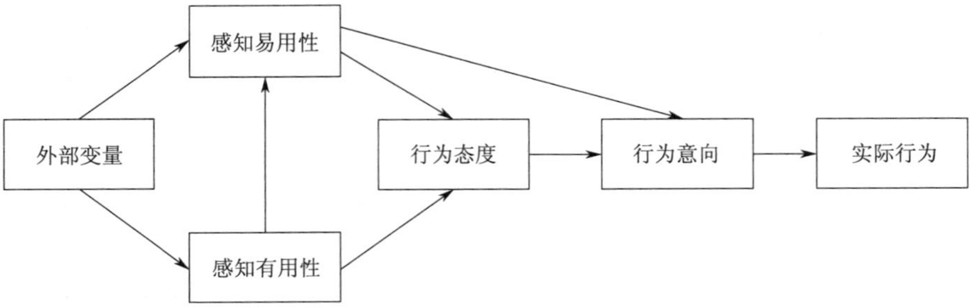

图 5.5 技术接受模型(TAM)

随着网络、信息、媒体技术逐渐应用于舆情参与领域，新技术的高效性、易用性等特点既使公众通过网络媒介发声成为首要选择，也改变了过往公众对社会事务的参与态度，并对公众实际参与行为产生了一定的影响。因此，本研究将技术接受模型作为融合模型的基础模型之一。

在对感知有用性的研究中，大多数也对感知易用性进行了研究。在本研究中，感知易用性指公众认为参与涉稳舆情讨论的容易程度，众多研究在不同的背景下证实了感知易用性对参与意向的正向影响。因此，基于以往实证研究，推测公众对涉稳网络舆情参与易用性的感知会对其参与意愿起到正面影响，并提出以下假设。

H1：公众对涉稳网络舆情的感知易用性对其参与意愿产生正向影响。

在技术接受模型中，包含对使用态度起决定性作用的两个因素，即感知易用性和感知有用性，且感知易用性对感知有用性具有显著的直接影响。众多学者在不同的背景下证实了感知有用性对使用态度的正向影响。在本研究中，感知有用性指公众认为参与涉稳网络舆情讨论会提高其认知水平的程度。因此，基于以往实证研究，推测公众参与涉稳网络舆情的感知有用性越高，公众的参与意愿也就越强烈，并提出以下假设。

H2：公众对涉稳网络舆情的感知有用性对其参与意愿产生正向影响。

2）基于计划行为理论提出的假设

计划行为理论源自心理学，该理论在理性行为理论基础上研究发现人的行为总是处于控制之下，并非百分百地出于自愿，执行某种行为时还取决于个体自身条件，即个体行为控制（Icek Ajzen，1988 年、1991 年）。计划行为理论共包含行为态度、主观规范、知觉行为控制、行为意向、实际行为等 5 个变量，如图 5.6 所示。

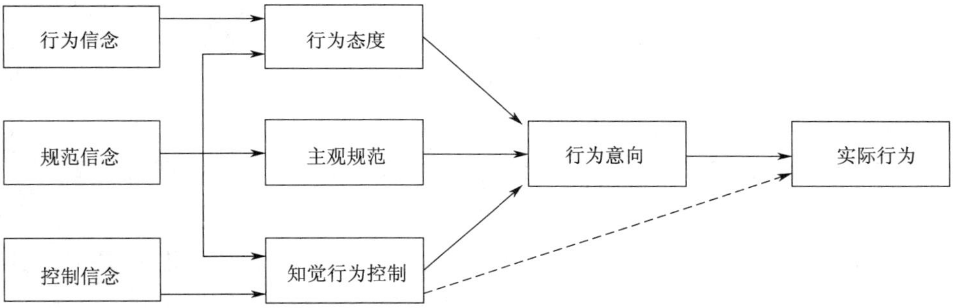

图 5.6　计划行为理论模型（TPB）

计划行为理论经过长期的发展与完善，适用于行为意向的相关研究，通过对行为意向的分析能够预测出个体未来的特定行为。以往的大量学术研究证明了该理论的适用性，计划行为理论不仅对传统的公众参与行为有较好的解释度，而且能很好地解释网络空间中公众的参与行为。因此，本研究选择 TPB 模型作为融合模型的基础模型之二。

知觉行为控制是指个体对自己是否有能力完成某一行为所进行的推测与判断，它受到个人过去的经验和预期等外部因素的影响，这些因素可能会决定行为是否发生。公众在参与涉稳舆情时在自身掌握的相关社会资源越多的情况下，对该涉稳事件越了解，其采取参与线上舆情讨论行为所受到的阻力也就越小，因此在参与涉稳舆情时受到的知觉行为控制能力就越强。因此，基于以往实证研究，推测公众参与涉稳网络舆情的知觉行为控制程度越高，公众的参与意愿也就越强烈，并提出以下假设。

H3：公众的知觉行为控制对参与意向产生正向影响。

H4：公众的知觉行为控制对参与行为产生正向影响。

主观规范是指当个体计划实施某项行为时，受到社会群体影响的程度。公众自身参与网络舆情的积极性会受到人际关系、周边环境等社会性因素的影响（如亲友、同事等），模仿其他人的行为，变得易于接受不熟悉的事物。公众在决定是否参与涉稳舆情时会受到对该涉稳事件有所了解的群体或者周边其他人的影响，且主观规范对个体行为意向产生显著的正面影响，主观规范越强，公众参与涉稳舆情的意愿也就越强，故提出以下假设。

H5：公众的主观规范对参与行为产生正向影响。

Fishbein 和 Ajzen（1975 年）的研究显示，使用意愿能够直接影响其实际使用行为，除使用意愿外其他的因素都只能对实际使用行为产生间接作用。本研究中，参与意愿是公众参与涉稳网络舆情讨论的必要条件，反映了公众在未来会实施参与涉稳网络舆情行为的可能性，公众的参与意愿越强烈，代表其实施舆情参与行为的可能性就越大。因此，基于以往实证研究，推测公众对涉稳网络舆情的参与意愿会对其参与行为起正面影响，故提出以下假设。

H8：公众的参与意愿对其参与行为产生正向影响。

3）基于感知风险理论提出的假设

感知风险理论（Theory of Risk Perception）的最初含义是个体实施任何的消费行为，在结果未正式产生前都无法预测其行为结果，甚至结果与自己的消费初衷恰好相反，这种行为的不确定性就是感知风险（Raymond A. Bauer，1960 年）。消费者是为了达到特定的目标而实施消费行为，当消费者不能确定自己所实施的行为能否满足其目标时，即产生了感知风险（Cox，1967 年）。感知风险不是一成不变的单一变量，研究者会根据研究主题或对象的不同将其分为不同的风险变量，提出细分的维度。感知风险包括两层递进关系：一是用户对结果不确定的风险，即用户无法提前预测自己的行为所产生的一系列后果；二是用户对于不良后果的承受能力，即结果对自己是否有利以及不利风险程度。结合本节研究问题，有关公众自身的各项隐私会不会泄露，自身的参与行为会产生什么样的结果，是公众在初次参与任何一个涉稳舆情时所考虑的主要问题，这属于对结果不确定的风险；同时，在阅读、转发和讨论涉稳舆情时，可能会占据过多时间，花费不必要的金钱。因此，在本研究中，把公众的隐私风险和经济、时间风险考虑进去，将感知风险理论模型作为融合模型的基础模型之三。

感知风险常作为影响变量被引入技术接受模型中，而且对于在加入该影响变量后的技术接受模型，感知风险因素具有较好的适配度，能够很好地兼容于技术接受模型之中。本研究中，隐私风险是指公众在参与涉稳舆情时个人信息会被不合理、不合法使用的可能性。对于社会中能够熟练使用智能手机的绝大多数公众来说，线上参与舆情互动并不是一个全新的模式，公众在互动过程中更加注重个人信息安全，安全性已成为公众舆情参与所考虑的首要因素。互动平台能否提供对个人隐私的安全保障，个人隐私是否会被窃取和泄露，均影响着公众对舆情的参与意愿。因此，基于以往实证研究，推测公众参与网络舆情的隐私风险程度越低，公众的参与意愿就越强烈，并提出以下假设。

H6：隐私风险对参与行为产生负向影响。

经济风险是指用户为实现预期设定的目标而要付出的经济成本。时间风险是指用户购买产品或接受服务所投入的时间、精力。经济风险和时间风险基本属于一个层面的概念，同时考虑到涉稳舆情参与的特殊性，将两种风险归纳为经济、时间风险。公众在参与任一涉稳舆情时，将考虑自身的经济和时间成本，对参与意愿起负向影响，众多学者在不同的背景下证实了经济、时间成本与意愿之间的关系。因此，基于以往实证研究，推测公众参与网络舆情的经济、时间风险程度越低，公众的参与意愿也就越强烈，并提出以下假设。

H7：经济、时间风险对参与行为产生负向影响。

4）理论依据综述

在技术接受模型中，选取了实际行为、行为意向、感知有用性、感知易用性等四个影响因素。通过对公众的实际参与行为和行为意向进行研究，可以清楚地反映出涉稳舆情形成和发展的直接参与者对舆情事件的态度、观点和意见，对感知易用性和感知有用性进行研究，能够迅速找到诱发舆情的苗头，判断出涉稳舆情现状及成因，正确把握涉稳舆情走向。

在计划行为理论中，选取了主观规范和知觉行为控制两个影响因素。主观规范和知觉行为控制主要强调的是涉稳舆情参与主体受自身和周围人的影响。在涉稳事件发生后，涉稳舆情参与主体对该事件发表的意见与看法，能够影响摇摆不定的主体自身，通过对其进行研究能够侧面映射出公众涉稳舆情参与行为的积极性。

在感知风险理论中，选取了隐私风险和经济、时间风险等两个影响因素。隐私风险和经济、时间风险能够负向影响涉稳舆情参与主体的参与行为，会阻碍公众的参与行为。对风险因素进行研究，有助于控制舆情波及范围，降低涉稳舆情危机发生概率。

2. 理论模型构建

基于技术接受模型、计划行为理论和感知风险理论的综合研究，提出以个体因素、外部因素和参与意愿作为关键变量的涉稳舆情参与行为影响因素模型，如图 5.7 所示。

共提出以下 8 个假设。

假设 H1：公众对涉稳网络舆情的感知易用性对其参与意愿产生正向影响。

假设 H2：公众对涉稳网络舆情的感知有用性对其参与意愿产生正向影响。

假设 H3：公众的知觉行为控制对参与意向产生正向影响。

假设 H4：公众的知觉行为控制对参与行为产生正向影响。

假设 H5：公众的主观规范对参与行为产生正向影响。

假设 H6：隐私风险对参与行为产生负向影响。

假设 H7：经济、时间风险对参与行为产生负向影响。

假设 H8：公众的参与意愿对其参与行为产生正向影响。

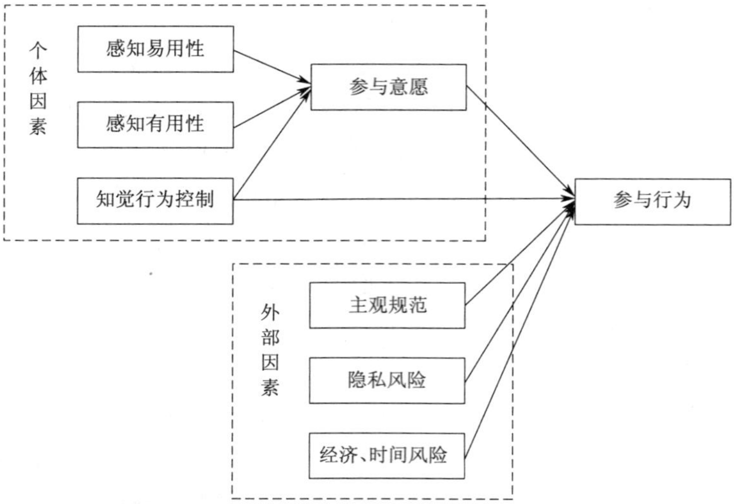

图 5.7 涉稳舆情参与行为影响因素模型

3. 变量定义与测量

本研究共提出影响涉稳舆情参与行为的 8 个变量：参与行为、参与意愿、感知有用性、感知易用性、主观规范、知觉行为控制、隐私风险和经济、时间风险。为使本研究具有可操作性，在对已有文献中的经典量表进行反复推敲修正，并立足涉稳舆情参与现状的基础上，对每个变量进行操作化定义，以期这些变量能反映出公众参与涉稳舆情的特征，更加契合本研究的主题。变量操作化具体定义如下。

1)参与行为的定义与测量

参与行为是指公众对涉稳事件讨论的实际行动。如在涉稳事件发生后，公众能否持续关注该涉稳事件的进展，是否会对该事件进行讨论，并在线上针对该事件发文。对参与行为的具体量表问项见表 5.14。

表 5.14 参与行为量表

变量	量表问项	来源
参与行为	Q1：我会主动搜索阅览近期发生的涉稳事件	Davis（1989 年） Boulding 等（1993 年） 洪巍（2013 年）
	Q2：我可能会劝说他人参与近期涉稳事件的讨论	
	Q3：我愿意针对涉稳事件进行讨论、发帖或回帖	
	Q4：我一定会到线上参与关于涉稳事件的讨论	

2)参与意愿的定义与测量

理性行为理论认为个人的行为意向是预测行为的良好变量，在本研究中参与意愿是指公众参与涉稳网络舆情讨论的必要条件，反映公众在未来会实施参与涉稳网络舆情行为的可能性，公众的参与意愿越强烈，代表其实施涉稳舆情参与行为的可能性越大。根据理性行为理论，同时又参考了 Fishbein 和 Ajzen 的相关研究量表，对参与意愿进行了操作化定义。对参与意愿的具体量表问项见表 5.15。

表 5.15　参与意愿量表

变量	量表问项	来源
参与意愿	Q1：未来我还会参与到各类涉稳舆情的讨论中	Fishbein 和 Ajzen（1975 年）
	Q2：我可能会鼓励他人参与涉稳舆情的讨论	
	Q3：我愿意参与到线上关于涉稳舆情的讨论中	

3）感知有用性的定义与测量

感知有用性是 TAM 模型的基本变量，感知有用性会影响其使用态度与使用意向也是 TAM 模型中的重要假设，当 TAM 模型用于不同领域的问题研究时，其具体含义应反映所研究问题的特点。在本节中，感知有用性指公众认为参与涉稳舆情讨论会提高其认知水平的程度。已有研究表明，感知有用性会影响相关人员参与舆情讨论的态度。在借鉴感知有用性的经典测量量表基础上，结合涉稳舆情实际情况，对感知有用性进行了操作化定义。对感知有用性的具体量表问项见表 5.16。

表 5.16　感知有用性量表

变量	量表问项	来源
感知有用性	Q1：涉稳舆情讨论能让我获得有价值的信息	Davis（1989 年） Lin 和 Lu（2000 年） Moon 和 Kim（2001 年）
	Q2：我觉得有必要参与到近期发生的涉稳事件的线上讨论中	
	Q3：参与舆情讨论能让我有一个表达对涉稳事件看法、观点的平台	

4）感知易用性的定义与测量

TAM 模型中两个基本变量为感知易用性与感知有用性，结合涉稳舆情的实际情况和特点，将感知易用性定义为公众认为参与涉稳事件讨论的容易程度，能否快速检索及查找到相应的舆情事件，以及对其发表评论。感知易用性直接影响着公众对涉稳舆情参与有用性的判断，已有研究发现除感知有用性能够影响参与态度外，感知易用性也间接影响公众对其的参与态度。在借鉴 Davis（1989 年）测量感知易用性的经典量表的基础上，对感知易用性进行了操作化定义。对感知易用性的具体量表问项见表 5.17。

表 5.17　感知易用性量表

变量	量表问项	来源
感知易用性	Q1：我觉得参与网络中涉稳舆情讨论是非常容易的	Davis（1989 年） Hagel 和 Armstrong（1997 年）
	Q2：涉稳舆情能让我容易获取到身边发生的涉稳事件信息	
	Q3：发布讨论的文字、图片和视频，对我来说易于掌握	

5)主观规范的定义与测量

主观规范是指公众身边的亲人、朋友、同学、同事等参与涉稳舆情行为(点赞、转发、评论等)对用户感知的影响。本研究对主观规范的测量主要借鉴了 Fishbein 和 Ajzen 等学者所开发的量表，Ajzen 认为主观规范在影响消费者的行为中有重要的作用,为了更加贴合主观规范的现实情况,借鉴学者刘红艳在移动广告接受意愿的影响因素研究中关于主观规范的量表,对主观规范进行了操作化定义。对主观规范的具体量表问项见表 5.18。

表 5.18 主观规范量表

变量	量表问项	来源
主观规范	Q1:周围我认识的人对涉稳舆情的参与意愿会影响我对涉稳舆情的参与意愿	Fishbein 和 Ajzen(2010 年) 刘红艳(2014 年)
	Q2:如果有好友参与到涉稳舆情的互动中,我也会查看并参与	
	Q3:身边大多数人觉得合理的事情,我也会觉得有道理	
	Q4:周围人对于我参与涉稳舆情的行为是赞同的	

6)知觉行为控制的定义与测量

知觉行为控制是指公众感知到参与涉稳舆情这一具体行为时所感知到的容易或困难的程度。公众在参与涉稳舆情时,对该涉稳事件的相关信息了解掌握得越多,公众个人过去的参与经验越丰富,其在网络中参与到该舆情事件互动中所受到的阻力也就越小,在参与涉稳舆情事件时受到的知觉行为控制能力就越强。在借鉴 Icek Ajzen(1991 年)、钟异莹(2020 年)测量知觉行为控制量表的基础上,对知觉行为控制进行了操作化定义。对知觉行为控制的具体量表问项见表 5.19。

表 5.19 知觉行为控制量表

变量	量表问项	来源
知觉行为控制	Q1:我有足够的涉稳舆情相关信息获取源	Icek Ajzen(1991 年) 钟异莹(2020 年)
	Q2:是否参与涉稳舆情行为完全取决于我	
	Q3:我有信心和能力参与涉稳舆情	
	Q4:政府相关部门有方向地引导我参与相关涉稳舆情的互动	

7)隐私风险的定义与测量

隐私风险是指公众在参与涉稳舆情时自身信息的安全性及其是否会被不合理、不合法使用的可能性。隐私风险所带来的直接影响就是降低公众对涉稳舆情的参与意愿,如果公众在参与到涉稳舆情互动中,感受到这种风险就会产生消极的心理状态,采取保护自身信息安全的方式来实现价值最大化,降低公众的参与意愿,但如果公众没有感知到隐私风险,其参与行为不受影响。根据感知风险理论,同时参考 Brooke(1979 年)、邓朝华和洪紫映(2017 年)的相关研究量表,对隐私风险进行了操作化定义。对隐私风险的具体量表问项见

表 5.20。

表 5.20　隐私风险量表

变量	量表问项	来源
隐私风险	Q1：参与涉稳舆情讨论相关个人信息不会被读取	Brooke（1979 年） 邓朝华和洪紫映（2017 年）
	Q2：参与习惯、浏览记录等信息不会被跟踪、泄露	
	Q3：网络黑客不会控制我的平台账号和密码	

8）经济、时间风险的定义与测量

经济、时间风险是指公众对熟悉和运用涉稳舆情互动平台所需投入的时间和金钱成本。公众参与涉稳舆情的经济、时间风险主要表现在对参与平台的担忧，如果参与情形不理想，不能充分表达公众自身情感，则在搜集信息、为参与行为进行投资、学习参与平台的使用所付出的时间和经济成本便是浪费。对经济、时间风险进行了操作化定义，具体量表问项见表 5.21。

表 5.21　经济、时间风险量表

变量	量表问项	来源
经济、时间风险	Q1：相关的涉稳舆情参与平台不会遭受到诈骗	Kaplan，Szybillo 和 Jacoby（1979 年） 任俊玲（2019 年）
	Q2：相关的涉稳舆情参与平台收取的服务费或佣金不合理	
	Q3：相关的涉稳舆情参与平台界面和功能不简明易懂	
	Q4：学习使用和适应相关的涉稳舆情参与平台很费时间	
	Q5：参与到涉稳舆情讨论之中很费时间	

5.2.2　调查问卷设计

1. 调查问卷设计过程

为使本研究调查问卷符合设计规范，验证分析公众涉稳舆情参与行为的影响因素，科学设置调查问卷。调查问卷设计流程具体如下：国内外相关文献研究—小范围征求意见—初步形成问卷—专家咨询—问卷可行性评估—问卷预调查—修正相关问项—形成最终问卷，如图 5.8 所示。

2. 调查问卷编制

本研究是实证性研究，采用问卷调查的形式对模型进行评估。图 5.7 所示模型中共包含 8 个潜变量：参与行为（PB）、参与意愿（PW）、感知易用性（PEU）、感知有用性（PU）、主观规范（SN）、知觉行为控制（PBC）、隐私风险（PR）和经济、时间风险（TR）。每个潜变量都通过多个题目进行测量，为了确保量表的效度和信度，所有变量的测量都是根据技术接受模型、计划行为理论和感知风险理论研究文献中的测量题目以及相关文献中已经成熟的经过验证的问项，结合涉稳舆情参与的特点进行了适当调整。

调查问卷分为基本资料部分和影响因素部分，共计 34 个题目。基本资料部分，共设置了 5 个题目，以描述被调查者的基本特征，保证取样能够客观公正，为后续调查奠定基础，包括性别、年龄、政治面貌、受教育程度、月收入等，问卷中设置的主要问题见表 5.22。

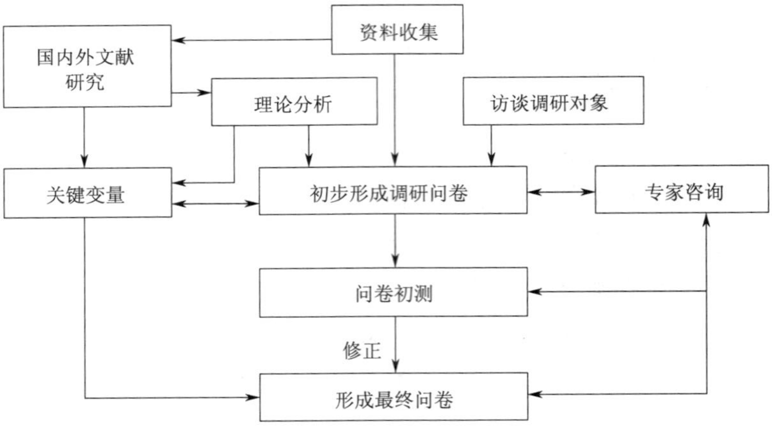

图 5.8 调查问卷设计流程图

表 5.22 基本资料的问卷设计

问题		选项
性别	您的性别？	A. 男 B. 女
年龄	您的年龄？	A.20 岁以下 B.21~30 岁 C.31~40 岁 D.40 岁以上
政治面貌	您的政治面貌？	A. 中共党员 B. 民主党派人士 C. 群众
受教育程度	您的学历？	A. 博士及以上 B. 硕士 C. 本科 D. 本科以下
月收入	您的月收入？	A.1 万元以上 B.7 000~9 999 元 C.4 000~6 999 元 D.4 000 元以下

影响因素部分，重点是调查公众涉稳舆情参与行为的影响因素，是问卷的核心部分，共设置 8 个维度（表 5.23），其中包括 1 个因变量和 7 个自变量，共计 29 个题目。所有测量题目采用 Likert 五点量表进行测量，相应的回答题项为“非常不同意”“不同意”“一般”“同意”“非常同意”。对应的赋值分数为 1、2、3、4、5 分，分数越高意味着涉稳舆情参与行为的参与意愿越强，分数越低意味着涉稳舆情参与行为的参与意愿越弱。

表 5.23　修改前参与行为影响因素的测度指标

变量	编码	调查问题
参与行为（PB）	PB1	Y1：我会主动搜索阅览近期爆发的涉稳事件
	PB2	Y2：我可能会劝说他人参与近期涉稳事件的讨论
	PB3	Y3：我愿意针对涉稳事件进行讨论、发帖或回帖
	PB4	Y4：涉稳事件爆发后，我一定会到线上参与讨论
参与意向（PW）	PW1	X1：未来我还会参与到各类涉稳舆情的讨论中
	PW2	X2：我可能会鼓励他人参与涉稳舆情的讨论
	PW3	X3：我愿意参与到线上关于涉稳事件的讨论中
感知有用性（PU）	PU1	X4：涉稳舆情讨论能让我获得有价值的信息
	PU2	X5：我觉得有必要参与到近期发生的涉稳事件的线上讨论中
	PU3	X6：参与舆情讨论能让我有一个表达对涉稳事件看法、观点的平台
感知易用性（PEU）	PEU1	X7：我觉得参与网络中涉稳舆情讨论是非常容易的
	PEU2	X8：涉稳舆情能让我容易获取到身边发生的涉稳事件信息
	PEU3	X9：发布讨论的文字、图片和视频，对我来说易于掌握
主观规范（SN）	SN1	X10：周围我认识的人对涉稳舆情的参与意愿会影响我对涉稳舆情的参与意愿
	SN2	X11：如果有好友参与到涉稳舆情的互动中，我也会查看并参与
	SN3	X12：身边大多数人觉得合理的事情，我也会觉得有道理
	SN4	X13：周围人对于我参与涉稳舆情的行为是赞同的
知觉行为控制（PBC）	PBC1	X14：我有足够的涉稳舆情相关信息获取源
	PBC2	X15：是否参与涉稳舆情行为完全取决于我
	PBC3	X16：我有信心和能力参与涉稳舆情
	PBC4	X17：政府相关部门有方向地引导我参与相关涉稳舆情的互动
隐私风险（PR）	PR1	X18：参与涉稳舆情讨论相关个人信息不会被读取
	PR2	X19：参与习惯、浏览记录等信息不会被跟踪、泄露
	PR3	X20：网络黑客不会控制我的平台账号和密码
经济、时间风险（TR）	TR1	X21：相关的涉稳舆情参与平台不会遭受到诈骗
	TR2	X22：相关的涉稳舆情参与平台收取的服务费或佣金不合理
	TR3	X23：相关的涉稳舆情参与平台界面和功能不简明易懂
	TR4	X24：学习使用相关的涉稳舆情参与平台很费时间
	TR5	X25：参与到涉稳舆情讨论之中很费时间

制作调查问卷后，针对调查问卷的合理性、可行性和规范性，在正式开展研究之前，随机发放 10 份调查问卷进行预调查，经过预调查，发现调查问卷中的“涉稳事件爆发后，我一定会到线上参与讨论”“周围人对于我参与涉稳舆情的行为是赞同的”“我有信心和能力参与涉稳舆情”和“相关的涉稳舆情参与平台界面和功能不简明易懂”等 4 个问题的因子载荷过小，因而将此四题删除；测量变量“隐私风险”的问项不符合语言逻辑，因而替换为“相关的

涉稳舆情参与平台不会窃取个人信息”一题。根据预调查情况再次调整，修改过程见表5.24，最终形成正式调查问卷。

表 5.24 指标变量修改过程

变量	编码	题项	修改
参与行为	PB4	Y4：涉稳事件爆发后，我一定会到线上参与讨论	删除
主观规范	SN4	X13：周围人对于我参与涉稳舆情的行为是赞同的	删除
知觉行为控制	PBC3	X16：我有信心和能力参与涉稳舆情	删除
隐私风险	PR1	X18：相关的涉稳舆情参与平台不会窃取个人信息	替换
经济、时间风险	TR3	X23：相关的涉稳舆情参与平台界面和功能不简明易懂	删除

第二部分的观测变量最初有 29 个，删去“参与行为”“主观规范”“知觉行为控制”和“经济、时间风险”的 4 个观测变量，对“隐私风险”的 1 个变量进行替换，修改后共计 25 个测量变量，修改后的结果见表 5.25。

表 5.25 修改后参与行为影响因素的测度指标

变量	编码	调查问题
参与行为（PB）	PB1	Y1：我会主动搜索阅览近期爆发的涉稳事件
	PB2	Y2：我可能会劝说他人参与近期涉稳事件的讨论
	PB3	Y3：我愿意针对涉稳事件进行讨论、发帖或回帖
参与意向（PW）	PW1	X1：未来我还会参与到各类涉稳舆情的讨论中
	PW2	X2：我可能会鼓励他人参与涉稳舆情的讨论
	PW3	X3：我愿意参与到线上关于涉稳事件的讨论中
感知有用性（PU）	PU1	X4：涉稳舆情讨论能让我获得有价值的信息
	PU2	X5：我觉得有必要参与到近期发生的涉稳事件的线上讨论中
	PU3	X6：参与舆情讨论能让我有一个表达对涉稳舆情看法、观点的平台
感知易用性（PEU）	PEU1	X7：我觉得参与网络中涉稳舆情讨论是非常容易的
	PEU2	X8：涉稳舆情能让我容易获取身边发生的涉稳事件信息
	PEU3	X9：发布讨论的文字、图片和视频，对我来说易于掌握
主观规范（SN）	SN1	X10：周围我认识的人对涉稳舆情的参与意愿会影响我对涉稳舆情的参与意愿
	SN2	X11：如果有好友参与到涉稳舆情的互动中，我也会查看并参与
	SN3	X12：身边大多数人觉得合理的事情，我也会觉得有道理
知觉行为控制（PBC）	PBC1	X13：我有足够的涉稳舆情相关信息获取源
	PBC2	X14：是否参与涉稳舆情行为完全取决于我
	PBC3	X15：政府相关部门有方向地引导我参与相关涉稳舆情的互动

续表

变量	编码	调查问题
隐私风险（PR）	PR1	X16：相关的涉稳舆情参与平台不会窃取个人信息
	PR2	X17：参与习惯、浏览记录等信息不会被跟踪、泄露
	PR3	X18：网络黑客不会控制我的平台账号和密码
经济、时间风险（TR）	TR1	X19：相关的涉稳舆情参与平台不会遭受到诈骗
	TR2	X20：相关的涉稳舆情参与平台收取的服务费或佣金不合理
	TR3	X21：学习使用相关的涉稳舆情参与平台很费时间
	TR4	X22：参与到涉稳舆情讨论之中很费时间

5.2.3　模型分析

根据调查问卷得出的数据结果进行整理后，将 322 份调查问卷录入 SPSS21.0 统计软件中进行数据处理，包括人口统计学的描述性统计分析、测量题项的信度检验和效度检验，分析研究样本抽取的合理性、数据的可信性、问卷设计的科学性，然后利用 Amos17.0 软件对模型结构进行验证性分析，描述各影响因素对涉稳舆情参与行为的影响力大小。

1. 描述性统计分析

1)样本人口统计信息描述性分析

本研究的调查问卷主要通过线上和线下的方式进行发放。线下方式是在本校随机发放问卷，线上方式主要是通过“问卷星”微信小程序的方式发布电子版问卷，并辅以邮箱投递的方式来发放。所有问卷共发出 400 份，收回 348 份，筛除其中未能填写完整的 6 份以及不规范填写的 11 份和出现极端值等无效问卷 9 份，实际回收有效问卷 322 份，有效回收率为 80.5%。

将 322 份有效问卷中的数据导入 SPSS21.0 统计软件中，运用 SPSS21.0 提供的相关工具分别从受访对象的性别、年龄、政治面貌、受教育程度及月收入等人口基本特征的多个方面进行描述性统计分析，获取样本分布的基本情况，具体分布情况见表 5.26。

表 5.26　样本基本特征统计表

样本统计特征	类别	样本数（人）	百分比（%）
性别	男	175	54.3
	女	147	45.7
年龄	20 岁以下	49	15.2
	21~30 岁	126	39.1
	31~40 岁	84	26.1
	40 岁以上	63	19.6

续表

样本统计特征	类别	样本数(人)	百分比(%)
政治面貌	中共党员	196	60.9
	民主党派人士	14	4.3
	群众	112	34.8
受教育程度	博士及以上	28	8.7
	硕士	91	28.3
	本科	119	37
	本科以下	84	26.1
月收入	10 000 元以上	35	10.9
	7 000~9 999 元	91	28.3
	4 000~6 999 元	112	34.7
	4 000 元以下	84	26.1

由表 5.26 可以看出，322 位被调查对象从性别分布来看，男性样本量为样本总数的 54.3%，女性样本量为样本总数的 45.7%，男性占比稍高于女性，可能是因为男性偏好社会治安类特性，总体性别分布较为平均。从年龄分布来看，被调查对象分布在 20~30 岁的样本最多，占样本总数的 39.1%，年龄分布在 31~40 岁的次之，占样本总数的 26.1%，体现出被调查对象比较年轻化，主要是因为涉稳舆情参与行为属于互联网普及后的新事物，中青年群体易于接受新事物，且有需求参与舆情互动，因此年龄结构较为符合实际。从政治面貌来看，被调查对象主要分布在中共党员和群众这两个群体上，两者合计占样本总数的 95.7%，这是因为该问卷调查是面向社会不特定公众发放的，民主党派人士数量在社会总人数也较少，问卷调查结果符合社会实际情况。从受教育程度来看，被调查对象主要分布在本科和硕士学历这两个群体，两者合计占样本总数的 65.3%，说明超半数的被调查对象的受教育程度较高。从月收入来看，被调查对象分布在 4 000~6 999 元的最多，占样本总数的 34.7%，7 000—9 999 元次之，占样本总数的 28.3%，可能与大部分被调查对象是集中于 20~40 岁的中青年人群有关。

综上所述，本次被抽样调查人群的基本特征结构较为合理，问卷发放较为公正客观，问卷涉及各个层次的人群，样本分布情况良好，具有一定的代表性，能够反映出不同层次的人群参与涉稳网络舆情的特点，避免了因样本人群选取带来的误差，因此本次分析具有实际意义。

2）变量描述性统计分析

为了解涉稳舆情参与行为影响因素的观测变量情况，按相应变量分类，对各观测变量进行描述性统计分析，主要借助观测变量的最大值、最小值、均值、峰度和偏度等指标来了解样本的基本概况。借助 SPSS21.0 统计软件对 25 个观测变量的均值和标准差进行统计分析，分析结果见表 5.27。

表 5.27　测量变量描述性统计分析

变量	测量问项	最大值	最小值	均值	标准差	偏度	峰度
参与行为（PB）	PB1	5	1	3.206	1.095	0.154	−0.821
	PB2	5	1	3.029	1.087	0.541	−0.471
	PB3	5	1	3.265	1.109	0.286	−0.68
参与意愿（PW）	PW1	4	1	2.294	0.836	0.374	−0.182
	PW2	5	1	2.647	1.012	0.412	0.281
	PW3	5	1	2.529	1.022	0.549	0.465
感知有用性（PU）	PU1	5	1	2.735	1.053	0.405	−0.37
	PU2	5	1	3.088	1.215	0.253	−0.997
	PU3	5	2	2.912	0.965	0.83	−0.203
感知易用性（PEU）	PEU1	5	1	2.647	0.849	0.772	0.52
	PEU2	5	1	2.5	0.862	0.906	1.068
	PEU3	5	1	2.559	0.894	0.758	0.495
主观规范（SN）	SN1	5	1	2.853	1.077	0.619	−0.045
	SN2	5	1	3.059	1.043	0.388	−0.463
	SN3	5	2	3	0.953	0.669	−0.39
知觉行为控制（PBC）	PBC1	5	1	3.118	1.094	0.344	−0.706
	PBC2	5	1	2.765	1.156	0.616	−0.383
	PBC3	5	1	2.559	0.894	0.758	0.495
隐私风险（PR）	PR1	5	2	3.588	1.131	−0.032	−1.392
	PR2	5	2	3.5	1.08	0.077	−1.234
	PR3	5	2	3.5	1.022	0.271	−1.061
经济、时间风险（TR）	TR1	5	1	2.559	0.894	0.758	0.495
	TR2	5	2	3.588	1.131	−0.032	−1.392
	TR3	5	1	2.559	0.894	0.758	0.495
	TR4	5	1	2.853	1.077	0.619	−0.045

样本符合正态分布，应当满足所有变量的标准差都大于 0.5，偏度绝对值小于 3，峰度绝对值小于 10。由表 5.27 可知，本研究的测量问项的分析结果，均值在 2.294~3.588，标准差在 0.836~1.215，偏度绝对值在 0.032~0.906，峰度绝对值在 0.045~1.392。表明数据具有一定的稳定性，且均在建议的标准范围内，可视为各变量符合正态分布，达到了数理统计中的相关要求，样本收集合理，可进行下一步数据分析。

2. 信度和效度检验

1)信度分析

信度分析用于衡量问卷测量的可靠性、一致性、稳定性,采用以往研究中认可度较高的 Cronbach's α 系数来测量量表的信度,其标准见表 5.28。

表 5.28 Cronbach's α 值信度标准

Cronbach's α 值	可信度
α<0.6	不可信
0.6<α<0.7	勉强可信
0.7<α<0.8	可信
0.8<α<0.9	很可信
α>0.9	十分可信

Ⅰ. 整体信度分析

采用内部一致性即 Cronbach's α 值检验量表的整体信度,结果见表 5.29。由表 5.29 可知,问卷整体信度 Cronbach's α 值为 0.960(>0.9),说明本研究得到的数据有很好的可靠性,样本选取较为科学,问卷整体具有良好的信度。

表 5.29 整体信度分析表

	Cronbach's α	基于标准化项的 Cronbach's α	项数
问卷整体	0.960	0.961	25

Ⅱ. 各变量信度分析

通过 SPSS21.0 统计软件对参与行为、参与意愿、感知有用性、感知易用性、主观规范、知觉行为控制、隐私风险和经济、时间风险等变量进行信度分析,结果见表 5.30。

表 5.30 各变量信度分析表

变量	Cronbach's α	项数
参与行为	0.863	3
参与意愿	0.625	3
感知有用性	0.920	3
感知易用性	0.880	3
主观规范	0.863	3
知觉行为控制	0.821	3
隐私风险	0.890	3
经济、时间风险	0.840	4

由表 5.30 可知，每个变量的 Cronbach’s α 值都高于最低标准。参与行为、感知有用性、感知易用性、主观规范、知觉行为控制、隐私风险和经济、时间风险的 Cronbach’s α 值均大于 0.8，说明样本数据都很可信，具有良好的一致性，以上变量都较为合理，具有较好的信度；参与意愿的 Cronbach’s α 值为 0.625（>0.6），勉强可信，基本可以接受。因此，本研究采用的量表具有良好的可靠性和内部一致性，变量题项能够反映涉稳舆情参与行为的实际情况，所有的变量题项均应被保留，设计比较合理。

2）效度分析

效度分析用于衡量问卷设计目标与实际测量得到的数据所展示的一致性程度，即量表的设计与验证。运用 SPSS21.0 统计软件的因子分析（Analyze Factor）操作，采用巴特利特（Bartlett）球形检验来测量不同量表的 KMO 值，运用主成分分析法以及方差最大正交旋转。当 KMO 值大于 0.9 时，非常适合；当为 0.8~0.9 时，很适合；当为 0.7~0.8 时，可以接受；当为 0.6~0.7 时，不太适合；当为 0.5~0.6 时，勉强可接受；当小于 0.5 时，则不适合进行因子分析。

Ⅰ. KMO 和巴特利特球形检验

KMO 和 Bartlett 的检验结果见表 5.31。

表 5.31 KMO 和 Bartlett 的检验结果表

变量	取样足够度的 KMO 度量	Bartlett 的球形度检验		
		近似卡方	df	Sig.
参与行为	0.670	610.122	3	0.000
参与意愿	0.615	343.179	3	0.000
感知有用性	0.738	770.060	3	0.000
感知易用性	0.732	523.075	3	0.000
主观规范	0.704	494.989	3	0.000
知觉行为控制	0.652	396.771	3	0.000
隐私风险	0.714	614.674	3	0.000
经济、时间风险	0.712	456.179	3	0.000

由表 5.31 可知，各变量中 KMO 最小值为 0.615（>0.6），且 Bartlett 球形检验的结果均为 0.000，其显著性指标小于 0.01，具有统计显著性，说明该量表具有较好的效度，适合进行探索性因子分析。

Ⅱ. 主成分提取

解释的总方差结果见表 5.32。

表 5.32 解释的总方差结果表

成分	初始特征值	提取平方和载入		旋转平方和载入					
	合计	方差的(%)	累积(%)	合计	方差的(%)	累积(%)	合计	方差的(%)	累积(%)
1	13.495	53.979	53.979	13.495	53.979	53.979	6.256	25.023	25.023
2	2.675	10.702	64.680	2.675	10.702	64.680	5.281	21.124	46.147
3	1.753	7.013	71.693	1.753	7.013	71.693	4.270	17.082	63.229
4	1.288	5.152	76.845	1.288	5.152	76.845	3.037	12.149	75.378
5	1.039	4.158	81.002	1.039	4.158	81.002	1.406	5.625	81.002
6	0.843	3.370	84.373						
7	0.808	3.234	87.607						
8	0.653	2.611	90.218						
9	0.583	2.334	92.552						
10	0.395	1.581	94.133						
11	0.309	1.236	95.369						
12	0.281	1.124	96.493						
13	0.225	0.900	97.393						
14	0.207	0.829	98.222						
15	0.156	0.626	98.847						
16	0.109	0.436	99.283						
17	0.094	0.376	99.659						
18	0.041	0.163	99.822						
19	0.029	0.117	99.939						
20	0.015	0.061	100.000						
21	1.454E-16	5.817E-16	100.000						
22	-3.523E-17	-1.409E-16	100.000						
23	-1.772E-16	-7.088E-16	100.000						
24	-2.221E-16	-8.886E-16	100.000						
25	-3.631E-16	-1.452E-15	100.000						

注：提取方法为主成分分析法。

由表 5.32 可知，涉稳舆情参与行为影响因素量表 25 个题目中，初始特征值大于 1 的因子一共有 5 个，累积解释方差变异为 81.002%，说明 25 个题目提取的 5 个因子对于原始数据的解释较为理想。其中，因子 1 的特征值为 13.495，解释方差百分比为 53.979%；因子 2 的特征值为 2.675，解释方差百分比为 10.702%；因子 3 的特征值为 1.753，解释方差百分比为 7.013%；因子 4 的特征值为 1.288，解释方差百分比为 5.152%；因子 5 的特征值为 1.039，解释方差百分比为 4.158%。

根据图 5.9 可知，折线在成分 2 出现拐点，在成分 6 之后趋向平缓，并在之前急剧下降，说明 25 个题目提取 5 个公因子较为合适。

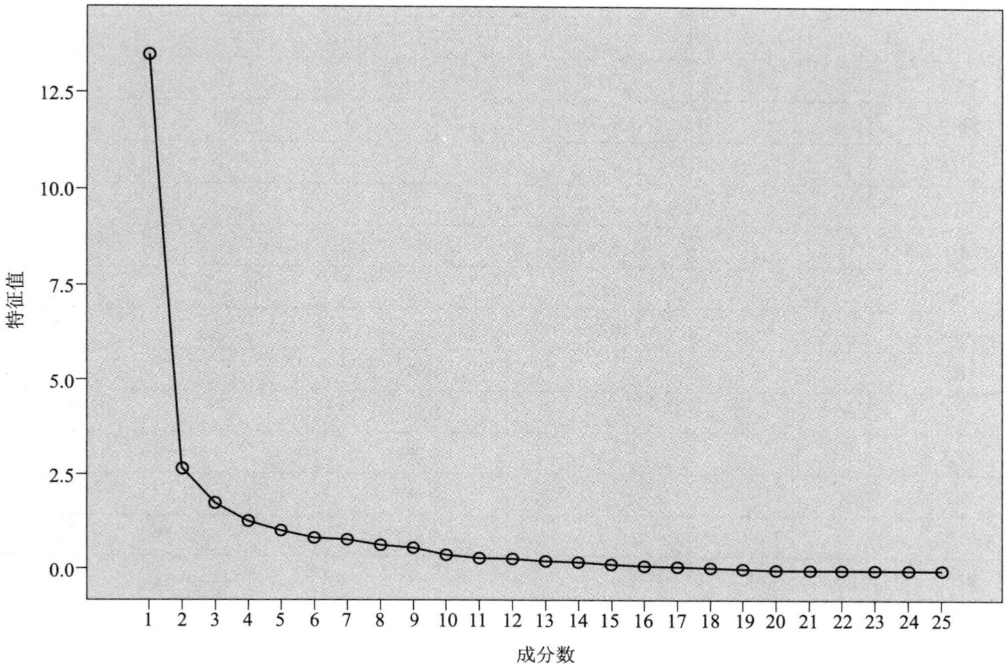

图 5.9　碎石图

Ⅲ. 旋转成分矩阵

由表 5.23 旋转成分矩阵可以判断各个题目的因子归属，其中 PEU1、PEU2、PEU3、TR1、TR3、PBC3、PU3 等 7 个题目属于因子 1，其因子载荷均大于 0.7；SN1、SN2、SN3、TR4、PU1、PU2、PBC1 等 7 个题目属于因子 2，其因子载荷均大于 0.6；PR1、PR2、PR3、TR2、PBC2 等 5 个题目属于因子 3，其因子载荷均大于 0.6；PB1、PB2、PB3、PW3 等 4 个题目属于因子 4，其因子载荷均大于 0.6；PW1、PW2 等 2 个题目属于因子 5，其因子载荷均大于 0.5。

表 5.33　旋转成分矩阵结果表

题目	成分				
	1	2	3	4	5
PBC3	0.854				
TR3	0.854				
PEU3	0.854				
TR1	0.854				
PEU2	0.748				
PEU1	0.728				
PU3	0.710				

续表

题目	成分				
	1	2	3	4	5
SN2		0.795			
SN3		0.749			
PU2		0.744			
TR4		0.743			
SN1		0.743			
PU1		0.632			
PBC1		0.624			
TR2			0.916		
PR1			0.916		
PR3			0.759		
PR2			0.683		
PBC2			0.675		
PB1				0.828	
PB2				0.740	
PB3				0.660	
PW3				0.627	
PW2					0.504
PW1					0.892

注：提取方法为主成分分析法；旋转在 8 次迭代后收敛。

3. 结构方程模型分析

1）模型构建

在涉稳舆情参与行为影响因素模型的基础上，通过 AMOS17.0 软件来构建结构方程模型，将研究假设即潜变量之间的关系通过路径图的方式呈现出来，能够清晰地反映出涉稳舆情参与行为影响因素与参与行为之间的关系，并尝试通过计算各潜变量之间的路径系数和显著系数来验证模型的研究假设。在前文中，本研究已经对模型的信度和效度做了分析，并得知样本选取较为科学，涉稳舆情参与行为影响因素模型设计较为合理，可以用 AMOS17.0 软件做进一步的分析，具体的结构方程模型如图 5.10 所示。

研究模型中的主要假设变量为潜变量（如感知易用性、感知有用性等），在图中以面积较大的椭圆表示；调查问卷所收集数据的主体部分为可测变量（如 PW1、PW2、PW3 等），即量表中变量所对应的测量题项，在图中以面积较小的长方形表示；测量过程中可能产生的误差项（如 e1、e2 等）在图中以面积较小的以 e 开头的圆形表示。本结构方程模型中，共计 8 个潜变量、25 个可测变量和 27 个残差项。

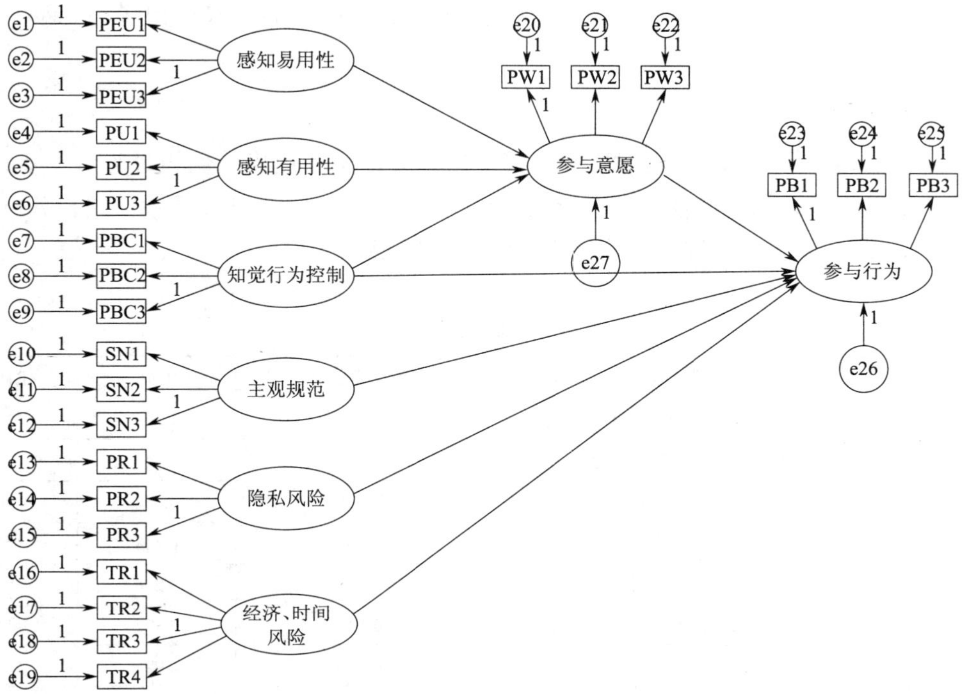

图 5.10　结构方程分析模型

2)模型拟合

对构建好的结构方程模型进行模型拟合度分析，通常以卡方自由度之比(χ^2/df)、RMSEA(Root Mean Square Error)、RMR(Root Mean Square Residual)、SRMR(Standardized Root Mean Square Residual)、GFI(Goodness of Fit Index)、AGFI(Adjusted Goodness of Fit Index)等指标来判断结构方程模型的拟合程度，可以归纳为绝对适配度、增值适配度、简约适配度等三个方面。具体各指标的合格标准和模型的拟合结果见表 5.34。

表 5.34　结构方程模型拟合度

	绝对拟合指数				相对拟合指数			简约拟合指数	
指标	χ^2/df	GFI	SRMR	RMSEA	NFI	IFI	CFI	PNFI	PGFI
评价标准	<3	>0.9	<0.08	<0.08	>0.9	>0.9	>0.9	>0.5	>0.5
结果	2.27	0.907	0.052	0.058	0.933	0.758	0.874	0.695	0.681

由表 5.34 可知，χ^2/df =2.27、GFI=0.907、SRMR=0.052、RMSEA=0.058 等绝对拟合度指标达到了相应的建议评价标准；PGFI=0.681、PNFI=0.695 等简约拟合度指标基本达到了相应的建议评价标准，可进行下一步的分析操作；模型的相对拟合度是 NFI=0.933 在理想标准范围内，而 IFI=0.758、CFI=0.874 等两个指标虽未超过 0.9，仍处在可接受范围内。因此，可认为本模型三个方面的指数符合评价标准，结构方程模型与样本数据契合较好、符合标准，模型

的整体拟合度较好，表明图 5.10 的研究模型能够对涉稳舆情参与行为影响因素这一研究问题进行评估。

3)假设检验

模型拟合度检验通过后，运用 AMOS17.0 软件对前文中提出的假设进行进一步检验，通过计算各潜变量之间的路径系数以及相应的 T 值、P 值来验证研究假设。路径分析的计算结果见表 5.35，其结构方程模型路径图如图 5.11 所示。

表 5.35 假设验证结果

假设	路径关系	标准化路径系数	T 值	P 值
H1	感知易用性→参与意愿	0.251	1.364	***
H2	感知有用性→参与意愿	0.347	2.743	**
H3	知觉行为控制→参与意愿	0.225	3.762	**
H4	知觉行为控制→参与行为	0.486	6.348	***
H5	主观规范→参与行为	0.175	2.206	***
H6	隐私风险→参与行为	0.102	2.972	***
H7	经济、时间风险→参与行为	0.076	0.028	*
H8	参与意愿→参与行为	0.702	8.193	***

注：* 表示 $P<0.05$，** 表示 $P<0.01$，*** 表示 $P<0.001$，下同。

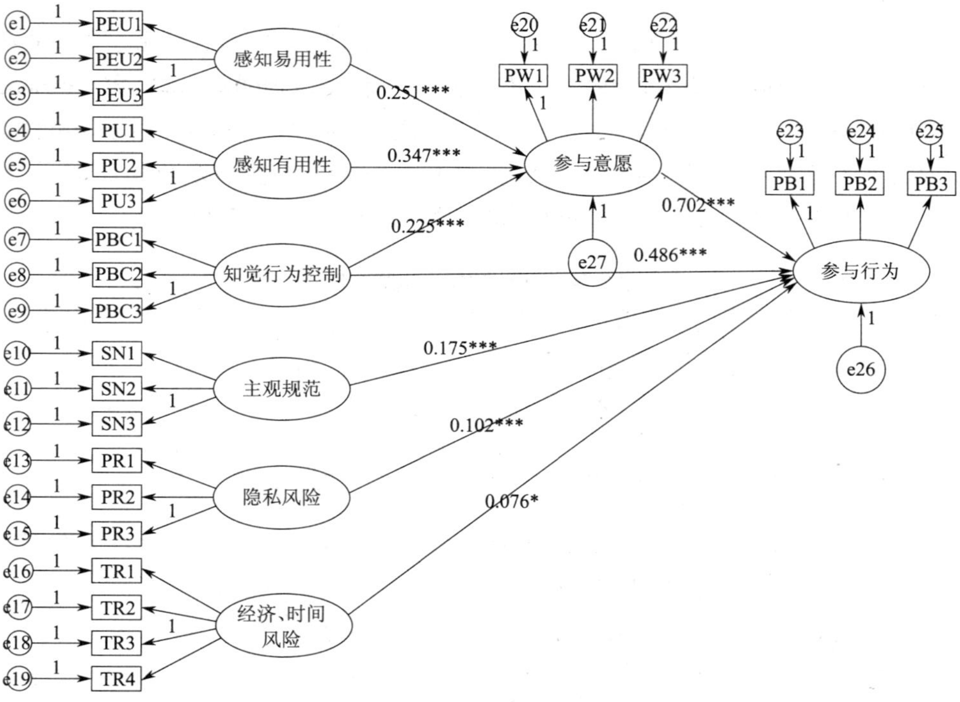

图 5.11 结构方程模型路径图

由表 5.35 和图 5.11 可知，本研究中所涉及的研究假设均得到支持。在涉稳舆情参与行为的各影响因素中，感知易用性和感知有用性对参与意愿的路径系数分别为 0.251 和 0.347，均为正值，即证明感知易用性和感知有用性对参与意愿具有正向影响；知觉行为控制对参与意愿和参与行为的路径系数分别为 0.225 和 0.486，均为正值，即证明知觉行为控制对参与意愿和参与行为具有正向影响；主观规范和参与意愿对参与行为的路径系数分别为 0.175 和 0.702，均为正值，即证明主观规范和参与意愿对参与行为具有正向影响；隐私风险和经济、时间风险对参与行为的路径系数分别为 −0.102 和 −0.076，均为负值，即证明隐私风险和经济、时间风险对参与行为具有负向影响。

综上所述，全部的路径关系均通过检验以及变量之间的相关性得到验证。在假设检验中，T 值代表显著性关系，当 T 值的绝对值大于 1.96 时，表示该两个变量之间存在显著的影响关系，在统计学上具有显著性；P 值表示拒绝原假设的显著性水平，在统计学上 P 值有三个显著性水平检验的标准，分别为 * 代表 $P<0.05$，** 代表 $P<0.01$，*** 代表 $P<0.001$，当 $P<0.05$ 时，表示可以接受原假设。在本模型中，感知易用性→参与意愿、知觉行为控制→参与行为、主观规范→参与行为、隐私风险→参与行为和参与意愿→参与行为的路径系数达到了较高的显著性水平（$P<0.001$），其他的路径系数也都通过了显著性检验，达到 $P<0.05$ 或 $P<0.01$。

4. 涉稳舆情参与行为影响因素分析

本研究通过梳理国内外经典文献来寻找理论依据，并在此基础上构建涉稳舆情参与行为影响因素模型，并科学设计调查问卷，获取有效的样本数据，运用 SPSS21.0 统计软件对收集到的样本数据进行描述性统计分析、信效度检验；在此基础上使用 AMOS17.0 软件对构建的结构方程模型进行假设检验，所有假设路径关系均得到验证。假设检验结果汇总见表 5.36。

表 5.36　假设检验结果汇总

序号	研究假设	检验结果
H1	公众对涉稳网络舆情的感知易用性对其参与意愿产生正向影响	成立
H2	公众对涉稳网络舆情的感知有用性对其参与意愿产生正向影响	成立
H3	公众的知觉行为控制对参与意愿产生正向影响	成立
H4	公众的知觉行为控制对参与行为产生正向影响	成立
H5	公众的主观规范对参与行为产生正向影响	成立
H6	隐私风险对参与行为产生负向影响	成立
H7	经济、时间风险对参与行为产生负向影响	成立
H8	公众的参与意愿对其参与行为产生正向影响	成立

由表 5.36 可知，提出的 8 个假设均成立，得出以下研究结论：在本研究模型中涉稳舆情

参与行为影响因素主要包括参与意愿、感知有用性、感知易用性、主观规范、知觉行为控制、隐私风险和经济、时间风险。

由 H1、H2 可知，感知易用性→参与意愿、感知有用性→参与意愿的路径系数和 P 值分别为 0.251 和 0.347，$P<0.001$ 和 $P<0.01$，感知易用性和感知有用性是对涉稳舆情参与行为有影响的因素，这说明对参与涉稳舆情讨论的操作流程越是熟练、平台使用越有信心，对参与涉稳网络舆情讨论会提高认知水平越认可，将会更愿意参与涉稳舆情的讨论，更愿意分享自己的观点。

由 H3、H4 可知，知觉行为控制→参与意愿、知觉行为控制→参与行为的路径系数和 P 值分别为 0.225 和 0.486，$P<0.01$ 和 $P<0.001$，知觉行为控制是对涉稳舆情参与行为影响较大的因素，这说明公众对涉稳舆情的参与并不是全然从利益的角度出发，在参与的过程中极大地受到自身过去经验和身边人际关系的影响。

由 H5、H8 可知，主观规范→参与行为、参与意愿→参与行为的路径系数和 P 值分别为 0.175 和 0.702，$P<0.001$ 和 $P<0.001$，参与意愿是对涉稳舆情参与行为影响最大的因素，主观规范是对涉稳舆情参与行为影响较大的因素，这说明在涉稳舆情参与行为的影响因素中，最容易激发参与行为的是公众的态度和意愿，这为情报部门进行情报感知提供了切入点。

由 H6、H7 可知，隐私风险→参与行为和经济、时间风险→参与行为的路径系数和 P 值分别为 −0.102 和 −0.076，$P<0.001$ 和 $P<0.05$，说明隐私风险和经济、时间风险在众多影响因素中影响力最小，且具有负向影响作用，但影响力并不显著。这说明在涉稳舆情参与过程中，公众会考虑到网络平台是否会将个人信息窃取、泄露或者不正当使用，参与涉稳舆情互动所需投入的时间和金钱成本等。但公众的安全和时间需求增长速度较慢，可能是还没意识到相关安全问题，也可能是近年来对网络空间的管理越来越规范，相关法律越来越健全，使公众参与涉稳舆情行为的风险系数大大降低。

延伸思考

1. 结构方程模型可用于验证、选择和产生模型，思考如何更好地利用结构方程模型来产生新模型，并形成新理论？

2. 如何在结构方程模型中利用动态演化数据更好地描述因果关系？

第6章 扎根理论方法

扎根理论（Grounded Theory，GT）研究法是由 Anselm Strauss 和 Barney Glaser 两位学者共同发展出来的一种研究方法，它是运用系统化的程序，针对某一现象来发展并归纳式地引导出扎根理论的一种定性研究方法。其主要宗旨是从经验资料的基础上建立理论，研究者在研究开始之前一般没有理论假设，直接从实际观察入手，扎根于语句本身，探究其信息内容、深层含义和情感倾向，即从原始资料中归纳出经验概括，然后上升到系统的理论。这是一种从下向上建立实质理论的方法，即在系统性收集资料的基础上，进行逐字逐句的“编码”，寻找反映事物现象本质的核心概念，然后通过这些概念之间的联系建构相关的社会理论。扎根理论一定要有经验证据的支持，但是它的主要特点不在其经验性，而在于它从经验事实中抽象出新的概念和思想。在哲学思想上，扎根理论方法基于的是后实证主义的范式，强调对已经建构的理论进行证伪。

扎根理论的操作程序一般包括：①从资料中产生概念，对资料进行逐级登录；②不断地对资料和概念进行比较，系统地询问与概念有关的生成性理论问题；③发展理论性概念，建立概念和概念之间的联系；④理论性抽样，系统地对资料进行编码；⑤建构理论，力求获得理论概念的密度、变异度和高度的整合性。对资料进行逐级编码是扎根理论中最重要的一环，其中包括三个级别的编码。首先是一级编码，在一级编码（开放式登录，Open Coding）中，研究者要求以一种开放的心态，尽量“悬置”个人的“偏见”和研究界的“定见”，对所有的资料按其本身所呈现的状态进行登录。这是一个将收集的资料打散，并赋予概念，然后再以 新的方式重新组合起来的操作化过程。其次是二级编码，二级编码（又称关联式登录或轴心登录，Axial Coding）的主要任务是发现和建立概念类属之间的各种联系，以表现资料 中各个部分之间的有机关联。这些联系可以是因果关系、时间先后关系、语义关系、情境关系、相似关系、差异关系、对等关系、类型关系、结构关系、功能关系、过程关系、策略关系等。最后是三级编码，三级编码（又称核心式登录或选择式登录，Selective Coding）指的是在所有已发现的概念类属中经过系统的分析以后选择 一个“核心类属”，分析不断地集中到那些与核心类属有关的码号上。核心类属必须在与其他类属的比较中 一再被证明具有统领性，能够将最大多数的研究结果囊括在一个比较宽泛的理论范围内。就像是一个渔网的拉线，核心类属可以把所有其他的类属串成一个整体拎起来，起到“提纲挈领”的作用。扎根理论广泛应用于社会科学领域，本章以涉警网络谣言风险识别、社会安全事件情感分析、虚假新闻引爆机理为例，介绍扎根理论方法在警务领域的应用。

6.1 涉警网络谣言风险识别模型

6.1.1 涉警网络谣言风险识别思路

运用扎根理论方法识别涉警网络谣言风险，为涉警网络谣言治理提供理论参考。涉警网络谣言风险即可能引发涉警网络谣言并造成负面影响的因素或事件。

首先，确定涉警网络谣言案例，并经过数据清洗将案例信息整理归纳形成文本材料。其次，将文本信息导入 NVivo12 进行编码，经过开放性编码、主轴编码、选择性编码和饱和性检验等研究步骤，如果没有达成理论饱和，继续添加涉警网络谣言案例或者文献资料进行再次编码，直到达成理论饱和。将以上过程识别出的范畴定义为涉警网络谣言的风险点。最后，对风险点进行类型化的分析，为深入理解风险点形成原因及机制，进而提出涉警网络谣言风险治理策略提供参考。具体研究思路如图 6.1 所示。

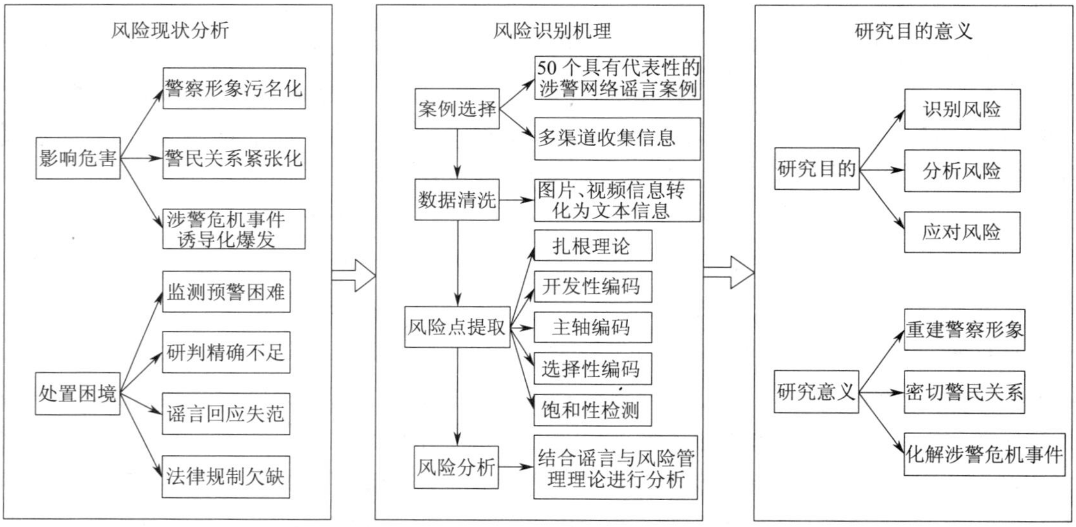

图 6.1 涉警网络谣言风险识别思路图

6.1.2 涉警网络谣言风险识别建模

1. 涉警网络谣言案例

网络谣言信息零散分布在各个网络平台中，因此研究涉警网络谣言需要在全网范围内收集相关资料。为获得能够反映涉警网络谣言传播演化规律足够的数据，以 2013—2021 年近 8 年的涉警网络谣言报道信息为线索，在微信、微博、知乎、天涯论坛以及新闻媒体网站等具有典型性的网络平台上搜集相关信息，经过筛选共确定涉警网络谣言事件 50 余起；然后对涉警网络谣言事件进行整理归纳，并把视频、图片等形式的信息转化为文本信息；最后形成 2 万余字的涉警网络谣言案例文本。

选择 NVivo12 质性研究软件进行辅助编码。NVivo12 是一款支持质性研究方法和混合研究方法的软件，可以用来收集、整理和分析访谈、焦点小组讨论、问卷调查、音视频、社交媒体和网页等内容。同时，NVivo12 还具有强大的搜索、查询和可视化工具，可以深入分析数据。本研究收集的涉警网络谣言数据具有数据量大且数据种类多样的特点，手工编码存在程序繁杂、耗时长，且准确性难以把握等缺点，故选择 NVivo12 软件对多种格式的数据进行编码，并且该软件直观可视的操作化界面和操作方法也有利于编码提炼。

2. 开放性编码

开放性编码是编码的第一步，主要任务是对原文进行概念化和范畴化。在此过程中，研究者要求以一种开放的心态，尽量“悬置”个人的“偏见”和研究界的“定见”，将所有的资料按其本身所呈现的状态进行概念化与范畴化。即针对涉警网络谣言资料，以涉警网络谣言风险为研究主题，逐字逐句进行研读与分析，将材料上升为概念，将概念上升为范畴，进而命名范畴，发展范畴。

3. 主轴编码

开放性编码所得到的范畴都是独立而零散的，相互之间的关系未能得到充分研究与探讨。主轴编码可以利用典范模型“因果条件 - 现象 - 脉络 - 中介条件 - 行动 / 互动策略 - 结果”将开放性编码中得出的各项范畴连接在一起，如图 6.2 所示。主轴编码的主要目的是在开发出的范畴之间建立联系，通过对范畴间的因果关系、时间关系、情境关系、语义关系、相似关系的关联性分析，进而在初步建立的范畴基础上发展出主范畴。通过对开放性编码所获得的 16 个范畴进行关联性分型，本研究最终得到 6 个主范畴，见表 6.1。

图 6.2　主轴编码的过程

表 6.1　主轴编码统计表

<table>
<tr><th>范畴</th><th>主范畴</th></tr>
<tr><td>C1 敏感群体</td><td rowspan="3">D1 高敏感特征风险</td></tr>
<tr><td>C2 敏感行为</td></tr>
<tr><td>C3 谣言信度</td></tr>
</table>

续表

范畴	主范畴
C4 故意歪曲	D2 恶意中伤风险
C5 恶意捏造	
C9 冒充身份	
C7 模糊程度	D3 谣言信息风险
C14 重要程度	
C6 辨别素养	D4 媒介素养风险
C12 辟谣能力	
C15 法治意识	
C8 渠道多元	D5 传播扩散风险
C13 责任缺失	
C16 谣言危害	
C10 刻板印象	D6 刻板印象风险

4. 选择性编码和饱和性检验

选择性编码的目的是在已经提炼出来的主范畴中，通过系统全面的分析，选择出核心范畴，通过对核心范畴与其他范畴之间的关系进行分析整理，用故事线的方式对整个事件进行描述。选择出的核心范畴必须具有统领全文资料，资料内容科学刻画，与其他主范畴间联系自然且紧密等特点。经过选择性编码，最终选定四个核心范畴，即谣言信息风险、仇警心态风险、媒介素养风险、传播扩散风险，具体见表 6.2。

表 6.2　选择性编码统计表

核心范畴	主范畴	主范畴具体含义
E1 谣言信息风险	D1 高敏感特征	主要包括老弱妇孺、学生等高敏感群体与暴力执法、贪污、徇私枉法等高敏感行为
	D3 谣言信息	谣言信息具有煽动性、模糊性，受众认为谣言内容与自己关系密切，往往能够戳中公众的痛点，引起公众的共鸣
E2 仇警心态风险	D2 恶意中伤	故意歪曲民警执法不作为、慢作为，故意放大民警打人的行为，主观上刻意诋毁公安机关，客观上具备明显炒作的痕迹
	D6 刻板印象	受社会集体记忆的影响，公安机关社会认可度较低，执法权威不足
E3 媒介素养风险	D4 媒介素养	网民面对涉警网络谣言极易认同并采取转发行为，政府和公安部门面对涉警网络谣言往往出现应对不力、管理理念落后的风险
E4 传播扩散风险	D5 传播扩散	谣言传播速度快，在传播过程中易受到媒体力量、网络意见领袖以及网络推手的多重作用，谣言在传播扩散中存在传播速度快和变异的风险

经过收集数据和编码的多次循环反复形成涉警网络谣言风险核心范畴，最后选择剩余的 10 个涉警网络谣言事件作为理论饱和性检验材料，按照前文研究方法，邀请两名研究生

学生进行再次编码，均未发现新的范畴和类属，说明本研究已达到理论饱和。

6.1.3 涉警网络谣言风险分析

基于核心范畴展开的故事线是行政相对人和相关人以及少量具有仇警心态的网络推手故意模糊警察执法或者道听途说的信息，并在网络上发布具有煽动性的网络谣言信息。不明真相的受众对网络谣言的鉴别能力不足，加上谣言信息半真半假的特性以及对警察形象的刻板印象，谣言受众往往宁愿相信谣言是真实发生的，进而使谣言得到大范围的传播扩散，造成警察形象受损和警察执法公信力下降等危害。

1. 谣言信息风险

谣言信息风险是涉警网络谣言发生发展过程中谣言信息本身所具有的风险，是涉警网络谣言的基础和前提。其主要表现如下：一是高敏感群体，主要包括老幼妇孺、学生等；二是高敏感行为，主要包括暴力执法、贪污、徇私枉法等；例如“文昌警察殴打老幼妇孺？警方放现场视频破谣言”，这一谣言包含老幼妇孺这一弱势群体，并且具有高敏感行为“警察打人”，立即在网络上引起大量关注并得到转发；三是谣言信息的煽动性、模糊性、真实性，网民认为谣言内容与自己关系密切，往往能够戳中网民的痛点，引起公众的共鸣，在从众心理的影响下，网民选择相信谣言是真实的。

综上所述，各种网民高度关注的敏感因素相互交织碰撞，形成复合网络舆情态势，难以把控和管理。因此，涉警网络谣言识别与治理中应当关注谣言的文本、图像、视频等信息本身。

2. 仇警心态风险

怨恨作为一种强度极高的负面情绪具有极强的弥散性，警察由于与官员群体之间的强相关性，也已成为社会怨恨情绪的一个明显客体，以至于形成了较明显的仇警心态。涉警网络谣言一旦出现，就会迅速得到网民群体的关注，经过网民转发和评论后在网络上形成一定的舆情气候。在涉警网络谣言中，网民往往会站到警察的对立面，在“强权”与弱势群体的对抗中，质疑、指责、批评警察群体或者个人。

仇警心态具有不同程度的表现形式。按照由轻到重的表现形式依次为质疑、不信任、负面刻板印象、恶意制造涉警谣言、辱警言论、袭警行为，即由认识到付诸实践，由语言攻击到行为攻击。例如“派出所无人办公，让群众等候”的谣言就是恶意制造的涉警谣言，刻意营造派出所不作为的形象。显然，仇警心态风险的危害巨大，为公安机关带来执法成本的增加，甚至有可能导致人身伤害。

3. 媒介素养风险

媒介素养的内涵包括认识大众传媒、使用大众传媒、对大众传媒的批判三个部分，其中对于负面信息的免疫能力是衡量媒介素养的重要指标。全媒体时代，在网络多元价值与主流意识形态之间的碰撞中逐渐暴露出参与主体的媒介素养不足的问题，具体表现如下。

政府方面，主要是传统的社会治理经验、机制与全媒体的时代变革之间不适应、不匹配的问题。具体现象是个别单位、个别领导存在观念落后，应对涉警网络谣言的能力不足等，未能抓住黄金时间进行科学有效的辟谣，导致政府公信力受损，进而有可能陷入“塔西佗陷阱”。个别基层政府往往不加区分的调动警力甚至不当使用警力，致使警察往往处于社会矛盾冲突的“对峙”状态，这种简单粗暴的做法往往会加剧警民之间的矛盾，不利于公安机关开展后续工作。

网民方面，面对涉警网络谣言，网民往往站在公安机关和警察个体的对立面。其主要原因为此类谣言往往能唤起网民的负面刻板印象，并在网络推手和网络意见领袖裹挟下扮演推波助澜的角色。

4. 传播扩散风险

涉警网络谣言在传播扩散中经过媒体报道、网络推手和意见领袖的引导，促成了涉警网络谣言的深度发酵，进而放大固有风险的作用，具体表现如下。

媒体方面，根源在于媒体如何把握自身利益与社会利益之间的平衡，主要体现为“媒介审判”“媒介逼视”“权力寻租”“权力越位”“媒介歧视”等媒体失范现象。如《新京报》“我们视频”在“马鞍山女子哭诉遭骚扰”的涉警网络谣言调查过程中，采访涉事女子，其多次辩解，导致事件真相模糊不清。此外，一些自媒体也是涉警谣言“集散地”“放大器”，赚取流量、“以谣生利”的动机更加直接，谣言事件中总是少不了其身影。

网络推手方面，网络推手是一种网络营销、网络公关现象。在网络推手操控之下，涉警网络谣言所反映出来的“民意”已经背离原本的含义。因此，在涉警网络谣言风险治理中，要特别警惕网络推手的作用。

网络意见领袖方面，主要特征是水平参差不齐，传播动机各不相同，有一定数量的粉丝，对涉警事件及其相关议题的观点和看法能够迅速引起一定网民的聚集、围观或探讨等，对于涉警网络谣言的发生与否、影响程度具有不确定性的影响风险。如拥有 124 万粉丝的微博大 V“@ 鹅组兔区爆料”转发《疑似幼儿园孤儿院被重金贿赂养成幼儿满足兽欲……》，并评论称“我要吐了”，引发网民大量转发。部分微博大 V 对网民形成错误引导，在涉警谣言中成为重要传播者。由于网络意见领袖的识别和管控难度较大，从而增加涉警网络谣言风险的不确定性。

6.2 社会安全事件情感分析模型

6.2.1 基于扎根理论的案例分析

基于扎根理论的质性研究特点，以社会安全事件微博舆情为例，采用情感词典的情感分析方法对社会安全事件网络舆情演化阶段进行情感极性及极性强度的分析，为社会安全事件情感引导提供理论支持。

1. 案例描述和数据来源

2017 年，某纵火案在案件侦破过程中，随着犯罪嫌疑人对案发经过“所谓真相”的不断透露，媒体及民众开始对案件相关方——杭州市消防局的灭火救援行动提出大量质疑。同时，在各大线上线下媒体的助推下，案件舆情不断发酵，在微博上迅速演变成衍生舆情，对政府及相关部门的公信力造成极大影响。基于上述案例，在微博中搜索相关主题讨论、新闻报道评论及个人评论文章，共计约 447 亿次阅读量、260 余万条评论。鉴于扎根理论对于原始数据的选择标准为数量充足、质量较优，因此在 260 余万条评论中采用 TF-IDF 方法选取 1 万条热门评论或篇幅较长的评论作为原始资料，其具体来源分别是话题讨论中的留言 3 276 条，热门新闻评论区留言 3 823 条，意见领袖热度较高的评论文章留言 2 901 条。其中，点赞量超过 500 的评论有 2 894 条，超过 1 000 的评论有 1 203 条，符合扎根理论对原始资料的要求。

2. 案例分析

（1）开放性编码。采用质性分析软件 NVivo 10.0 进行编码，首先确定微博语料的概念和范畴。部分开放性编码过程见表 6.3。

表 .3　部分开放性编码过程

评论原文	概念化	范畴化
看的人怒气填胸，无辜的四条性命该由谁来偿还？	怨恨情绪	情绪心态
国家每年往消防投了多少钱，都被谁吃了，无语！	仇官情绪	
以后再有火咱们就别报警了，说不定还能活下来	围观心态	

在对所有抽取的原始评论进行开放性编码后，得到表 6.4 所示的 15 个范畴和 52 个概念。

表 6.4　开放式编码的范畴、概念

序号	范畴	概念
1	媒体导向	博取关注度，经济效益，社会责任感缺失
2	失职渎职	不作为、乱作为，建审不力，防火监督失职
3	制度构建	机制缺陷，创新不够，与时代脱节
4	沟通情况	政府进度缓慢，应对乏力，官方失语
5	官方发布	事情进展，救援力量，政府立场，组织安排，谣言驳斥
6	问题追踪	伤员后续处理情况，环境保护，周边居民的权利保障

续表

序号	范畴	概念
7	观点评述	严厉问责，迟来的公平，谣言抵制，冷静思考，专家分析
8	情感情绪	从众心理，同情心理，冷漠淡薄，怨恨情绪，围观心态，紧张焦虑
9	知识宣传	火灾逃生，火场自救，原理事发地
10	经验教训	政府职能，救援力量，心理准备，防火意识
11	救助帮扶	捐款捐物，网络祈福，感恩消防员
12	真相质疑	到场时间，救援能力，物业责任
13	谣言传播	消防阴谋，政府打压，消防贪污
14	实况转述	观感记录，措辞描述
15	意见领袖	问题洞察，话语权，个人影响力

（2）主轴性编码。采用扎根理论中的典范模型对事件演化因素使用故事线进行连贯，以“因果条件 - 现象 - 脉络 - 中介条件 - 行动 - 结果”六个方面连接起来。同时，在连接过程中，对部分叠加范畴进行归类，形成主范畴概念，为最终的选择性编码做好理论筛选。主轴性编码典范模型如图 6.3 所示。

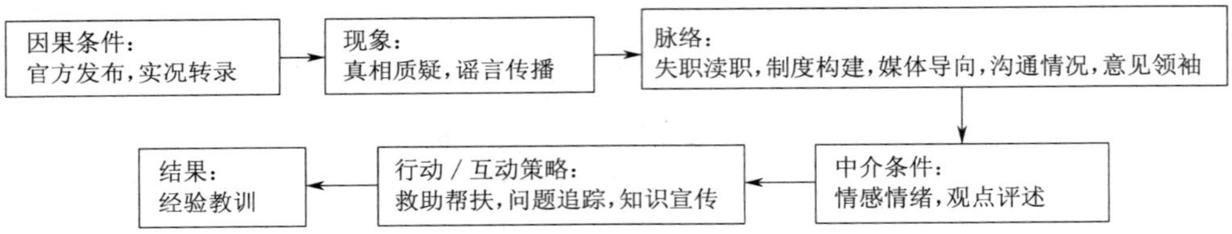

图 6.3　主轴性编码典范模型

（3）选择性编码。在上一步的基础上，寻找主范畴中的核心范畴，以其作为情感词典构建及案件舆情引导的理论基础。因此，选择出的核心范畴必须具有统领全文资料，资料内容科学刻画，与其他主范畴间联系自然且紧密的特点。最终，确定三个核心范畴：官方发布、媒体导向、情感情绪。

（4）理论饱和性检验。为确保影响因素构建的全面可靠，需对编码后的理论进行饱和性检验。在结合现有检验模式的基础上，采用以下两种检验方式：①经典饱和度检验方法，即采用预留的 500 条评论内容重新进行三级编码，与首轮编码结果相比没有产生新的概念，可认为理论饱和；②采用归类一致性指数，即分档时分档者对于相同评论内容编码归类一致的数量与整体编码评论数量的比值。经实验论证后，编码的信度值为 0.83，信度值较高，证明构建的理论通过检验。

6.2.2　情感词典构建

1. 社会安全事件微博情感词典的构成

本节用于情感分析的词典具有较强的社会安全事件领域针对性及适用性，且情感分析的内容均为网络评论文本。因此，除使用基础情感词典、程度副词情感词表、否定词情感词表及连词词表外，还应在自定义词典中加入社会安全事件专属情感词典及表情符号情感词典。在选择基础情感词典的问题上，鉴于本节的情感分析目标是多维情感分析，而不是传统意义上的三元分类，在考量国内常用的情感词典后，决定使用大连理工大学的情感词汇本体库，选择其中的词语、情感分类及情感强度三项特征，其中情感分类为“乐、哀、怒、惊、惧、好、恶”七种情感维度。本节使用的情感词典的构成如图 6.4 所示，下面对表情符号情感词典及社会安全事件专属词典的构建予以描述。

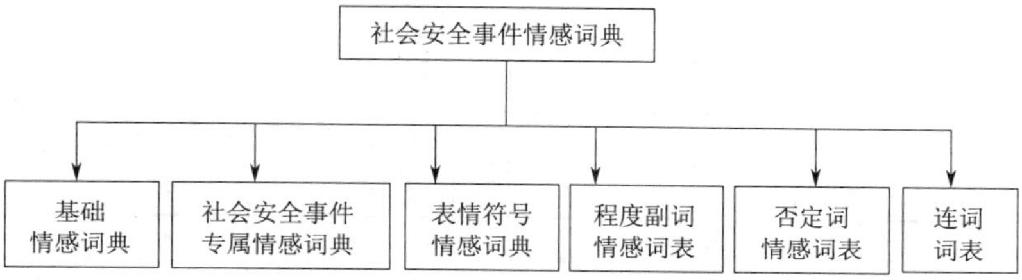

图 6.4　社会安全事件微博情感词典的构成

2. 表情符号情感词典的构建

目前，微博上存在的表情符号种类繁杂、情感各异，若全部采用人工标注的方式显然效率较低，且不利于后续表情符号情感词典的自动构建。因此，首先随机抽取 3 000 条含有表情符号的情感词典，对文本中的表情符号进行词频统计，选择频率高的表情符号作为基准符号候选名单，在确保七种情感维度的基准表情符号数量基本均等条件下，对基准表情符号进行人工标注，方法参考本体库对于情感词汇的标注原则，得到表 6.5 所示的基准表情符号词典。随后，采用点互信息（PMI）算法进行表情符号情感词典的自动扩展，算法公式为

$$PMI(x,y)=\lg\frac{p(x,y)}{p(x)p(y)} \tag{6.1}$$

其中，$p(x,y)$ 表示 x 与 y 一起出现的概率；$p(x)$ 表示词语 x 在文本中使用的概率；$p(y)$ 表示词语 y 在文本中使用的概率；$PMI(x,\ y)$ 表示两个词语同时出现的程度。

对目标情感符号进行遍历搜索，对得到的 PMI 值进行排名，在进行对比后将目标表情符号归入 PMI 值最大的基准表情符号类别中。在此规定：①若目标表情符号在遍历计算后与所有基准情感符号的 PMI 值为 0，则可认为该表情较为生僻，不予纳入表情符号词典；②若一条评论文本中出现两种或两种以上情感维度，根据中文的行文规律，重要的情感维度通常会放置在句子的后半部分，此种情况在社会安全事件的评论文本中也较为适用。因此，情

感分析以最后出现的表情符号所属情感维度进行归纳，对得到的归纳后的表情符号进行强度计算并取整，即可得到表情符号情感词典。

表 3　基准表情符号

表情符号	情感分类	情感强度	表情符号	情感分类	情感强度
[笑 cry]	乐	9	[伤心]	衰	5
[心]	乐	7	[悲伤]	衰	7
[抱抱]	乐	7	[允悲]	惧	3
[喵喵]	乐	5	[衰]	惧	5
[酷]	好	5	[并不简单]	惧	5
[憧憬]	好	5	[鄙视]	恶	7
[色]	好	7	[白眼]	恶	9
[微笑]	怒	3	[吐]	恶	7
[抓狂]	怒	7	[傻眼]	惊	5
[左哼哼]	怒	5	[晕]	惊	5
[右哼哼]	怒	5	[吃惊]	惊	7
[汗]	衰	3	[doge]	惊	5

3. 社会安全事件专属情感词典的构建

领域专属情感词典是指针对特殊适用领域而构造的情感分析专用词典，它是提高情感词典评价指标的重要组成部分。但此类情感词在一般的基础情感词典中都没有收录，或者被标定为中性情感词，这显然与实际情况存在较大的误差。因此，采用以下程序构造社会安全事件专属情感词典：①结合前文案例分析中对于社会安全事件舆情影响因素的分析，选取开放性编码得到 15 个范畴和 52 个概念；②对爬取后的文本数据做时间切片，以“天”为单位进行数据划分，随后使用上下熵方法对经过 ICTCLAS 分词软件进行分词处理的微博语料做词频统计，并设定词语上下熵的阈值，经此种方法处理后的词语虽然包含大量预期的主题词语，但仍存在一些非目标词语的高频词，如“的是”“不过”等，因此引入 TF-IDF 方法对词语在语料中的重要程度进行排名，在计算每个词语的 TF-IDF 值后，将该数值与设定的限值相比较，并将高于该限值的词语作为专属情感词典的扩充词集，具体如式（6.2）所示；③对上述得到的词语、范畴和概念进行汇总，采用头脑风暴的方式进行词语扩展。对词语进行情感维度、情感分类的标注后，最终得到 103 个领域情感词，部分情感词表 6.6。

$$TF-IDF(w_i)=freq(w_i)\cdot \lg\left(\frac{N}{df(w_i)}\right) \tag{6.2}$$

表 6.6　社会安全事件专属情感词典(部分)

情感词	类型	强度	情感词	类型	强度	情感词	类型	强度
揣测	惧	3	脱节	惧	3	不作为	怒	3
不力	衰	5	问责	怒	5	弄死	怒	5
点赞	好	5	人肉	怒	3	砖家	恶	5
屏蔽	恶	5	民愤	怒	5	打击	好	7
傻 X	怒	7	天理何在	惧	5	掩盖	恶	7
厉害了	乐	9	假大空	恶	7	临时工	恶	5
删帖	恶	7	伤害	衰	5	打压	怒	7
给力	好	9	纳闷	惊	3	严惩	怒	9
推诿	恶	5	悲哀	衰	7			

通过上述词典的构建,基本囊括了影响微博情感极性分析的主要文本及语料。对得到的情感词语进行情感极性强度计算,进而实现情感分析的数值量化。

4. 实验与分析

1)实验设计

为验证所构建的情感词典的有效性,从“6•22 杭州保姆纵火案”的主题评论中随机挑选 3 000 条评论文本构成实验样本,样本采用人工标注法,选取心理学专业的 4 名未参与过情感极性强度标注的研究生进行标注,规定同一条评论中至少有 3 人的情感标注维度一致时方可收录,最终得到 2 934 条被标记的评论。将标记的评论分别使用情感词汇本体库及上述构建的社会安全事件微博情感词典进行情感分析,实验的评价指标选择准确率(p)、召回率(r)及 F-measure 三项指标进行综合比对分析,进而确保指标间可以优势互补,对实验结果实现科学准确的刻画。三项指标的计算公式如下:

$$p=\frac{n_1}{n_1+n_3}\times 100\% \tag{6.3}$$

$$r=\frac{n_1}{n_1+n_2}\times 100\% \tag{6.4}$$

$$F-measure=\frac{2pr}{p+r} \tag{6.5}$$

其中,n_1 表示正确判断出情感极性的词语数,即被词典和人工极性标注一致的词语数;n_2 表示被词典判断的情感极性与人工标注结果不一致的词语数;n_3 表示不属于检索范围但被词典检索出的词语数。最终得到的实验结果如图 6.5 所示。

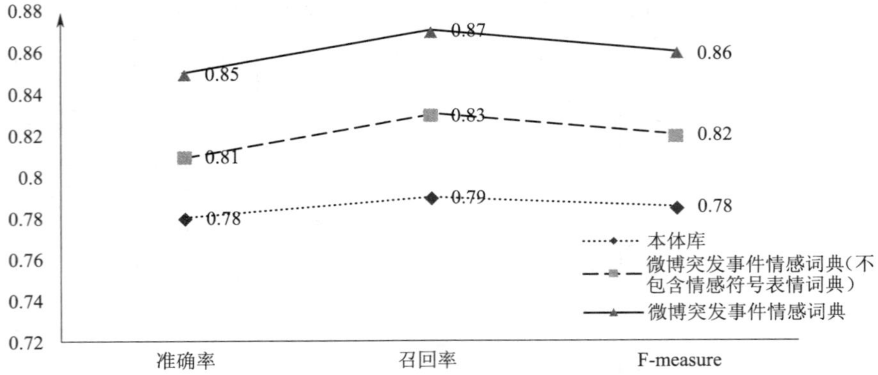

图 6.5　不同情感词典的情感分析性能对比

2)实验分析

从图 6.5 可以看出,在准确率、召回率、F-measure 三项指标方面,前文构建的社会安全事件微博情感词典均优于本体库及不包含微博表情符号的情感词典,准确率在三项指标方面与后两者相比分别提高了 7%、4%;召回率相比提高了 9%、4%; F-measure 相比提高了 8%、4%,证明所构建的情感词典在针对社会安全事件的情感分析中能够实现较优的分类性能,更适用于实际情感分析。

6.2.3　情感演化分析

1. 全文本数据处理

采用八爪鱼采集器对"6・22 杭州保姆纵火案"事件的相关主题讨论、微博评论进行爬取,提取时间为 2017 年 6 月 22 日 14 时至 2018 年 6 月 22 日 14 时,爬取的目标为评论者、评论内容及评论时间,爬取完毕后共得到 2 632 891 条文本内容。在进行去除链接、去除停用词、繁体字转化、垃圾文本筛选等数据清洗后,共得到 2 537 771 条文本信息。采用中科院的 ICTCLAS 分词系统进行中文分词,为下一步情感词典分析做准备。

2. 舆情时序图

将评论信息以"月"为单位进行评论数量的统计,舆情时序图如图 6.6 所示,图内数字表示对应月份的评论及讨论总量。可以看出,该事件自 2017 年 6 月 22 日发生后,网络舆情呈现出"双峰"形的演化规律,以"爆发期、衰减期、恢复期"三个阶段进行划分。由于该事件在后续发展阶段产生了衍生舆情,因此应在发展阶段中加入"二次爆发期、二次衰减期、二次恢复期"三个阶段,共形成舆情发展的六个阶段,分别为一次爆发阶段(虚线 1 之前)、一次衰减期(虚线 1~2)、一次恢复期(虚线 2~3)、二次爆发期(虚线 3~4)、二次衰减期(虚线 4~5)、二次恢复期(虚线 5 之后)。

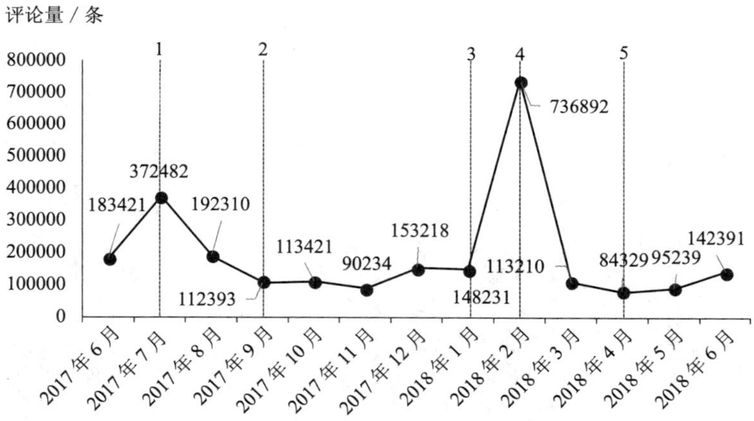

图 6.6　舆情时序图

为了进一步剖析各个阶段舆情信息量的变化因素，使用 TF-IDF 方法进行特征提取。如式（6.6），不同于传统的特征提取方式，此处引入 χ^2 统计量进行特定时间窗口的特征选择。χ^2 越大，说明关联度越高，其计算式如式（6.7）所示。

$$W(s,d)=\frac{tf(s,d)\times\lg(\frac{N}{n_t}+0.01)}{\sqrt{\sum_{s\in d}\left[f(s,d)\times\lg(\frac{N}{n_t}+0.01)\right]}} \tag{6.6}$$

$$\chi^2(s,t)=\frac{Q\times(A\times D-C\times B)^2}{(A+C)\times(B+D)\times(A+B)\times(C+D)} \tag{6.7}$$

其中，$W(s,d)$ 为特征项 t 的权重；$tf(s,d)$ 为主题词的词频；n_t 为主题词 t 出现的文档数目；N 为文档总量；A 为属于 t 并且包含 s 的频数；B 为不属于 t 且不包含 s 的频数；C 为属于 t 但不包含 s 的频数；D 为既不属于 t 也不包含 s 的频数；Q 为文档总量。

3. 情感分析

使用构建的社会安全事件微博情感词典对分词后的上述 2 537 771 条评论进行情感分析，按照舆情发展的 6 个阶段对文本进行分组并进行情感标注，得到如图 6.7 所示的舆情发展阶段及情感分类情况，情感分布规律汇总如下：

（1）“怒”“恶”两种情绪占据主导地位；

（2）“好”“惊”两种情绪存在同时出现的情况；

（3）消极情绪长期存在且没有适当转移。

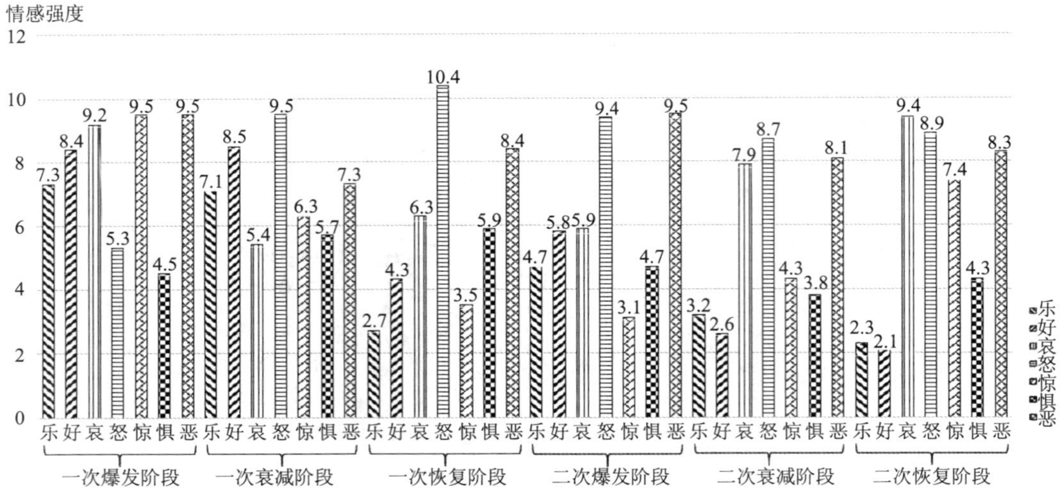

图 6.7 舆情发展阶段及情感分类情况

4. 基于扎根理论的应对策略

鉴于扎根理论对影响因素的分析可做到客观、全面、准确，因此在掌握了各个阶段的情绪属性及情绪强度的基础上，结合前面社会安全事件舆情影响因素的开放性编码结果，对情感主题与编码元素进行匹配，可为不同阶段的舆情应对措施提供重要指导。

（1）通过情感数据挖掘，全面感知网民心理情绪演变，为政府掌握舆情态势和引导舆情提供决策依据。网民情绪是影响网络舆情的关键因素。通过前面的开放性编码可以发现，在面对社会安全事件时，网民的情绪主要有从众心理、同情心理、冷漠淡薄、怨恨情绪、围观心态、紧张焦虑等六种表现。因此，在一次爆发阶段与一次衰减阶段中，网民在"好"这一情感维度中的得分较高、评论量较大，且这两个阶段内的对应主题词有"坚强""加油""善良""美好"等词语，因此可以推测出网民在该阶段的情绪状态为同情心理及从众心理。因此，在这两个阶段应注意正面宣传网民的善意善举，扩大同情心理的网络受众；同时，相关部门要时刻关注舆情的主题演化，避免网民情绪向怨恨情绪、冷漠淡薄等情绪的转变，实现网民情绪的动态掌握。

（2）通过情感数据挖掘，及时捕捉负面情感并主动回应，争取引导舆情的先动优势。观察图 6.7 所示的舆情发展阶段及情感分类情况，除一次爆发阶段外，"恶"与"怒"的情感强度一直居高不下，观察这五个阶段的对应主题，主要有防火安全、问责、灭火、寒心、监督、死刑、真相、信息公开等词语，将这些词语与开放性编码结果进行信息匹配，可以发现主题词主要隶属于"失职渎职""沟通情况""真相质疑""问题追踪"等四个范畴。因此，在这五个阶段内，政府及涉事主体（如杭州市消防局）应针对网民的关注焦点问题迅速回应，实现话语权的主导地位，从事件进展、救援力量、政府立场、谣言驳斥等角度全方位回应网民的质疑；对于真相质疑这一范畴，政府及相关部门应主动回应，若事件的结果暂不明朗，可以采取"慎说原因，缓说结论，主说措施"的方法，语气诚恳，以理服人，表明立场，防止网络谣言进一步激化。同时，从“沟通角度”这一视角出发，政府及涉事主体应积极应对，讲求沟通策略，主动设置议题，转移社会安全事件中的恶性因素，如在一次爆发阶段，可结合被害者家属创立“潼臻一生”基金会这一事件，弘扬该事件中的正能量，结合官方的主动回应措施，可加速舆情从爆发阶段向衰减阶段的演化态势。

（3）通过情感数据挖掘，快速及时地获取网民关切的核心内容，有的放矢，防止应对舆情焦点的错位。情感强度值的变化直观反映了网民的情绪波动情况，因此若能了解网民的情感属性的变化，就能有针对性地做出舆情疏导措施。如在一次衰减阶段至一次恢复阶段的过渡期，网民情感属性中的“好”情感强度急剧下降，“怒”与“恶”的情感强度急剧增加，对该阶段的主题词情况和扎根理论的对应影响因素进行比对，得出从一次衰减阶段到一次恢复阶段的转变中，影响因素从“失职渎职”“沟通情况”“真相质疑”“问题追踪”等四个范畴转移到“情感情绪”“谣言传播”“制度构建”等三个范畴，因此应结合所属范畴的变化，对谣言予以驳斥，针对网民提出的制度缺陷问题，可侧面回应，通过宣传消防部门的规范行为及优良作风，遏制此类评论量的增加。

6.3　虚假新闻引爆机理模型

6.3.1　数据来源与研究思路

近年来，由虚假新闻引发的舆论风暴呈增长趋势，运用扎根理论进行质性分析，探讨高热虚假新闻之所以能取信于人、快速传播并轰燃引爆的内在原因，并据此提出政府监管机制，有利于及时有效辟谣，避免舆情危机或线下事件的发生，净化网络环境，维护社会稳定。

1. 数据来源

选择《新闻记者》杂志总结的 2018 年十大虚假新闻中 10 个典型的虚假新闻案例进行研究。通过微博、微信公众号等网络平台对虚假新闻首发的原始材料进行搜集，包括文字材料、图片材料和视频材料等。随后通过多种材料相互比对，确认收集的原始材料的完整性和准确性，最终整理成 10 个文档（共 8 207 个字符）导入 NVivo12 进行研究。

选择原始材料进行分析有利于使研究根植于虚假新闻本身，避免其他信息的干扰。类别分析后发现，十大虚假新闻中社会民生类占 4 条，公共安全、金融财经、知名人物、突发事件、政策法制类各占 1 条。这与 2018 年新闻热点分布大体上相一致，证明研究样本具有可信性。在分析过程中，为了避免孤立信息造成意义上的偏差，保持文本的一致性和内容完整性，凡是虚假新闻的原始材料都进行了整篇分析。结合虚假新闻信息的上下文、具体语境、社会背景、文化内涵，探讨虚假新闻迅速引爆、吸引受众、扰乱视听、以假乱真的原因。

2. 研究思路

由于虚假新闻广泛存在于网络环境中，且存在形式多样，内容较易收集，为扎根理论的应用提供了广泛而充实的样本资料。使用扎根理论研究方法对虚假新闻文本、图片、视频所蕴含的内容进行编码，综合时政材料、相关政策、统计数据等信息，以便更加科学地得出虚假新闻引爆式传播扩散的基本要素，从而为政府监管机制的制定提供有力依据。具体研究步骤主要包括开放编码、主轴编码、选择编码等，如图 6.8 所示。

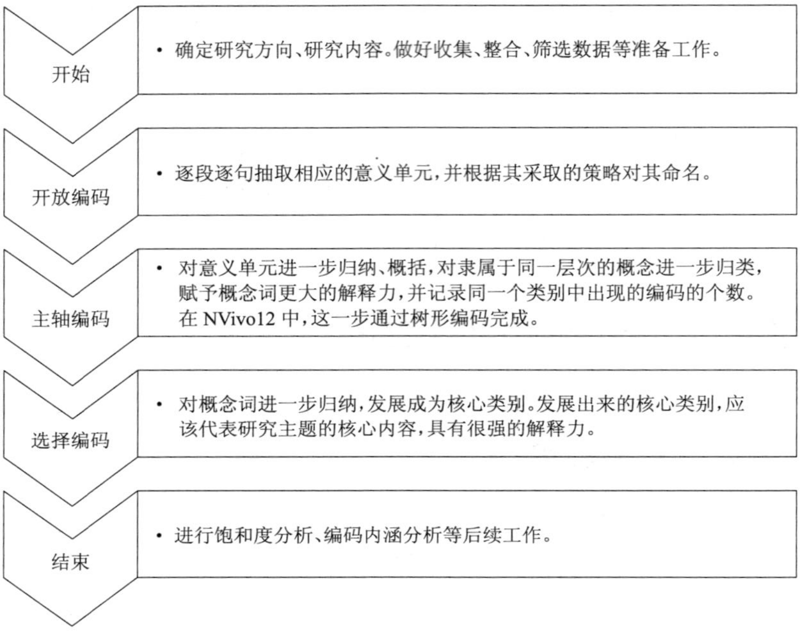

图 6.8 具体研究步骤示图

由于虚假新闻存在形式多样，原始的编码方法烦琐、容易出错，使用 NVivo12 进行扎根理论的编码工作，可以对文本、图像、视频、音频等不同格式的原始信息进行整合，快速、准确地推动理论的构建和决策方案的提出。同时，NVivo12 的直观编码界面有助于有效识别虚假新闻语料信息中存在的潜在信息和情感倾向，便捷的操作使不同等级的编码在调节过程中更加清晰，具体流程如图 6.9 所示。

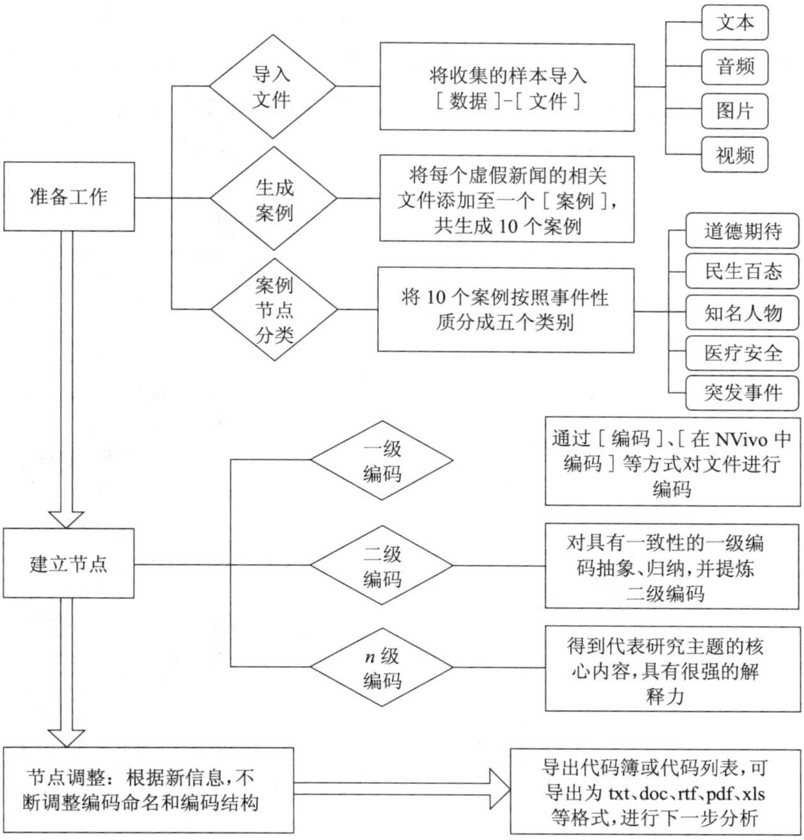

图 6.9　NVivo12 操作流程示意图

6.3.2　虚假新闻引爆机理

1. 虚假新闻源信息的开放性编码

开放性编码阶段要求以客观的态度、开放的思维对收集到的资料进行梳理和归纳，逐个案例依次进行。首先，对涉及案例的所有材料进行阅读，逐字逐句提取重要信息，对视频材料和图片材料也要以文本形式进行描述，按材料自然状态进行定义和归属。生成的编码标签用 Ax 标注，所有案例完成后，共得到 346 个一级编码。其次，对一级编码进行归纳组合，对意义相同、概念类似、角度接近、情感相符或其他虚假新闻中呈现出的一致现象进行概念化，生成二级编码，用 Bx 标注，共生成 23 个二级编码。最后，进行范畴化过程，通过进一步分析 23 个概念间的关系，将反映相同现象的概念归纳在一起，生成一个更加抽象的概念，形成一个范畴，用 Cx 标注，最终形成 9 个范畴。

2. 虚假新闻源信息的主轴编码

经过开放性编码对原始数据进行分解和归纳后，共发掘出 9 个初步范畴。在主轴编码阶段，对发掘出的范畴依据其差异关系、功能关系和策略关系，进行综合的关联性分析，发现范畴类属之间的各种联系，进而在初步范畴的基础上发展出主范畴。在这一过程中，研究的最终目的并不是提炼获取这些范畴，而是将这些范畴互相联系起来建立具有实践意义的理论。在这一阶段中，共归纳获得 6 个主范畴，用 Dx 标注，见表 6.7。

表 6.7　虚假新闻源信息的主轴编码

主范畴	范畴	联系内涵	引爆原因
D1 煽动性	C1 表达呼唤道德之意 C2 引发网民共情心理	虚假新闻通过抒发切合当下时代背景的情感，引发广大受众的共情心理。使网民容易产生感同身受的心理状态，主观情感上愿意相信新闻的真实性，并且愿意主动传播。同时，网民出于对新闻内容所反映的社会缺失的道德品质的呼吁，受众在增加新闻传播的同时，会结合自身的情感倾向进行渲染，形成添油加醋式的传播模式	富有煽动性的虚假新闻，往往容易导致网民情绪化，情感极端化的网民在网上过分批评、同情、赞扬一类人，使自己的情感得到发泄，在这一过程中极易引爆舆情危机
D2 求证性	C3 热点事件持续报道 C4 热点事件背景爆料	虚假新闻结合时事政治、突发事件、跟踪报道等讲求时效性的新闻，臆断制造第一手的“新闻报道”。求证心切的网民起初怀着半信半疑的心态传播，当舆情信息达到一定数量后，虚假新闻的“真实性”大大提升	不负责任的“真相”在受众中形成先入为主的印象，对于一些求证时间长、辟谣难度大的新闻非常不利。网民对热点事件的求证心导致信息引爆扩散
D3 敏感性	C5 内容涉及敏感政情	意识形态、社会制度、宗教、民族主义、社会道德、国防、外交政策等方面的相关话题极易成为敏感话题。虚假新闻一旦涉及敏感性较强的话题，更易引发社会关注	网民普遍认为在网络管理越来越严格的今天，涉及敏感话题的新闻都是较为严谨的。然而，个别媒体为获得较高点击率，铤而走险，在敏感话题上大做文章
D4 专业性	C6 专业术语权威发布	虚假新闻通过证明结果、求证权威机构、出示多种证明形式等方式追根溯源，寻找事实支撑，企图达到挖掘真相的目的	在虚假新闻中加入专业术语、法律条款、政府回应等内容，增加新闻的可信度，一些发文者自我的臆想、猜测、推理也穿插其中，极易被误解成真相，以假乱真
D5 及时性	C7 突发事件一手信息	突发事件的新闻往往是由现状到原因的追溯，网民首先知晓的是最终呈现的结果，而对原因、背景、条件的迫切求知欲导致一些看似具有及时性特点的虚假新闻优先得到信任和扩散	虚假新闻也属于新闻，也需要满足时效性的特点，例如信息的首发者往往会得到更多评论、转发和关注，及时满足网民信息渴求的新闻会得到广泛扩散
D6 新奇性	C8 争议事件引发关注 C9 激发网民猎奇心理	一些虚假新闻的制造会基于违反人之常情的事件、有争议的司法裁决或对处罚形式提出质疑，引发全民对制度争议的思考	富有新奇性的新闻由于日常比较少见，经过短期发酵后更容易引发爆炸式的扩散，网民会自觉主动地传播一些反常、奇特、与社会整体基调不符合的新闻，这类新闻会引发广泛讨论

3. 虚假新闻源信息的选择性编码

在选择性编码阶段，目的是在所有已经提炼出的主范畴中，再次进行系统性、全面性的分析，选择一个核心类属，即核心范畴，并以一个更为抽象的名词对核心范畴予以提炼。因此，在这一阶段的不断比较中，将具有相关性、相似性或能够归属于同一范畴的类属连接起来，找出资料中出现频率最高的、具有统领性的核心类属，为下一步进行模式构建提供方向。

对 6 个主范畴继续分析、反复比较后发现①满足“新奇性”和“敏感性”的虚假新闻，具有较强的“吸睛”作用，更能博得网民的关注度，同时满足此要素的新闻经过网民各抒己见式的评论、转发，容易衍生出更多的次生事件；②满足“煽动性”和“专业性”的虚假新闻更容易得到网民的信任，“煽动性”虚假新闻从感性角度入手，容易激发网民的同理心和同情心，使网民联系自身经历和身边环境，自愿承担情感的扩散任务，“专业性”虚假新闻从理性角度入手，使用专业术语或者冠以权威机构之名，得到网民信任；③满足“及时性”和“求证性”的虚假新闻从“需求要素”达到引爆效果，网民对信息的求知欲和求真欲使其对信息的更新有莫大的需求，并且通过信息分享的形式满足他人的需求，这种行为是网民在虚拟信息世界体现自身价值的一种方式，虚假新闻借助网民的这一需求心理进行扩散。核心范畴用 Ex 表示（表 6.8），其中三个核心范畴可以统领所有的范畴，最能够概括成为故事线，完整描述虚假新闻发酵、引爆、演化过程，亟须政府部门有针对性地加强监管。

表 6.8　虚假新闻源信息的选择性编码

核心范畴	主范畴	范畴
E1 信任要素	D1 煽动性	C1 表达呼唤道德之意
		C2 引发网民共情心理
	D4 专业性	C6 专业术语权威发布
E2 关注要素	D6 新奇性	C8 争议事件引发关注
		C9 激发网民猎奇心理
	D3 敏感性	C5 内容涉及敏感政情
E3 需求要素	D5 及时性	C7 突发事件一手信息
	D2 求证性	C3 热点事件持续报道
		C4 热点事件背景爆料

4. 饱和度检验

围绕虚假新闻与政府有效监管机制主题，反复收集信息数据，重复编码过程，调整编码结构，丰富研究结论。最后选定 2017 年十大虚假新闻进行饱和度检验。在检验过程中，并未发现新的范畴和可以形成的结构关系，说明虚假新闻引爆原理因素已经得到充分挖掘。因此，可以认为所收集和提炼的因素充分，在此基础上建立的政府监管机制在理论上是饱和的。

5. 虚假新闻引爆原理的理论总结

虚假新闻的引爆原理整体上可以体现在以下两个环节，如图 6.10 所示。

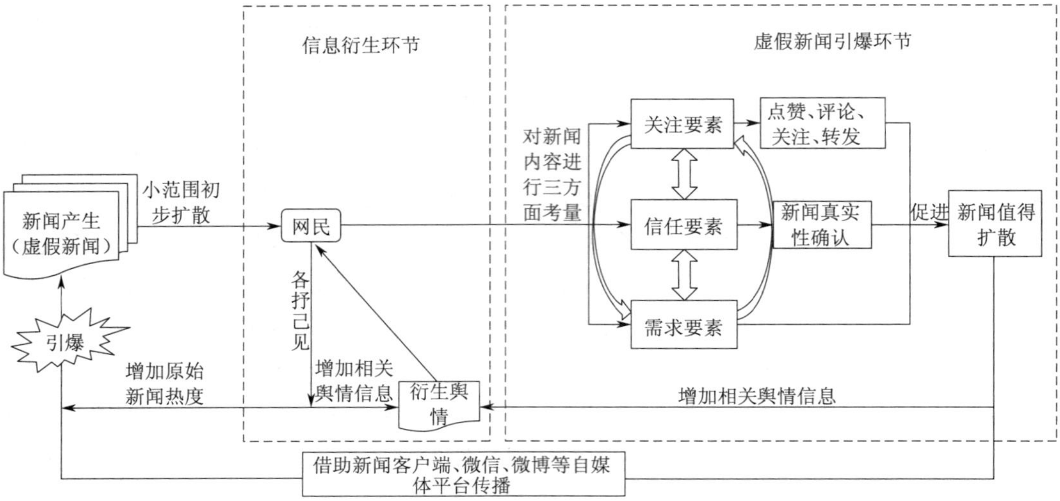

图 6.10 虚假新闻引爆机理示意图

（1）信息衍生环节，即产生之初的虚假新闻小范围初步扩散和发酵。首先接触这些虚假新闻的部分网民会针对该新闻进行小型的新闻传播和衍生信息制造工作。此时的传播和制造只是舆情的小幅度增加，不能达到引爆效果。这时舆情将分成两类，满足关注要素、信任要素或需求要素任何一项的新闻有可能进入第二个环节；不满足这些要素的新闻将在极大程度上走向消退。对新闻内容进行三方面考量，考量通过的原始虚假新闻和衍生信息，在虚假新闻引爆环节得到大幅度增长并再次刺激网民，使原始虚假新闻的话题数量和涉及范围膨胀式扩张。

（2）虚假新闻引爆环节。网民对虚假新闻进行三方面的考量，分别是关注要素、信任要素和需求要素。①关注要素，虚假新闻信息具有新奇性和敏感性，激发网民好奇心，使网民希望对该新闻进行深入了解和挖掘。为了保持对事件的跟进，一般会选择点赞、关注、评论或转发的方式。②信任要素，虚假新闻通过信任要素的包装取信于网民，例如新闻中包含图片、文字、视频、音频等多媒体表现方式，新闻来源是官方认证的用户或自媒体平台等，满足信任要素的虚假新闻扩散能力大大增加。③需求要素，满足需求要素的虚假新闻多为关系到网民生命财产安全、涉及国家政策方针、影响自身生活品质，对网民有较大影响的信息，这一要素为虚假新闻舆情量做了巨大贡献，网民在面对此类新闻时通常先不谈真假，虚假新闻的内容本身就容易令人产生转发的冲动，例如地震谣言、食品安全类谣言、一手情况通报等，人们的态度往往是宁可信其有，不可信其无，先按照新闻里的情况对照自身环境、反思自身生活习惯等，扩散告知朋友圈，最后再论真假。

三项考量要素若得到肯定，则会大大促进新闻的扩散力度。值得注意的是，经历虚假新闻引爆环节的虚假新闻最初不都是同时满足三个要素。但是，由于三个要素之间的相互正向作用，使“新闻值得扩散”的考量结果不断得到提升和巩固。

6.3.3　政府监管机制

针对虚假新闻的引爆原理，可以发现，虚假新闻之所以引爆，主要源于三个要素的作用。一方面，虚假新闻每满足一个要素，其引爆的可能性就大大增加；另一方面，由于三个要素之间的相互作用，满足一个要素的新闻会随着事态的发展逐渐使另外的两个要素达标。因此，对虚假新闻的监管机制应从抑制要素的独立引爆原理和抑制要素的相互引爆原理两方面入手，如图 6.11 所示。

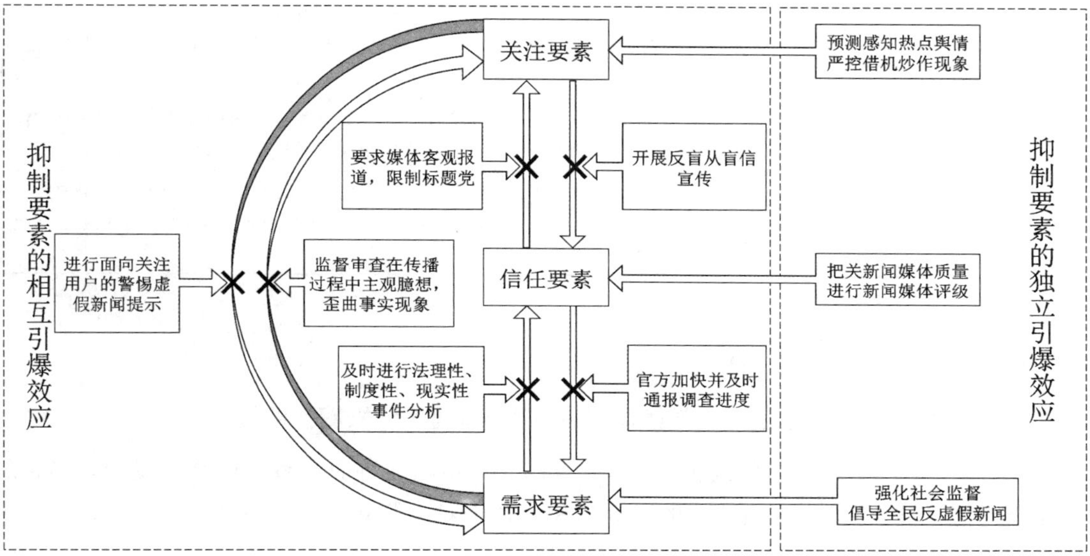

图 6.11　虚假新闻监管机制示意图

1. 抑制要素的相互引爆

三个要素相互影响、相互促进，通过分析每两者之间的相互引爆关系，制定有针对性的抑制策略。关注要素主要指网民对新奇性、敏感性的新闻会主动采取点赞、转发、关注发布者等操作以达到关注事件的目的，例如争议事件、猎奇事件、敏感政情等。信任要素主要指网民对具有煽动性、专业性的新闻更容易轻信其内容的真实性，例如宣传弘扬道德品质型新闻、激发同情心的新闻、专业术语表述的新闻或权威部门发布的新闻。需求要素主要指网民对及时性、求证性新闻强烈的诉求，对于一些关乎社会民生、政策法制、自然灾害等的新闻，网民迫切需要知道最新信息，并会把已知信息及时扩散，例如突发事件一手信息、热点事件的跟进报道和背景爆料等。抑制要素之间相互促进的措施见表 6.9（说明：A → B，指 A 引爆 B）。

表 6.9　抑制要素之间的影响抑制措施

影响情况	措施	解释
关注→信任	开展反盲从盲信宣传	已经吸引大量网民关注的事件，要极力阻止网民随大流、盲从盲信，要借助互联网平台进行反盲从盲信教育，避免出现“人云亦云”导致的以假乱真
信任→关注	要求媒体客观报道，限制标题党	对于打感情牌的虚假新闻，要对其措辞倾向进行澄清，避免借助同理心、同情心等情感，用偏激刁钻字眼吸引关注的现象
信任→需求	官方加快并及时通报调查进度	对于一部分网民已经表示信任的虚假新闻最好的应对方法就是及时查明真相，对于调查取证困难的事件，也要及时通报调查进度，避免虚假新闻抓住调查的空档期肆意传播
需求→信任	及时进行法理性、制度性、现实性事件分析	对于“不顾真假先转发”的虚假新闻，要及时由权威部门出面对新闻进行法理性、制度性或现实性的分析，避免部分网民由于庞大的新闻量而感性地付出信任
关注→需求	进行面向关注用户的警惕虚假新闻提示	对于确认或疑似虚假新闻，可以有针对性地对关注该新闻的网民进行警惕虚假新闻提示，在确认信息的准确性前，尽量减少由信息需求导致的传播
需求→关注	监督审查在传播过程中主观臆想，歪曲事实现象	对于满足需求要素的新闻，要同时将监管的重点放在原始信息和高热度转发信息上，一些添油加醋的转发信息极易发生扭曲事实真相的情况，避免因此引爆关注要素

2. 抑制要素的独立引爆

1）信任要素——严格把关新闻媒体质量，探索新闻媒体权威性评级

虚假新闻由于具备更官方、更权威的发布机构，相比谣言而言有更广泛的受众，更容易被受众相信，更容易发生虚假新闻的引爆现象。基于对虚假新闻传播信任要素的考虑，需加强以下两点。

（1）必须对新闻媒体的质量进行严格把关。对于日渐增多的公众号、微博大V、短视频博主等需探索更权威的认证，并重点针对专业新闻媒体，进行新闻媒体权威性评级。根据以往新闻媒体的工作质量，进行公平公正公开的权威性、真实性评级。通过评级，一方面广大网民有更直观的价值取向，不盲听盲从；另一方面评级能够约束各专业媒体对报道的新闻严格求证，为今后的新闻工作敲响警钟。凡是未经核实的网络信息、手机信息、社会来稿等不得直接使用，要做到对新闻负责、对受众负责。同时，要完善转载制度，转载的微信、微博链接、新闻、图片信息必须进行事先核实，确保来源准确、报道真实，并且注明首发媒体信息，避免断章取义、歪曲事实。

（2）严格把控新闻工作者入职门槛，将长期性与集中性职业道德培养相结合。新闻工作者属于特殊群体，必须有高度的政治理论水平和社会责任感。新闻工作者如果对国家、政府决策没有很好地理解把握，曲解或者片面理解相关政策，其新闻报道将有失公正；更有甚者受利益驱动，追求流量，制造网红，肆意炒作，甚至造假。后果轻则引发舆论狂潮；重则煽动受众情绪，造成政府、社会和部分民众对立，破坏和谐稳定。在提高职业素养、道德修养的同时，需在制度上对新闻工作者进行一定的约束。坚持实地采访、坚持多新闻来源、坚持新

闻报道真实客观等新闻工作的优良传统，保证新闻工作者做到公正评判、正确引导。

2）关注要素——及时监测感知热点事件的舆情倾向，严控借机炒作

学者陈力丹指出："出现这么多假新闻的根本原因，是因为记者、编辑选择新闻的标准不是其社会价值和现实意义，而仅仅为了满足受众的心理需求。"受众特殊的心理需求——猎奇心理，使网民对于越是夸张、独特、反常的新闻，越是想要进一步了解，越容易引发虚假新闻的引爆原理。对《新闻记者》杂志连续 4 年评出的虚假新闻进行统计，发现凭空编造的虚假新闻占 1/3 以上。基于对虚假新闻传播的关注要素考虑，应当有针对性、及时监测感知热点事件的舆情倾向，严控借机炒作事件，避免部分媒体为了追逐轰动效果和经济效益，而报道事实不清、真假难辨的信息，甚至是凭空捏造虚假新闻。同时，新闻媒体在新闻撰写和审核过程中，需完善审核和评价制度，避免新闻媒体为了追逐第一手报道，而带着主观色彩进行推断式报道，根据只言片语而添油加醋。

3）需求要素——强化社会监督，为全民反虚假新闻开通绿色通道

基于虚假新闻的需求要素的考虑，应当强化社会监督，为全民反虚假新闻开通绿色通道。网民在接受信息的同时，有自己价值观念的审核，可以对信用较好的网民给予较高的举报权限，增设举报平台，加大查处力度。对于社会民生、公共安全、国际关系等重大事件的新闻开设专门的举报通道，设立权威的新闻求证机构，加快求真速度、加大辟谣力度，抑制虚假新闻的引爆。社会性的全民监督是现阶段抑制虚假新闻引爆原理发生的有效手段。在全民监督的基础上，加快新闻立法速度，加强新闻传播监管，使新闻行业行为有更多的法律依据。

虚假新闻一旦引爆，治理形势严峻。扎根理论植根于虚假新闻本身，在大量收集引爆性的原始资料的基础上，对其进行细致分解与归纳，所提炼并构建的虚假新闻政府监管机制具有实际的科学性和可操作性。

延伸思考

扎根理论具有根源于原始数据、开放性理论建构的优势，但是其面向历史数据进行建模，在实际应用中可通过哪些方法提升其动态适应性？

第 7 章　评价模型与方法

在实际警务工作中，当需要对目标进行分类，进行比较、排序，考察某一综合目标的整体实现度时，要使用评价模型。构成评价模型的五个要素分别为被评价对象、评价指标、权重系数、综合评价模型（建立权重与指标的评价函数，计算综合评价系数并进行排序）和评价者。常用的评价模型与方法有层次分析法、模糊综合评价法、灰色关联度分析法、BP 神经网络综合评价法、数据包络法、优劣解距离法（Topsis）、组合评价法等，一些统计及数据挖掘模型和方法也可用于解决评价问题。本章以层次分析法、模糊综合评价法、灰色关联度分析法、Logistic 回归分析法、综合评价为例，介绍评价模型与方法在警务领域的应用。

1. 层次分析法（AHP）

层次分析法（Analytic Hierarchy Process，AHP）是指将一个复杂的多目标决策问题作为一个系统，将目标分解为多个目标或准则，进而分解为多指标（或准则）的若干层次，通过定性指标模糊量化方法计算出层次单排序和总排序，以作为目标（多指标）、多方案优化决策的系统方法。层次分析法解决问题的思路是根据问题的性质和要达到的总目标，将问题分解为不同的组成因素，并按照因素间的相互关联影响以及隶属关系将因素按不同层次聚集组合，形成一个多层次的分析结构模型（目标、准则、方案等层次），从而最终使问题归结为最低层（供决策的方案、措施等）相对于最高层（总目标）的相对重要权值的确定或相对优劣次序的排定。通过把多目标、多准则又难以全部量化处理的决策问题化为多层次、单目标问题，层次分析法适用于具有分层交错评价指标的目标系统，而且目标值又难以定量描述的决策问题。该方法把人的思维过程层次化、数量化，并用数学为分析、决策、评价、预报和控制提供定量的依据。其基本步骤包括：①构建层次结构模型；②构建成对比较矩阵；③层次单排序及一致性检验（判断主观构建的成对比较矩阵在整体上是否有较好的一致性）；④层次总排序及一致性检验（检验层次之间的一致性）。

层次分析法依靠主观评价做出方案的优劣排序，所需数据量少，决策花费的时间很短。从整体来看，其在复杂决策过程中引入定量分析，并充分利用决策者在两两比较中给出的偏好信息进行分析与决策支持，既有效地吸收了定性分析的结果，又发挥了定量分析的优势，从而使决策过程具有很强的条理性和科学性，特别适用于人的定性判断起重要作用的、对决策结果难以直接准确计量的场景。要使层次分析法的决策结论尽可能符合客观规律，决策者必须对所面临的问题有比较深入和全面的认识。当遇到因素众多、规模较大的评价问题时，该模型容易出现问题，它要求评价者对问题的本质、包含的要素及其相互之间的逻辑关系掌握得十分透彻，否则评价结果就不可靠和不准确。

2. 模糊综合评价法

模糊综合评价法（Fuzzy Comprehensive Evaluation Method，FCEM）是一种基于模糊数学的综合评价方法。该综合评价法根据模糊数学的隶属度理论，应用模糊关系合成的原理，将一些边界不清、不易定量的因素定量化，把定性评价转化为定量评价，即用模糊数学对受到多种因素制约的事物或对象隶属等级（或称为评语集）状况进行综合性评价。由于评价因素的复杂性、评价对象的层次性、评价标准中存在的模糊性以及评价影响因素的模糊性或不确定性、定性指标难以定量化等一系列问题，使人们难以用绝对的“非此即彼”来准确地描述客观现实，经常存在“亦此亦彼”的模糊现象，其描述也多用自然语言来表达，而自然语言最大的特点是它的模糊性，这种模糊性很难用经典数学模型加以统一量度。因此，建立在模糊集合基础上的模糊综合评价方法，从多个指标对被评价事物隶属等级状况进行综合性评价，对被评价事物的变化区间做出划分，一方面可以顾及对象的层次性，使评价标准、影响因素的模糊性得以体现；另一方面在评价中又可以充分发挥人的经验，使评价结果更客观，更符合实际情况。其具体步骤包括：①模糊综合评价指标的构建；②构建权重向量；③构建隶属矩阵；④隶属矩阵和权重的合成，并对结果向量进行解释。

模糊综合评价可以做到定性和定量因素相结合，具有结果清晰、系统性强的特点，能较好地解决模糊的、难以量化的问题，适合各种非确定性问题的解决，同时对多因素、多层次的复杂问题评价效果较好。该模型不仅可以对评价对象按综合分值的大小进行评价和排序，而且还可以根据模糊评价集上的值按最大隶属度原则评定对象所属的等级，结果包含的信息量丰富。评价逐对进行，对被评对象有唯一的评价值，不受被评价对象所处对象集合的影响。

3. 灰色关联度分析法

灰色关联度分析指应用关联度对灰色系统进行分析。灰色系统理论提出了对各子系统进行灰色关联度分析的概念，意图通过一定的方法寻求系统中各子系统（或因素）之间的数值关系。对于两个系统之间的因素，其随时间或不同对象而变化的关联性大小的量度，称为关联度。在系统发展过程中，若两个因素变化的趋势具有一致性，即同步变化程度较高，即可谓两者关联程度较高；反之，则较低。因此，灰色关联度分析法是根据因素之间发展趋势的相似或相异程度，亦即“灰色关联度”，作为衡量因素间关联程度的一种方法。其分析过程是将研究对象及影响因素的因子值视为一条线上的点，与待识别对象及影响因素的因子值所绘制的曲线进行比较，即比较两者的贴近度，并分别量化计算出研究对象与待识别对象各影响因素之间的贴近程度的关联度，通过比较各关联度的大小来判断待识别对象对研究对象的影响程度。灰色关联度分析应用于评价问题的实质是利用各方案与最优方案之间的关联度大小对评价对象进行比较、排序。关联度越大，说明比较序列与参考序列变化的态势越一致；反之，变化态势则相悖，由此可得出评价结果。其具体步骤包括：①确定反映系统行为特征的参考数列和影响系统行为的比较数列；②对参考数列和比较数列进行无量纲化处理；③求参考数列与比较数列的灰色关联系数；④求关联度；⑤关联度排序。

灰色关联度分析是一种评价具有大量未知信息的系统的有效模型，是定性分析和定量分析相结合的综合评价模型，该模型可以较好地解决评价指标难以准确量化和统计的问题，可以排除人为因素带来的影响，使评价结果更加客观准确。其数据不必进行归一化处理，可用原始数据进行直接计算，可靠性强；评价指标体系可以根据具体情况增减；无须大量样本，只要有代表性的少量样本即可。同时，灰色关联度分析对于一个系统发展变化态势提供了量化的度量，非常适合动态历程分析。但是该方法只是对评判对象的优劣做出鉴别，并不反映绝对水平，故具有“相对评价”的全部缺点。

4.Logistic 回归分析法

Logistic 回归是研究因变量为二分类或多分类结果与影响因素（自变量）之间关系的一种多变量分析方法，属于概率型非线性回归模型。Logistic 回归分析用于估计某个事件发生的可能性，也可以分析某个问题的影响因素有哪些。研究影响关系时，即 X 对于 Y 的影响情况，Y 为定量数据，X 可以是定量数据或定类数据。Logistic 回归分析可分为二元 Logistic 回归、多分类 Logistic 回归、有序 Logistic 回归。如果 Y 值仅两个选项，分别是有和无之类的分类数据，选择二元 Logistic 回归分析。如果 Y 值的选项有多个，并且选项之间没有大小对比关系，则可以使用多元无序 Logistic 回归分析。如果 Y 值的选项有多个，并且选项之间可以对比大小关系，选项具有对比意义，则使用多元有序 Logistic 回归分析。Logistic 回归分析用于评估时，因变量通常为评估等级，通过回归分析确定自变量（影响因素）与不同评估等级之间的影响关系。Logistic 回归模型还可以作为评价模型中的客观权重的确定方法。

7.1 网络谣言传播效果评价模型

7.1.1 网络谣言传播过程和传播效果

1. 网络谣言传播过程

要探究网络谣言传播效果，需对网络谣言传播的全过程进行分析。通过分析，找出在传播过程中影响传播的各种因素，对这些因素进行收集、整理和评判，进而对网络谣言传播效果有所认识。已有研究多从谣言的传播路径、主体和载体等视角分析网络谣言的传播过程，借鉴已有研究，将网络谣言的传播过程分为四个步骤，即谣言的产生、传递、判断和影响。

网络谣言的产生是谣言传播过程的起点，为网络谣言产生社会影响提供了现实可能性。网络谣言的传递是谣言传播扩散的主要环节。网络谣言的判断也可称为网络谣言的评价，其是谣言传播的关键。如果受众经过判断选择不相信网络谣言，那么网络谣言将不会继续进行传播。网络谣言的影响则是谣言作用于受众后产生的最终结果，网络谣言所造成的负面影响远大于正面影响，特别是所传谣言被受众高度关注，并且与受众原始期望存在差距时，往往容易出现较大的社会影响。

2. 网络谣言传播效果

在传播学中，传播效果是指由传播者发出信息，通过一定的传播渠道到达受众之后所引起的受传者思想与行为的变化，即传播对受传者精神和行为的影响。借鉴对传播效果的理论认识，定义网络谣言传播效果，即造谣者有意或者无意制造的谣言，通过各种网络渠道作用于受众，使受众接受刺激后在认知、情感、态度和行为等方面产生不同程度的反应。

7.1.2　网络谣言传播效果评价指标体系

1. 评价指标体系的构建

为了客观评价网络谣言的传播效果，按照指标体系构建的科学性、合理性、系统性等原则，综合上述分析，以网络谣言传播全过程为主线，构建网络谣言传播效果的评价指标体系，见表 7.1。

表 7.1　网络谣言传播效果评价指标体系

	一级指标及其权重	二级指标及其权重
网络谣言传播效果 A	谣言产生 B_1	产生诱因 C_{11}
		产生地点 C_{12}
		产生时间 C_{13}
	谣言判断 B_2	受众主体 C_{21}
		谣言类别 C_{22}
	谣言传递 B_3	谣言转评量 C_{31}
		传播渠道 C_{32}
	谣言影响 B_4	谣言传播地域范围 C_{41}
		社会秩序 C_{42}
		经济损失 C_{43}
		谣言传播时间 C_{44}
		政府公信力 C_{45}

在该评价指标体系中，一级指标有 4 个，反映了网络谣言传播的全过程；二级指标有 12 个，其中定性指标 8 个、定量指标 4 个。

2. 末级指标量化方法和分级标准

网络谣言传播效果评价指标体系一共有 12 个末级指标，根据每个指标的性质，分别采用问卷和客观数据采集的方法对每个指标进行量化和分级。将每个指标分为 3 级，组成评

价集 V,即 $V=\{V_1, V_2, V_3\}$ ={A 级,B 级,C 级 },其中 A 级对谣言传播效果的贡献最小,C 级对谣言传播效果的贡献最大,具体见表 7.2。

表 7.2 末级指标量化方法和分级标准

末级指标	分级标准		
	A 级(0~40)	B 级(40~70)	C 级(70~100)
产生诱因 C_{11}	先发型	后发型	—
产生地点 C_{12}	小城市	中等城市	大城市
产生时间 C_{13}	11 月至转年 2 月	7—10 月	3—6 月
受众主体 C_{21}	18 岁以下	50 岁以上	18~50 岁
谣言类别 C_{22}	生活轶事	经济民生	政治军事
谣言转评量 C_{31}	500 条以内	500~5 000 条	5 000 条以上
传播渠道 C_{32}	原发型	现实参与型	—
谣言传播地域范围 C_{41}	小	一般	广泛
社会秩序 C_{42}	稳定	波动	动乱
经济损失 C_{43}	无损失	轻微损失	重大损失
谣言传播时间 C_{44}	短	一般	长
政府公信力 C_{45}	健全	部分缺失	缺失

3. 指标分级说明

(1)产生诱因。一方面谣言的传播会引起突发事件,另一方面"灾难之后尽谣言",因此通过判断谣言是否是因为突发事件引起,将谣言分为"先发型谣言"和"后发型谣言",如果是先发生突发事件再引起谣言,则属于后发型谣言;反之则为先发型谣言。

(2)产生地点。根据《国务院关于调整城市规模划分标准的通知》(国发〔2014〕51 号),我国城市被划分为 5 类 7 档,将产生地点分为小城市、中等城市和大城市。其中,小城市包括 I 型小城市、II 型小城市;大城市包括 I 型大城市、II 型大城市、特大城市和超大城市。

(3)产生时间。谣言产生时间分为三级,分别为 11 月至转年 2 月、7—10 月和 3—6 月。

(4)受众主体。由于 18~50 岁是精力和事业的高峰期,和社会接触较多,是舆论导向的主体,因此将其划为对谣言传播效果影响最大级别。

(5)谣言类别。从谣言的敏感性分为三类,即生活轶事、经济民生和政治军事。

(6)谣言转评量。基于网络信息量与网络舆情影响程度成正比的理论认识,谣言的转评量对评价谣言传播效果具有重要意义。2013 年 9 月,《最高人民法院、最高人民检察院关于办理利用信息网络实施诽谤等刑事案件适用法律若干问题的解释》规定,同一诽谤信息实际被点击、浏览次数达到 5 000 次以上,或者被转发次数达到 500 次以上的,认定诽谤行为情节严重。因此,以 500 和 5 000 作为节点分为三级。

（7）传播渠道。传播渠道分为原发型和现实参与型两级。在现实中发端，有一定扩散程度后再进入互联网，呈现口头传播、手机传播和互联网传播并行状态的谣言称为现实参与型谣言，而由某个或若干个网民发帖而起，经过众多网民转帖和跟帖讨论而产生一定影响后，才会产生现实影响的传播，或者仅是停留在网络空间而不产生现实传播过程的谣言称为原发型网络谣言。

（8）谣言传播地域范围。谣言传播地域范围以省际范围进行区分，分为小、一般和广泛传播。

（9）社会秩序。社会秩序是反映谣言影响最直接的指标之一。

（10）经济损失。根据谣言对经济是否造成不利影响分为无损失、轻微损失和重大损失。

（11）谣言传播时间。谣言传播时间越长，影响越大；反之如果能及时辟谣，则谣言的影响越小。

（12）政府公信力。政府公信力健全，有利于辟谣和稳定社会舆论；如果政府公信力缺失，谣言则可能诱发更多、更大的谣言。

4. 评价指标权重的确定及其一致性检验

1）指标权重确定及其一致性检验的理论基础

利用层次分析法确定指标权重有以下几个步骤，即构造判断矩阵、重要度计算和一致性检验。

假设层次结构模型有目标层 A、准则层 B 和措施层 C，通过两两比较，对同一层次各指标之间相对于上一层指标的重要性进行评定，可以得出一个判断矩阵，如 A-B 判断矩阵（表 7.3）和 B-C 判断矩阵。在实际应用中，可以采用专家打分法打分，然后根据打分结果然后利用 1~9 标度法（表 7.4）进行赋值，最后将赋值填入矩阵。

表 7.3　A-B 判断矩阵

A	B_1	B_2	……	B_k
B_1	a_{11}	a_{12}	……	a_{1k}
B_2	a_{21}	a_{22}	……	a_{2k}
……	……	……	……	……
B_k	a_{k1}	a_{k2}	……	a_{kk}

表 7.4　1~9 标度法

成对比较标准	定义	内容
1	同等重要	两个要素具有同等的重要性
3	稍微重要	认为其中一个要素较另一个要素稍微重要

续表

成对比较标准	定义	内容
5	相当重要	根据经验与判断，强烈倾向于某一个要素
7	明显重要	实际上非常倾向于某一个要素
9	绝对重要	有证据确定，在两个要素比较时，某一个要素非常重要，即一个要素明显强于另一个要素可控制的最大可能
2、4、6、8		用于上述标准之间的折中值
上述数值的倒数		当甲要素与乙要素比较时，若被赋予以上某个标度值，则乙要素与甲要素比较时的权重就应该是那个标度值的倒数

得到判断矩阵后，对判断矩阵进行处理，以得到本层次中与上层次中某元素有联系的各元素重要性次序的权重值，进而求出所有元素的重要性权重值，计算方法为方根法。

首先，计算判断矩阵每行所有元素的几何平均值

$$\overline{w_i} = \sqrt[n]{\prod_{i=1}^{n} a_{ij}} \qquad i = 1,2,\cdots,n$$

得到 $\bar{W}_i = \left(\bar{w}_1, \bar{w}_2, \cdots, \bar{w}_n\right)^{\mathrm{T}}$。

其次，将 $\bar{W}_i$ 归一化，即

$$\overline{w_i} = \frac{\overline{w_i}}{\sum_{i=1}^{n} \overline{w_i}} \qquad i = 1,2,\cdots,\ n$$

可以得到各因素的相对权重 $\bar{W} = \left(w_1,\ w_2,\cdots,\ w_n\right)^{\mathrm{T}}$。

再次，计算判断矩阵的最大特征值，即

$$\lambda_{\max} = \sum_{i=1}^{n} \frac{(A\overline{w})_i}{n\overline{w_i}}$$

最后，检查判断矩阵的一致性，即

$$CI = \frac{\lambda_{\max} - n}{n-1}$$

一般 $CI \leqslant 0.1$，认为判断矩阵的一致性可以接受，否则重新进行两两比较。判断矩阵的维数 n 越大，判断的一致性越差，需要引入修正值 RI（表 7.5），取 $CR = \frac{CI}{RI}$ 作为衡量矩阵一致性的指标。

表 7.5 *RI* 修正值

维数	1	2	3	4	5	6	7
RI	0.00	0.00	0.58	0.90	1.12	1.24	1.32

各层次单排序一致性判断通过后，求目标总排序并检验其一致性。假设 A-B 的相对权重为

$$\bar{W}^{(1)}=\left(w_1^{(1)},\ w_2^{(1)},\cdots,\ w_n^{(1)}\right)^{\mathrm{T}}$$

B-C 的相对权重为

$$\bar{W}_i^{(2)}=\left(w_{1i}^{(2)},\ w_{2i}^{(2)},\cdots,\ w_{ni}^{(2)}\right)^{\mathrm{T}}$$

那么，最底层指标的目标总权重为

$$v_n^{(2)}=\sum_{j=1}^{k}w_j^{(1)}w_{nj}^{(2)}$$

最后对总的权重系数进行一致性检验，即

$$CR=\frac{\sum_{i=1}^{n}a_iCI_i}{\sum_{i=1}^{n}a_iRI_i}$$

其中，a_i 为 B_{ik} 对 B_i 单排序的权重值之和；CI_i 为 B_{ik} 对 B_i 单排序的一致性指标；RI_i 为相应的平均随机一致性指标。

2)一级指标权重的确定及其一致性检验

A= 网络谣言传播效果；B =（B_1,B_2,B_3,B_4）。

构造 A-B 判断矩阵，见表 7.6。

表 7.6　A-B 判断矩阵

A	B_1	B_2	B_3	B_4	w
B_1	1	2	3	4	0.45
B_2	1/2	1	4	3	0.32
B_3	1/3	1/4	1	1	0.11
B_4	1/4	1/3	1	1	0.11
λ_{max}=4.08，CI=0.027，RI=0.9，$CR=\frac{CI}{RI}=\frac{0.027}{0.9}=0.03<0.1$					

3)二级指标权重的确定及其一致性检验

构造 B_1-C_{ij} 判断矩阵，i=1，j=1，2，3。

表 7.7　B_1-C_{ij} 判断矩阵

B_1	C_{11}	C_{12}	C_{13}	w
C_{11}	1	4	4	0.66
C_{12}	1/4	1	2	0.21

续表

B_1	C_{11}	C_{12}	C_{13}	w
C_{13}	1/4	1/2	1	0.13
λ_{max}=3.05，CI=0.027，RI=0.52，$CR=\frac{CI}{RI}=\frac{0.027}{0.52}=0.052<0.1$				

构造 B_2-C_{ij} 判断矩阵，i=2，j=1，2。

表 7.8　B_2-C_{ij} 判断矩阵

B_2	C_{21}	C_{22}	w
C_{21}	1	4	0.8
C_{22}	1/4	1	0.2
CI=0，RI=0			

构造 B_3-C_{ij} 判断矩阵，i=3，j=1，2。

表 7.9　B_3-C_{ij} 判断矩阵

B_2	C_{31}	C_{32}	w
C_{31}	1	5	0.83
C_{32}	1/5	1	0.17
CI=0，RI=0			

构造 B_4-C_{ij} 判断矩阵，i=4，j=1，2，3，4，5。

表 7.10　B_4-C_{ij} 判断矩阵

B_1	C_{41}	C_{42}	C_{43}	C_{44}	C_{45}	w
C_{41}	1	2	2	4	6	0.38
C_{42}	1/2	1	1	3	4	0.22
C_{43}	1/2	1	1	3	5	0.23
C_{44}	1/4	1/3	1/3	1	6	0.12
C_{45}	1/6	1/4	1/5	1/6	1	0.05
λ_{max}=5.29，CI=0.072，RI=1.12，$CR=\frac{CI}{RI}=\frac{0.072}{1.12}=0.064<0.1$						

4）目标总权重及其一致性检验

经过上面每层单排序的分析，已经求出同一层次中单排序的结果，通过这些权重可以计算针对上一层次而言本层次所有因素重要性的权值。层次总排序需要从上到下逐层进行。

在该指标体系中，用一级指标权重值分别乘以对应各二级指标权重值即可求出最底层指标相对于网络谣言传播效果 A 的目标总权重，见表 7.11。

表 7.11　谣言传播效果指标体系及其权重

	一级指标及其权重	二级指标及其权重	目标总权重	a_i
网络谣言传播效果 A	谣言产生 B_1（0.45）	产生诱因 C_{11}（0.66）	0.297	0.45
		产生地点 C_{12}（0.21）	0.094 5	
		产生时间 C_{13}（0.13）	0.058 5	
	谣言判断 B_2（0.32）	受众主体 C_{21}（0.8）	0.256	0.32
		谣言类别 C_{22}（0.2）	0.064	
	谣言传递 B_3（0.11）	谣言转评量 C_{31}（0.83）	0.091 3	0.11
		传播渠道 C_{32}（0.17）	0.018 7	
	谣言影响 B_4（0.11）	谣言传播地域范围 C_{41}（0.38）	0.041 8	0.11
		社会秩序 C_{42}（0.22）	0.024 2	
		经济损失 C_{43}（0.23）	0.025 3	
		谣言传播时间 C_{44}（0.12）	0.013 2	
		政府公信力 C_{45}（0.05）	0.005 5	

对目标总权重进行一致性检验：

$$
\begin{aligned}
CR &= \frac{\sum_{i=1}^{n} a_i CI_i}{\sum_{i=1}^{n} a_i RI_i} \\
&= \frac{0.45\times 0.027+0.32\times 0+0.11\times 0+0.11\times 0.072}{0.45\times 0.52+0.32\times 0+0.11\times 0+0.11\times 1.12} \\
&= 0.056 < 0.1
\end{aligned}
$$

经检验可见，总排序结果的一致性符合要求。因此，表 7.11 谣言传播效果指标体系及其权重为最终所求结果。

5. 危机预警级别

网络谣言危机预警级别分为轻度级、警示级、严重级、危险级等 4 个等级，并分别用蓝、黄、橙、红四个颜色加以区分，见表 7.12。根据各级指标评价结果确定其对应的区间，得出预警级别，并适时做出动态预警，提供决策支持。

表 7.12　危机预警级别

危机预警级别	I 级（蓝色）	II 级（黄色）	III 级（橙色）	IV 级（红色）
	轻度级	警示级	严重级	危险级
	0~40	40~60	60~80	80~100

7.1.3 案例分析

选取三个网络谣言案例进行传播效果评价分析。

1. 案例 1

2011 年 3 月 15 日，名叫“渔翁”的网友在 QQ 群上发布一则信息：“据有价值信息，日本核电站爆炸对山东海域有影响，并不断地污染，请转告周边的家人朋友储备些盐、干海带，暂一年内不要吃海产品。”随后，这条信息被广泛转发，引发社会恐慌。3 月 16 日开始，全国各地出现抢购食盐现象；17 日，国家发改委紧急出面干预；18 日，各地食盐价格才逐渐恢复正常；21 日，杭州市公安局西湖分局对“渔翁”做出行政拘留 10 天，罚款 500 元的处罚。“抢盐风波”最终得以平息。

2. 案例 2

2014 年 6 月，微信上出现一条“紧急通告”，称“如果有人给你个军用望远镜，大家千万不要看。在你聚焦的时候会有一根针弹射出来射入你的眼睛，这时他们会将你带走，后面至于会发生什么，自己去想。要明白，这个世界缺少肾和角膜……”该信息被网友大量转发，造成了社会恐慌。后经调查，该信息最早出现于兰州。6 月 8 日，兰州市公安局城关分局通报称，该信息纯属谣言，此类望远镜实属低价购来的“三无产品”。兰州市公安局城关分局对 9 名外地来兰驾车兜售“三无”望远镜的可疑人员进行了盘查。

3. 案例 3

2015 年 8 月 14 日凌晨，杨某某（微博名“我的心属于拜仁慕尼黑 always”）自称将读高三，父亲在某爆炸事故中失联，母亲去年去世，用长微博开启打赏功能，3 700 多位网友为其捐款，获得捐款达 9 万多元。

根据表 7.2 的量化分级标准分别对以上三个网络谣言案例进行分析，得到表 7.13，然后通过专家打分法打分，最后利用表 7.11 评价指标体系及其权重进行计算，专家打分及计算结果见表 7.14。根据得分结果，结合表 7.12 危机预警级别分级标准可知，案例 1 为严重级，案例 2 和案例 3 为警示级。

表 7.13 案例分析结果

末级指标	案例 1	案例 2	案例 3
产生诱因 C_{11}	先发型	先发型	后发型
产生地点 C_{12}	大城市	大城市	大城市
产生时间 C_{13}	3—6 月	3—6 月	7—10 月
受众主体 C_{21}	18~50 岁	18~50 岁	18~50 岁
谣言类别 C_{22}	经济民生	生活轶事	生活轶事

续表

末级指标	案例 1	案例 2	案例 3
谣言转评量 C_{31}	5 000 条以上	500~5 000 条	500~5 000 条
传播渠道 C_{32}	原发型	原发型	现实参与型
谣言传播地域范围 C_{41}	广泛	一般	一般
社会秩序 C_{42}	动乱	波动	稳定
经济损失 C_{43}	重大损失	无损失	无损失
谣言传播时间 C_{44}	长	短	短
政府公信力 C_{45}	健全	健全	健全

表 7.14　案例传播效果评价

末级指标	目标总权重	案例 1	案例 2	案例 3
产生诱因 C_{11}	0.297	30	30	50
产生地点 C_{12}	0.094 5	80	70	90
产生时间 C_{13}	0.058 5	70	80	50
受众主体 C_{21}	0.256	100	80	70
谣言类别 C_{22}	0.064	60	20	20
谣言转评量 C_{31}	0.091 3	100	40	40
传播渠道 C_{32}	0.018 7	30	30	40
谣言传播地域范围 C_{41}	0.041 8	100	50	50
社会秩序 C_{42}	0.024 2	100	60	30
经济损失 C_{43}	0.025 3	90	10	10
谣言传播时间 C_{44}	0.013 2	70	10	10
政府公信力 C_{45}	0.005 5	10	10	10
评价结果		69.552	50.16	53.136

7.2　警务微博评价模型

7.2.1　警务微博评价的影响因素

从调查新浪微博平台真实数据入手，构建警务微博评价指标体系，运用模糊矩阵、三角模糊数、模糊综合评价法，形成评价结果，辅助公安新闻舆论工作的开展。

1. 警务微博

公安政务微博，也称警务微博，是政务微博的重要组成部分，由于公安机关（或工作人员个人）自身职能特点，警务微博具有明显区别于其他政府部门（或工作人员个人）微博的特点。警务微博包括以警察身份开设的个人微博和以公安机关名义申请的机构官方微博。在新浪微博中，以“黄V”和“蓝V”两种不同的认证标识对两者进行区分。基于警务微博发展的现实情况，定义警务微博为以公安机关名义申请注册的、经过微博平台官方认证的机构账号，它是公安机关官方信息的发布平台，是与网民交流互动的高效渠道，是为群众提供服务的一种工具。

2. 警务微博评价的影响因素分析

借鉴杰克•特劳特“战略定位”理论中“品牌定位”相关理论，用于明确警务微博的发展方向和建设目标，辅助警务微博建设。品牌定位包含多个方面，如形象定位、地理定位、市场定位、人群定位、价值定位等，运用于警务微博建设中可以转化为公安机关在公众心目中的形象、公安机关所处或所面向的具体地理位置、微博内容所希望达到的影响范围和程度、微博内容的受众层次范围、微博开设的意义和作用。明确以上方面，将对警务微博建设的具体操作、特色品牌的形成以及核心价值的创造提供有针对性、指导性的帮助，也为顺利地与受众建立长期、稳固的互动关系打下坚实基础。相较于传统媒体，微博最为鲜明的特点就是实时互动性强，反映到现实中表现为用户使用微博进行互动的频率相当高，博主与网民可以在微博平台上实时交流互动，微博互动关系十分密切。基于这种互动关系，在进行微博自身定位时也可以从这两个方面入手，即本单位对微博建设方面的定位和预期中受众对微博的反馈情况的定位。

警务微博的现实发展情况受单位内部因素和舆论场外部因素两方面的共同影响，则可以按照这两个方面对警务微博进行评价，即对微博自身建设情况和网民对微博的反馈情况两个方面进行评价，评价标准为现实情况是否符合其预期定位情况以及其符合程度，这与微博定位的两个方面形成呼应。为方便层次结构的建立，考虑影响因素时还应尽量将末级落实到可以定量统计的因素。

1）内部建设情况评价因素分析

一个单位对其官方微博的自身建设定位应该考虑到上级部门的具体要求、本单位的行政级别、当下以及下一阶段工作的大致形势和侧重、本地区业务工作的一般特点、官微主要的影响范围、受众的网络使用和信息接受偏好、需要以及当前可以投入单位微博建设的人力等方面。对自身建设方面进行分解后，不难发现，所有因素在实践中都在官方微博运营者的掌握范围内，或大概知道，或详细了解，甚至于可以直接进行调节、控制，受外部影响较小。那么，评价警务微博内部建设情况就可以从管理维护、关联协作、微博质量和经营运作四个方面进行分析。

2）外部反馈情况评价因素分析

对网民情况及反馈的定位应该包括期望拥有的粉丝数量及年龄层次、粉丝增长情况、网民评论反映出的主流情绪倾向、转发的数量及评论具体内容的感情色彩、粉丝的地理分布、粉丝的忠实度、预期中与意见领袖（大 V）的互动情况等方面。这方面的因素主要包括警务官微受众客观的数量、质量、态度等，换言之，即预期中警务官微的客体对象（即网民）的情况以及其反馈情况。因此，评价时可以从传播互动、沟通引导和服务落实三个方面进行分析。

7.2.2　警务微博评价模型

1. 警务微博评价指标体系

为了避免由于单位行政级别不同而造成的微博影响范围不同、微博建设投入精力不同、微博自身定位不同等情况，选取 29 个省（市、自治区）级经过新浪“蓝 V”认证的微博账号作为研究对象。（我国共有 34 个行政区划。其中，由于香港特别行政区、澳门特别行政区和台湾省的警察制度设置与大陆地区不尽相同，故不纳入研究范围；31 个省（市、自治区）中，海南省公安厅和西藏自治区公安厅未在新浪微博平台开设官方账号。）

省厅级公安机关警务微博评价指标体系的构建，应该客观、科学、充分、多层次地反映省厅级警务微博的建设和发展情况，为相关实务部门提供一种简洁、全面、有效的评价体系，使其在实践工作中方便借鉴、运用。由此，采用定量与定性分析相结合的层次分析法，以警务微博评价的影响因素为依据，构建警务微博评价指标体系，构建时做到所有指标“取交集为空，取并集为全集”，如图 7.1 所示。

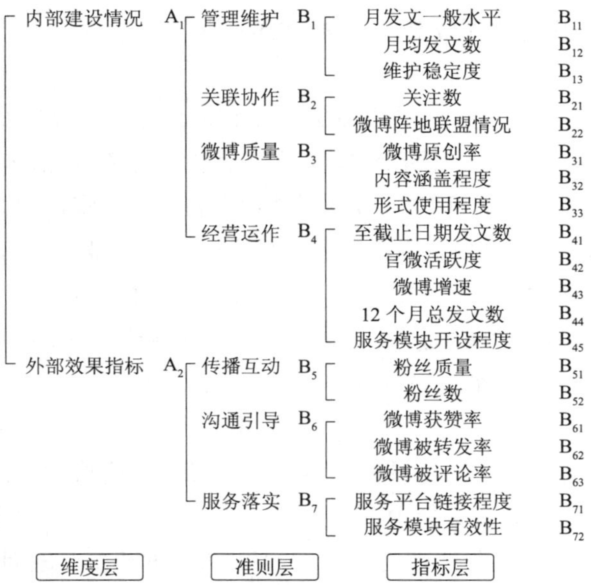

图 7.1　警务微博评价指标体系

2. 指标说明

结合警务微博发展现实情况和前文中分析出的警务微博评价的影响因素，构建出综合全面的警务微博评价指标体系，以省厅级警务微博自身建设情况和达到的客观实际效果为一级指标；管理维护、关联协作、微博质量、经营运作、传播互动、沟通引导、服务落实七个二级指标；月均发（转）文数、月发（转）文一般水平、维护稳定度等20个三级指标。

1）内部建设情况指标

自身主观建设情况主要描述微博建设中各类完全通过微博自身活动控制的、几乎不受客观方面因素影响的因素，旨在体现一个单位对其微博的重视程度和实际的工作投入情况。自身主观建设情况这个一级指标下设管理维护、关联协作、微博质量和经营运作四个二级指标。

Ⅰ. 管理维护

管理维护描述警务微博的日常运营情况，旨在考察该单位对警务微博的日常管理和维护状态，包括月均发（转）文数、月发（转）文一般水平和维护稳定度三个三级指标。月均发（转）文数可以很好地衡量微博的月均信息规模，但单从平均值考量是不严谨的，易受极端值干扰造成误差，所以还要考察其一般水平（即中位数）；这样仍不全面，月均发（转）文数不能将12个月的波动趋势描述出来。现实中，个别单位为了完成上级规定的月均发（转）文数的硬指标，在临近检查前“下猛料”，个别月份发文数猛增。这样的微博虽然达到了一定的信息规模，却不是一个高质量的微博，影响力也不会很大。所以，评价管理维护情况时，必须把稳定度纳入考量，一个官方机构的微博运营越稳定，才可能达到越好的宣传和影响效果。由此，以变异系数作为测评微博运营稳定度的指标。

Ⅱ. 关联协作

关联协作描述警务微博与平台内其他微博主体的信息关联度以及同行业、同领域内的微博账号结成矩阵、集群的情况，旨在考察该单位信息接收量和其对微博的预期定位、战略设计情况以及由于加入某微博矩阵、联盟或微博群而带来的现实影响力，包括微博关注数和微博矩阵使用情况两个三级指标。从关注数可以大致推测在微博客户端主页上显示微博信息的多少，也就是信息接收量，可以反映出微博与微博平台的信息关联程度。微博加入集群化微博联盟不仅是自身影响力的提高，也是自身定位的体现，例如影响力强大的“环首都与西北地区公安微博联盟”就是很好的例子。

Ⅲ. 微博质量

微博质量描述警务微博的微博具体内容、图片、文字、视频等的质量、形式，旨在考察该单位运营微博的投入情况和宣传能力，也可以在一定程度上反映出该微博的吸引力和对主要受众偏好的迎合程度，包括形式使用程度、内容涵盖程度和微博原创率三个三级指标。目前，新浪微博支持文字、图片、视频、直播等形式，形式使用程度反映了不同年龄层次的网民信息接受习惯的不同，为使微博传播效果最优，要求运营时根据信息内容的区别和主要受众的不同选择恰当的载体形式。警务工作涉及社会的各个方面，所以微博发布的微博内容应该全面。微博原创率可以很好地衡量微博内容质量，反映该单位的宣传软实力，实践中警务微博普遍存在“只转不写”的情况，内容质量影响实践中微博的长期发展以及积累的粉丝人数和粉丝忠诚度。

Ⅳ. 经营运作

经营运作描述警务微博的长期运营情况和发展趋势。与管理维护不同的是，经营运作指标更加突出微博经过长期或较长时间段才能表现出的特点，旨在考察该单位长期以来运营微博的工作表现以及其公众账号未来发展趋势，包括服务模块开设程度、微博活跃程度、微博增速、12 个月的微博发（转）文数和至统计截止日期的发文总数。部分警务微博开设了服务模块，位置非常醒目，为开展网上服务提供基础性保障，然而服务模块的开设是需要长时间计划和实施的，将其纳入经营运作指标中，其考察标准为警务微博设置服务模块和相关链接的情况。通过比较微博等级数对其从申请账号以来的活跃度进行衡量；而微博增速则是通过统计 12 个月的数据、运算处理得出函数图像，然后添加趋势线使趋势更加明显，并以趋势线的斜率作为判断微博增速的依据，两者均为衡量警务微博发展变化趋势的指标。然而只评价相对的指标是不科学的，还要对数值进行考察，12 个月的微博发文数和至统计截止日期的发文总数就是衡量警务微博近一阶段和全部微博年龄的发文规模。

2）外部实际效果指标

外部实际效果指标主要通过网民对警务微博的各类反馈情况表现微博实际产生的各方面效果，即描述不完全由主观方面直接决定的因素，包括传播互动、沟通引导和服务落实三个二级指标。

Ⅰ. 传播互动

传播互动指标通过描述微博的受众数量以及质量，旨在表现微博的主要影响范围和层次，包括粉丝质量和粉丝数两个二级指标。微博的粉丝数是衡量账号影响力的重要指标，但现实中“僵尸粉”横行，这个值通常“水分较大”。所以，还要对微博的粉丝质量进行考察，这个数值的算法由新浪官方提供。虽然粉丝质量的计算方法也存在争议，但却可以代表其大致的水平；更重要的是，该指标在各微博后台可以便捷获取，方便实际运用。

Ⅱ. 沟通引导

沟通引导指标通过描述转、评、赞三个具体行为综合形成的网民对微博的认可程度，旨在考察警务微博与民沟通的能力以及舆论导向的能量，包括微博获赞率、微博被转发率和微博被评论率三个三级指标。从逻辑层面来讲，“赞”即点赞，代表同意、赞许；“转”即转发，分为直接转发和间接转发，区别在于转发是否作为原文的评论，都代表网民与微博发生了沟通；“评”即回复或评论，可选择是否作为自己的新微博发布，除可以代表沟通外，还反映了微博对网民的影响程度较大。

Ⅲ. 服务落实

服务落实指标通过描述服务模块、链接的有效性和网民评论反映出的服务落实程度，旨在考察微博的网上服务能力和现实服务水平，包括服务模块有效性和服务平台链接程度两个三级指标。由于末级指标的测量方法都是问卷形式，此指标受主观影响较大，在实际问卷时要尽量描述准确、没有歧义。

3. 警务微博评价模型

评价分为两部分，第一部分利用模糊层次分析法和实际数据得出同一标准下的初步评分，占结果比例的70%；第二部分应用折衷型模糊决策法对各省警务微博的实际情况进行细致评价，得出最终评价结果，占结果比例的30%。

模糊层次分析法（F-AHP）与层次分析法（AHP）在操作步骤上十分类似，主要是权重计算的方法不同，即判断矩阵有所不同。判断矩阵可分为正互反判断矩阵和模糊互补判断矩阵（简称模糊判断矩阵），其中模糊判断矩阵更容易被使用者接受，方便实践操作，结果也更符合实际情况。根据给定的标度，确定出优先判断矩阵，经调整后得到模糊一致判断矩阵，这种方法不需一致性检验，可直接进行各指标权重的计算，不但减少了计算步骤，也避免了层次分析法中一致性与思维一致性脱节。

1）根据0.1~0.9标度，构造优先关系矩阵

将已建立的指标体系中的每一层次的指标分别对照其上层指标，判断出每一层次中各指标的相对重要程度，采用0.1~0.9标度（表7.15），得出模糊互补矩阵 $\boldsymbol{F}=(f_{ij})_{n\times n}$，以 $\boldsymbol{F}_{A1}$、$\boldsymbol{F}_{A2}$ 为例。

表7.15　0.1~0.9标度表

标度	定义	描述
0.9	极端重要	两者比较，前者比后者极端重要
0.8	强烈重要	两者比较，前者比后者强烈重要
0.7	明显重要	两者比较，前者比后者明显重要
0.6	稍微重要	两者比较，前者比后者稍微重要
0.5	同等重要	2个元素重要性相同
0.4，0.3，0.2，0.1	2个元素反过来比较	两者比较，后者比前者的状态

$$\boldsymbol{F}_{A1}=\begin{bmatrix}0.50 & 0.55 & 0.45 & 0.35\\0.45 & 0.50 & 0.30 & 0.40\\0.55 & 0.70 & 0.50 & 0.55\\0.65 & 0.60 & 0.45 & 0.50\end{bmatrix}\qquad \boldsymbol{F}_{A2}=\begin{bmatrix}0.50 & 0.40 & 0.30\\0.60 & 0.50 & 0.70\\0.70 & 0.30 & 0.50\end{bmatrix}$$

同理，可得出其他判断矩阵。

2）将优先关系矩阵调整为模糊一致矩阵

若 $r_{ij}=\dfrac{r_i-r_j}{2n+0.5}$，$r_i=\sum\limits_{j=1}^{n}f_{ij}$，$i=1,2,\cdots,n$，则 $\boldsymbol{R}=(r_{ij})_{n\times n}$，以 $\boldsymbol{R}_{A1}$、$\boldsymbol{R}_{A2}$ 为例。

$$\boldsymbol{R}_{A1}=\begin{bmatrix}0.50 & 0.53 & 0.44 & 0.46\\0.48 & 0.50 & 0.42 & 0.43\\0.56 & 0.58 & 0.50 & 0.51\\0.54 & 0.57 & 0.49 & 0.50\end{bmatrix}\qquad \boldsymbol{R}_{A2}=\begin{bmatrix}0.50 & 0.40 & 0.45\\0.60 & 0.50 & 0.55\\0.55 & 0.45 & 0.50\end{bmatrix}$$

3)利用排序法计算排序向量

计算出单层次排序向量，$w_i = \frac{1}{n} - \frac{1}{2\alpha} + \frac{\sum_{j=1}^{\alpha} r_{ij}}{n\alpha}$，$i = 1,2,\cdots,n$，并在此基础上计算整体权重，具体数据见表 7.16。

表 7.16　整体权重表

	排序向量		排序向量		排序向量	综合权重
A_1	0.53	B_1	0.23	B_{11}	0.37	0.044
				B_{12}	0.33	0.040
				B_{13}	0.30	0.036
		B_2	0.21	B_{21}	0.53	0.057
				B_{22}	0.48	0.052
		B_3	0.29	B_{31}	0.38	0.057
				B_{32}	0.34	0.052
				B_{33}	0.28	0.042
		B_4	0.27	B_{41}	0.22	0.031
				B_{42}	0.21	0.030
				B_{43}	0.20	0.029
				B_{44}	0.19	0.027
				B_{45}	0.18	0.026
A_2	0.48	B_5	0.27	B_{51}	0.58	0.164
				B_{52}	0.43	0.121
		B_6	0.40	B_{61}	0.26	0.055
				B_{62}	0.32	0.067
				B_{63}	0.43	0.091
		B_7	0.33	B_{71}	0.53	0.125
				B_{72}	0.48	0.113

7.2.3　案例分析

1. 数据来源及计算

数据来自新浪微博平台，采集时间为 2015 年 11 月至 2016 年 10 月。首先，将收集的各省各指标数据经极值法进行标准化处理，以保留原始数据间的关系，即将各指标的最大值和最小值映射到区间 [0，100] 中，得到各省的单一指标得分。其次，将各指标整体权重与对应指标得分相乘，并将其结果按省累加，即得出各省总分，各省各指标评分汇总情况见表 7.17。

表 7.17　初评情况汇总表

省份	B_{11}	B_{12}	B_{13}	B_{21}	B_{22}	B_{31}	B_{32}	B_{33}	B_{41}	B_{42}	B_{43}	B_{44}	B_{45}	B_{51}	B_{52}	B_{61}	B_{62}	B_{63}	B_{71}	B_{72}	初步评分
北京	3.17	2.82	3.25	2.94	4.15	4.02	3.89	3.09	2.87	2.98	1.72	1.93	2.06	0.04	12.11	1.62	6.74	9.14	9.10	9.70	87.33
天津	2.19	2.49	2.90	1.37	4.41	3.55	3.47	3.81	0.69	2.55	1.68	1.71	2.43	1.91	2.70	1.51	1.08	1.46	10.85	9.03	61.77
上海	2.10	1.96	3.48	2.84	4.51	2.80	2.79	3.51	1.95	2.55	1.26	1.35	2.30	0.99	4.35	0.23	3.17	3.27	10.22	8.46	64.09
重庆	1.12	1.02	3.63	0.89	4.46	1.46	1.58	3.04	0.21	1.70	0.65	0.70	2.06	2.14	0.04	0.96	2.08	0.55	9.10	7.45	44.85
河北	0.71	0.66	3.29	3.24	4.20	0.95	1.11	3.43	0.83	2.69	0.39	0.45	2.30	0.26	2.79	0.67	0.60	0.33	10.22	8.46	47.58
河南	2.50	2.36	3.42	5.44	3.73	3.37	3.30	3.81	3.10	2.98	1.52	1.62	2.48	0.20	5.69	0.64	6.29	3.53	11.10	6.99	74.07
山东	0.41	0.42	2.75	2.27	4.20	0.60	0.80	3.38	0.55	1.70	0.26	0.29	2.22	0.67	3.19	0.11	0.10	0.16	9.85	8.12	42.04
山西	0.56	0.92	0.00	4.22	3.53	1.32	1.45	3.38	0.66	2.13	0.46	0.63	2.24	2.26	2.94	0.27	0.18	0.16	9.98	8.24	45.52
黑龙江	0.24	0.25	1.69	0.00	4.05	0.35	0.57	2.96	0.31	0.00	0.13	0.17	1.90	3.87	0.04	0.12	0.00	0.00	8.35	6.20	31.21
吉林	0.86	0.85	1.76	1.27	4.10	1.22	1.36	3.38	0.58	2.13	0.63	0.58	2.19	1.92	1.71	0.93	0.58	0.13	9.73	8.01	43.91
辽宁	3.00	3.49	2.38	5.73	3.16	4.98	4.76	3.38	2.97	2.55	2.15	2.39	2.22	2.60	3.24	0.53	5.61	1.05	9.85	6.99	73.05
江苏	0.60	0.57	3.28	3.77	3.99	0.81	1.00	2.54	0.95	2.55	0.35	0.39	1.82	0.67	2.69	0.54	1.62	0.72	7.98	6.43	43.28
浙江	2.18	2.08	3.00	1.32	3.53	2.97	2.94	3.38	1.28	2.55	1.35	1.43	2.30	1.67	1.54	0.85	0.99	0.30	10.22	8.46	54.32
安徽	2.19	2.12	3.51	2.66	3.27	3.02	2.99	3.38	1.74	2.98	1.38	1.45	2.27	0.01	6.42	0.02	4.51	1.96	10.10	8.35	64.33
福建	0.07	0.02	3.02	1.60	4.20	0.03	0.29	3.81	0.11	1.70	0.00	0.01	2.48	2.18	1.06	0.59	0.01	0.01	11.10	6.99	39.29
江西	1.93	1.86	3.34	0.65	4.15	2.66	2.66	2.54	0.77	1.99	1.20	1.28	1.82	2.26	0.15	5.50	0.17	0.05	7.98	5.87	48.81
湖南	1.80	1.71	3.58	1.34	3.53	2.44	2.47	3.59	0.28	0.85	1.11	1.17	2.40	2.14	0.00	1.54	1.89	1.53	10.72	6.66	50.77
湖北	1.47	1.50	3.35	0.92	3.01	2.14	2.19	3.17	1.06	2.41	0.92	1.03	2.14	0.14	6.38	2.21	0.38	0.69	9.48	7.78	52.35
广东	1.43	1.43	3.28	4.13	3.37	2.04	2.10	2.96	1.37	2.84	0.90	0.98	2.01	0.00	6.04	2.54	0.60	0.48	8.85	7.22	54.58
广西	2.08	1.80	1.96	1.33	3.89	2.56	2.57	2.96	0.61	2.13	1.48	1.23	1.98	1.81	1.90	0.54	1.65	0.54	8.73	7.11	48.85
云南	2.28	2.21	3.30	5.18	3.63	3.15	3.11	3.38	1.74	2.41	1.42	1.51	2.24	3.72	1.19	0.04	0.55	0.32	9.98	7.11	58.47
贵州	0.39	0.33	2.79	3.12	3.58	0.47	0.68	3.38	0.45	2.69	0.19	0.23	2.24	0.98	0.51	0.48	0.09	0.02	9.98	8.24	40.83
四川	0.93	0.85	3.36	0.87	3.58	1.21	1.36	3.81	0.46	2.13	0.53	0.58	2.56	3.32	0.25	0.27	0.66	0.46	11.47	9.59	48.26
陕西	1.00	0.96	3.22	1.27	4.10	1.37	1.49	3.81	1.05	2.27	0.63	0.66	2.59	2.70	0.37	0.00	0.22	0.13	11.60	7.45	46.87
宁夏	0.10	0.03	2.49	0.67	4.72	0.04	0.30	2.96	0.28	1.56	0.00	0.02	2.01	0.57	4.34	2.67	0.01	0.00	8.85	8.35	39.97
内蒙古	4.44	4.01	2.88	0.39	3.73	5.72	5.43	2.96	1.21	1.42	2.92	2.75	2.03	2.50	0.16	0.55	0.21	0.03	8.98	7.90	60.23
甘肃	1.82	2.01	2.59	1.72	4.15	2.86	2.84	2.96	1.36	2.13	1.22	1.37	2.24	1.41	2.55	0.00	0.27	0.20	9.98	9.36	53.04
青海	0.00	0.00	1.24	0.30	3.94	0.00	0.26	2.54	0.00	0.43	0.01	0.00	1.85	16.39	0.01	0.08	0.00	0.00	9.10	6.54	41.68
新疆	0.24	0.19	2.29	1.70	4.62	0.28	0.51	2.96	0.39	1.70	0.11	0.13	2.06	2.02	0.31	0.08	0.06	0.01	9.10	8.01	36.77

2. 折衷型模糊决策法

折衷型模糊决策法是一种从客观数据出发建立数学模型的方法，其原理是首先根据客观数据以每一指标的最大值和最小值建立每一指标的模糊正理想和模糊负理想；其次，采用加权欧式距离法计算出各评价对象在各准则层与模糊正理想以及模糊负理想的距离，此处权重并不沿用模糊层次分析法计算出的权重，而是将其看成权重一致的指标进行计算；最后，计算各评价对象与模糊正理想的隶属度，隶属度越大的评价对象，评价结果越好。

1）专家结合各省实际发展情况进行评价

警务微博是“互联网 +”在警务工作中的产物，但由于各省经济发展程度、社会发展水平、人口受教育情况不同，各省的互联网普及度并不相同。那么，在初步评分阶段中，把全国各省的省级警务微博置于同一标准进行考量，虽然看似公平，但其现实意义却十分有限，对实际警务微博运维工作的帮助不大。所以，在得到初步评分的基础上，加入折衷型模糊决策模型，以兼顾整体性和独特性。选择熟悉微博运维并了解我国各省实际发展情况的人员作为专家，结合初步评分，分别对各省的 7 个准则层进行评级，A 级表示该省在某方面情况优秀，B 级为良好，C 级为合格，见表 7.18。这一环节中，选择准则层而非子准则层进行操作，是由于较为笼统的准则层指标更有益于专家在操作过程中进行感性把握。

表 7.18　初评情况表

省份	初评分	B_1	B_2	B_3	B_4	B_5	B_6	B_7
北京	66.21	A	A	A	A	A	B	A
天津	57.96	A	A	A	A	B	A	A
上海	57.84	A	A	A	A	B	A	A
重庆	45.23	A	B	B	B	C	A	B
河北	46.88	A	B	A	A	A	A	A
河南	62.95	A	A	A	A	A	B	B
山东	42.14	A	B	A	A	B	A	A
山西	44.47	A	B	A	A	A	B	A
黑龙江	36.43	A	B	B	B	B	A	B
吉林	43.28	A	B	A	A	A	B	A
辽宁	66.47	A	A	A	A	A	B	B
江苏	44.52	A	B	A	A	B	A	C
浙江	52.69	B	A	A	A	B	B	A
安徽	57	A	A	A	A	A	B	A
福建	39.2	A	A	B	B	B	B	A
江西	45.46	B	A	A	A	B	B	C
湖南	51.86	B	A	B	B	C	A	A
湖北	50.12	C	A	A	A	A	A	A
广东	52.46	A	A	A	A	A	A	C
广西	49.15	A	A	A	A	B	A	C

续表

省份	初评分	B_1	B_2	B_3	B_4	B_5	B_6	B_7
云南	57.82	A	A	A	A	A	B	A
贵州	41.48	A	C	B	C	B	B	A
四川	46.28	B	B	A	A	A	B	A
陕西	46.89	A	B	A	A	A	B	A
宁夏	36.93	A	C	C	C	A	B	A
内蒙古	62.74	B	A	A	A	B	A	C
甘肃	52.47	A	A	A	A	A	B	A
青海	27.61	A	B	A	A	A	A	A
新疆	29.61	A	A	A	A	A	B	A

2）应用三角模糊数量化评价结果并构建模糊判断矩阵

应用三角模糊数的比例法，对表 7.18 中的评价等级 A、B、C 进行量化，得到矩阵 $\boldsymbol{E}$，且权重为 $\boldsymbol{w}$，矩阵和权重相乘并将其归一化，得到加权模糊判断矩阵 $\boldsymbol{X}$。

表 7.19　量化标准表

专家评分等级	A	B	C
量化模糊数	（85，90，100）	（75，80，85）	（60，70，75）

$$\boldsymbol{E}=\begin{bmatrix}
(66.2,66.2,66.2) & (85,90,100) & (85,90,100) & (85,90,100) & (85,90,100) & (75,80,85) & (85,90,100)\\
(58.0,58.0,58.0) & (85,90,100) & (85,90,100) & (85,90,100) & (75,80,85) & (85,90,100) & (85,90,100)\\
(57.8,57.8,57.8) & (85,90,100) & (85,90,100) & (85,90,100) & (75,80,85) & (85,90,100) & (85,90,100)\\
(45.2,45.2,45.2) & (85,90,100) & (75,80,85) & (75,80,85) & (65,70,75) & (85,90,100) & (75,80,85)\\
(46.9,46.9,46.9) & (85,90,100) & (75,80,85) & (85,90,100) & (85,90,100) & (85,90,100) & (85,90,100)\\
(63.0,63.0,63.0) & (85,90,100) & (85,90,100) & (85,90,100) & (85,90,100) & (75,80,85) & (75,80,85)\\
(42.1,42.1,42.1) & (85,90,100) & (75,80,85) & (85,90,100) & (75,80,85) & (85,90,100) & (85,90,100)\\
(44.5,44.5,44.5) & (85,90,100) & (75,80,85) & (85,90,100) & (85,90,100) & (75,80,85) & (85,90,100)\\
(36.4,36.4,36.4) & (85,90,100) & (75,80,85) & (75,80,85) & (75,80,85) & (85,90,100) & (75,80,85)\\
(43.3,43.3,43.3) & (85,90,100) & (75,80,85) & (85,90,100) & (85,90,100) & (75,80,85) & (85,90,100)\\
(66.5,66.5,66.5) & (85,90,100) & (85,90,100) & (85,90,100) & (85,90,100) & (75,80,85) & (75,80,85)\\
(44.5,44.5,44.5) & (85,90,100) & (75,80,85) & (85,90,100) & (75,80,85) & (85,90,100) & (65,70,75)\\
(52.7,52.7,52.7) & (75,80,85) & (85,90,100) & (85,90,100) & (75,80,85) & (75,80,85) & (85,90,100)\\
(57.0,57.0,57.0) & (85,90,100) & (85,90,100) & (85,90,100) & (85,90,100) & (75,80,85) & (85,90,100)\\
(39.2,39.2,39.2) & (85,90,100) & (85,90,100) & (75,80,85) & (75,80,85) & (75,80,85) & (85,90,100)\\
(45.5,45.5,45.5) & (75,80,85) & (85,90,100) & (85,90,100) & (75,80,85) & (75,80,85) & (65,70,75)\\
(51.9,51.9,51.9) & (75,80,85) & (85,90,100) & (75,80,85) & (65,70,75) & (85,90,100) & (85,90,100)\\
(50.1,50.1,50.1) & (65,70,75) & (85,90,100) & (85,90,100) & (85,90,100) & (85,90,100) & (85,90,100)\\
(52.5,52.5,52.5) & (85,90,100) & (85,90,100) & (85,90,100) & (85,90,100) & (85,90,100) & (65,70,75)\\
(49.2,49.2,49.2) & (85,90,100) & (85,90,100) & (85,90,100) & (75,80,85) & (85,90,100) & (65,70,75)\\
(57.8,57.8,57.8) & (85,90,100) & (85,90,100) & (85,90,100) & (85,90,100) & (75,80,85) & (85,90,100)\\
(41.5,41.5,41.5) & (85,90,100) & (65,70,75) & (75,80,85) & (75,80,85) & (75,80,85) & (85,90,100)\\
(46.3,46.3,46.3) & (75,80,85) & (75,80,85) & (85,90,100) & (85,90,100) & (75,80,85) & (85,90,100)\\
(46.9,46.9,46.9) & (85,90,100) & (75,80,85) & (85,90,100) & (85,90,100) & (75,80,85) & (85,90,100)\\
(36.9,36.9,36.9) & (85,90,100) & (65,70,75) & (65,70,75) & (85,90,100) & (75,80,85) & (85,90,100)\\
(62.7,62.7,62.7) & (75,80,85) & (85,90,100) & (85,90,100) & (75,80,85) & (85,90,100) & (65,70,75)\\
(52.5,52.5,52.5) & (85,90,100) & (85,90,100) & (85,90,100) & (85,90,100) & (75,80,85) & (85,90,100)\\
(27.6,27.6,27.6) & (85,90,100) & (75,80,85) & (85,90,100) & (85,90,100) & (85,90,100) & (85,90,100)\\
(29.6,29.6,29.6) & (85,90,100) & (85,90,100) & (85,90,100) & (85,90,100) & (75,80,85) & (85,90,100)
\end{bmatrix}$$

$$\boldsymbol{w}=[(0.7,0.7,0.7)\quad(1.43,1.43,1.43)\quad(1.43,1.43,1.43)\quad(1.43,1.43,1.43)$$

$$(1.43,1.43,1.43) \quad (1.43,1.43,1.43) \quad (1.43,1.43,1.43) \quad (1.43,1.43,1.43)]$$

$$
\boldsymbol{X}=\begin{bmatrix}
(0.7,0.7,0.7) & (1.2,1.4,1.4) & (1.2,1.4,1.4) & (1.2,1.4,1.4) & (1.2,1.4,1.4) & (1.2,1.4,1.4) & (1.1,1.3,1.4) & (1.2,1.4,1.4)\\
(0.6,0.6,0.6) & (1.1,1.3,1.4) & (1.2,1.4,1.4) & (1.2,1.4,1.4) & (1.2,1.4,1.4) & (1.1,1.3,1.4) & (1.2,1.4,1.4) & (1.2,1.4,1.4)\\
(0.6,0.6,0.6) & (1.1,1.3,1.4) & (1.2,1.4,1.4) & (1.2,1.4,1.4) & (1.2,1.4,1.4) & (1.1,1.3,1.4) & (1.2,1.4,1.4) & (1.2,1.4,1.4)\\
(0.5,0.5,0.5) & (1.2,1.4,1.4) & (1.2,1.4,1.4) & (1.1,1.3,1.4) & (1.2,1.4,1.4) & (0.9,1.1,1.3) & (1.2,1.4,1.4) & (1.1,1.3,1.4)\\
(0.5,0.5,0.5) & (1.2,1.4,1.4) & (1.2,1.4,1.4) & (1.1,1.3,1.4) & (1.2,1.4,1.4) & (1.2,1.4,1.4) & (1.2,1.4,1.4) & (1.2,1.4,1.4)\\
(0.7,0.7,0.7) & (1.2,1.4,1.4) & (1.2,1.4,1.4) & (1.2,1.4,1.4) & (1.2,1.4,1.4) & (1.2,1.4,1.4) & (1.1,1.3,1.4) & (1.1,1.3,1.4)\\
(0.4,0.4,0.4) & (1.1,1.3,1.4) & (1.2,1.4,1.4) & (1.1,1.3,1.4) & (1.2,1.4,1.4) & (1.2,1.4,1.4) & (1.2,1.4,1.4) & (1.2,1.4,1.4)\\
(0.5,0.5,0.5) & (0.9,1.1,1.3) & (1.2,1.4,1.4) & (1.2,1.4,1.4) & (1.2,1.4,1.4) & (1.2,1.4,1.4) & (1.1,1.3,1.4) & (1.2,1.4,1.4)\\
(0.4,0.4,0.4) & (1.1,1.3,1.4) & (1.2,1.4,1.4) & (0.9,1.1,1.3) & (1.1,1.3,1.4) & (1.1,1.3,1.4) & (1.2,1.4,1.4) & (1.1,1.3,1.4)\\
(0.5,0.5,0.5) & (0.9,1.1,1.3) & (1.2,1.4,1.4) & (1.1,1.3,1.4) & (1.2,1.4,1.4) & (1.1,1.3,1.4) & (1.1,1.3,1.4) & (1.2,1.4,1.4)\\
(0.7,0.7,0.7) & (1.2,1.4,1.4) & (1.2,1.4,1.4) & (1.2,1.4,1.4) & (1.2,1.4,1.4) & (1.2,1.4,1.4) & (1.1,1.3,1.4) & (1.1,1.3,1.4)\\
(0.5,0.5,0.5) & (1.1,1.3,1.4) & (1.2,1.4,1.4) & (1.1,1.3,1.4) & (1.2,1.4,1.4) & (1.1,1.3,1.4) & (1.2,1.4,1.4) & (0.9,1.1,1.3)\\
(0.6,0.6,0.6) & (1.2,1.4,1.4) & (1.1,1.3,1.4) & (1.2,1.4,1.4) & (1.2,1.4,1.4) & (1.1,1.3,1.4) & (1.1,1.3,1.4) & (1.2,1.4,1.4)\\
(0.6,0.6,0.6) & (1.2,1.4,1.4) & (1.1,1.3,1.4) & (1.2,1.4,1.4) & (1.2,1.4,1.4) & (1.2,1.4,1.4) & (1.1,1.3,1.4) & (1.2,1.4,1.4)\\
(0.4,0.4,0.4) & (0.9,1.1,1.3) & (1.2,1.4,1.4) & (1.2,1.4,1.4) & (1.1,1.3,1.4) & (1.2,1.4,1.4) & (1.1,1.3,1.4) & (1.2,1.4,1.4)\\
(0.5,0.5,0.5) & (1.2,1.4,1.4) & (1.1,1.3,1.4) & (1.2,1.4,1.4) & (1.2,1.4,1.4) & (1.1,1.3,1.4) & (1.1,1.3,1.4) & (0.9,1.1,1.3)\\
(0.6,0.6,0.6) & (1.2,1.4,1.4) & (1.1,1.3,1.4) & (1.2,1.4,1.4) & (1.1,1.3,1.4) & (0.9,1.1,1.3) & (1.2,1.4,1.4) & (1.2,1.4,1.4)\\
(0.5,0.5,0.5) & (1.2,1.4,1.4) & (0.9,1.1,1.3) & (1.2,1.4,1.4) & (1.2,1.4,1.4) & (1.2,1.4,1.4) & (1.2,1.4,1.4) & (1.2,1.4,1.4)\\
(0.6,0.6,0.6) & (1.2,1.4,1.4) & (1.2,1.4,1.4) & (1.2,1.4,1.4) & (1.1,1.3,1.4) & (1.2,1.4,1.4) & (1.2,1.4,1.4) & (0.9,1.1,1.3)\\
(0.5,0.5,0.5) & (1.1,1.3,1.4) & (1.2,1.4,1.4) & (1.2,1.4,1.4) & (1.2,1.4,1.4) & (1.1,1.3,1.4) & (1.2,1.4,1.4) & (0.9,1.1,1.3)\\
(0.6,0.6,0.6) & (1.1,1.3,1.4) & (1.2,1.4,1.4) & (1.2,1.4,1.4) & (1.2,1.4,1.4) & (1.2,1.4,1.4) & (1.1,1.3,1.4) & (1.2,1.4,1.4)\\
(0.4,0.4,0.4) & (0.9,1.1,1.3) & (1.2,1.4,1.4) & (0.9,1.1,1.3) & (1.1,1.3,1.4) & (1.1,1.3,1.4) & (1.1,1.3,1.4) & (1.2,1.4,1.4)\\
(0.5,0.5,0.5) & (1.2,1.4,1.4) & (1.1,1.3,1.4) & (1.1,1.3,1.4) & (1.2,1.4,1.4) & (1.2,1.4,1.4) & (1.1,1.3,1.4) & (1.2,1.4,1.4)\\
(0.5,0.5,0.5) & (1.2,1.4,1.4) & (1.2,1.4,1.4) & (1.1,1.3,1.4) & (1.2,1.4,1.4) & (1.2,1.4,1.4) & (1.1,1.3,1.4) & (1.2,1.4,1.4)\\
(0.4,0.4,0.4) & (0.9,1.1,1.3) & (1.2,1.4,1.4) & (0.9,1.1,1.3) & (0.9,1.1,1.3) & (1.2,1.4,1.4) & (1.1,1.3,1.4) & (1.2,1.4,1.4)\\
(0.7,0.7,0.7) & (1.2,1.4,1.4) & (1.1,1.3,1.4) & (1.2,1.4,1.4) & (1.2,1.4,1.4) & (1.1,1.3,1.4) & (1.2,1.4,1.4) & (0.9,1.1,1.3)\\
(0.6,0.6,0.6) & (1.2,1.4,1.4) & (1.1,1.3,1.4) & (1.2,1.4,1.4) & (1.2,1.4,1.4) & (1.2,1.4,1.4) & (1.1,1.3,1.4) & (1.2,1.4,1.4)\\
(0.3,0.3,0.3) & (1.2,1.4,1.4) & (1.2,1.4,1.4) & (1.1,1.3,1.4) & (1.2,1.4,1.4) & (1.2,1.4,1.4) & (1.2,1.4,1.4) & (1.2,1.4,1.4)\\
(0.3,0.3,0.3) & (1.2,1.4,1.4) & (1.2,1.4,1.4) & (1.2,1.4,1.4) & (1.2,1.4,1.4) & (1.2,1.4,1.4) & (1.1,1.3,1.4) & (1.2,1.4,1.4)
\end{bmatrix}
$$

3)警务微博评价结果

确定模糊正理想与模糊负理想，分别求出各评价对象与模糊正、负理想的距离，并得出从属于模糊正理想的隶属度。模糊正理想是各指标中的模糊指标极大值，模糊负理想是各指标中的模糊指标极小值，由矩阵 $\boldsymbol{X}$ 可得 $\boldsymbol{M}^+$、$\boldsymbol{M}^-$。

$$\boldsymbol{M}^+=[(0.7,0.7,0.7) \quad (1.43,1.43,1.43) \quad (1.43,1.43,1.43) \quad (1.43,1.43,1.43) \quad (1.43,1.43,1.43)$$
$$(1.43,1.43,1.43) \quad (1.43,1.43,1.43) \quad (1.43,1.43,1.43) \quad (1.43,1.43,1.43)]$$

$$\boldsymbol{M}^-=[(0.29,0.29,0.29) \quad (0.93,1.11,1.26) \quad (0.93,1.11,1.26) \quad (0.93,1.11,1.26)$$
$$(0.93,1.11,1.26) \quad (0.93,1.11,1.26) \quad (1.07,1.27,1.43) \quad (0.93,1.11,1.26)]$$

用欧式距离的测度工具计算各评价对象在各准则层与 $\boldsymbol{M}^+$、$\boldsymbol{M}^-$ 的距离 D^+、D^-，进而计算出模糊正理想的隶属度 $\mu=\dfrac{(D^-)^2}{(D^+)^2+(D^-)^2}$，得到最后的评价结果，见表 7.20。按隶属度从高到低排列，取前三分之一为优秀，最后评价为优秀的省份为北京、辽宁、河南、云南、安徽、天津、上海、甘肃以及河北。

表 7.20　μ、D^+ 及 D^-

省份	μ	D^+	D^-	省份	μ	D^+	D^-
北京	0.86	0.21	1.33	江西	0.57	0.52	1.05
天津	0.77	0.31	1.24	湖南	0.62	0.55	1.13
上海	0.77	0.54	1.05	湖北	0.67	0.71	0.89

续表

省份	μ	D^+	D^-	省份	μ	D^+	D^-
重庆	0.59	0.88	0.80	广东	0.66	0.70	0.94
河北	0.73	0.83	0.76	广西	0.61	0.63	0.99
河南	0.80	0.34	1.16	云南	0.78	0.67	0.96
山东	0.66	0.74	0.98	贵州	0.48	0.74	1.08
山西	0.62	0.61	1.01	四川	0.67	0.45	1.10
黑龙江	0.48	0.40	1.15	陕西	0.71	0.30	1.28
吉林	0.56	0.98	0.81	宁夏	0.45	0.71	1.12
辽宁	0.81	0.34	1.16	内蒙古	0.67	0.35	1.19
江苏	0.55	0.55	1.11	甘肃	0.74	0.65	1.07
浙江	0.71	0.73	0.93	青海	0.59	0.34	1.20
安徽	0.77	0.42	1.14	新疆	0.61	0.57	1.08
福建	0.57	0.47	1.12				

7.3 政务微博传播影响力评价模型

7.3.1 政务微博传播影响力的构成要素

传播力是指媒介的实力及其搜集信息、报道新闻、对社会产生影响的能力。其中包括两个方面的要素：实力与影响力。媒体的人员、资金、技术等是传播实力的组成要素，而在传播影响力层面，则主要包括传播的信息量、速度、覆盖面及社会效果等组成要素。

传播具有传播者、媒介、受众、信息和效果等五要素，是传播影响力的决定性因素，由此出发分析传播影响力的构成，能够更完整、清晰地反映传播过程中影响力的组成结构，进而保证影响力评价指标的全面性和科学性。由于针对政务微博这一特定媒介进行传播影响力评价，并且对于信息内容的评价难以量化，因此主要基于传播者、受众和效果这三个要素，提出传播主体指标、传播受众指标、传播互动指标等政务微博传播影响力的评价指标。

其中，传播主体指标主要包括微博数、原创微博数等，主要反映传播者的信息传播行为；传播受众指标主要包括粉丝数、订阅数等，主要反映传播的覆盖面以及信息到达的情况；传播互动指标主要包括评论数、转发数、点赞数等，主要反映信息传播的效果，如对信息的认可、反馈、扩散等，如图 7.2 所示。同时，上述评价指标均能在一定程度上反映传播信息的数量，包括原创信息、转载信息、反馈信息等。对传播影响力的评价指标进行重新分类，有助于从传播过程视角，针对不同传播要素及其行为，分析其对传播影响力的影响程度，进而确定提升传播影响力的关键指标和相应策略。

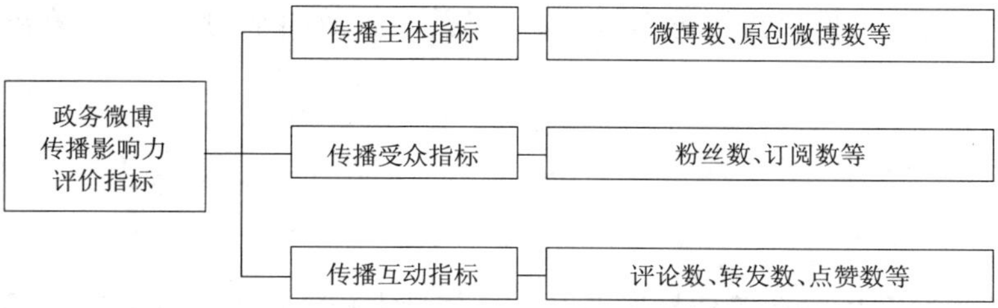

图 7.2　基于传播要素的政务微博传播影响力评价指标

7.3.2　政务微博传播影响力评价

灰色关联度分析法（Grey Relational Analysis，GRA）是灰色系统分析方法的一种。灰色系统理论提出了对系统内各因素进行灰色关联度分析的概念，在系统发展过程中，若两个因素变化的趋势具有一致性，即同步变化程度较高，则二者关联程度较高；反之，则较低。因此，灰色关联分析法是根据因素之间发展趋势的相似或相异程度，即“灰色关联度”，作为衡量因素间关联程度的一种方法。灰色关联度分析对一个系统发展变化态势提供了量化的度量，非常适合动态过程分析。由此，基于灰色关联度分析法构建政务微博传播影响力评价模型。

1. 最大传播影响力建模

假设需要评价的政务微博数量为 n，每个政务微博可以通过舆情监测软件获取 m 类数据，构建第 i 个政务微博的传播影响力向量为

$$\boldsymbol{X}_i=\left[x_i(1)\ ,\ x_i(2)\ ,\cdots,\ x_i(j)\ ,\cdots,\ x_i(n)\right]$$

其中，$1\leqslant i\leqslant n$。

然后，在某个时间段内，分别取第 k 列的最大值，即

$$\max_{1\leqslant i\leqslant m} x_i(k)$$

其中，$1\leqslant k\leqslant m$。

最后，构建最大传播影响力向量，即

$$\boldsymbol{X}_{\max}=\left[\max_{1\leqslant i\leqslant m} x_i(1)\ ,\max_{1\leqslant i\leqslant m} x_i(2)\ ,\cdots,\max_{1\leqslant i\leqslant m} x_i(j)\ ,\cdots,\max_{1\leqslant i\leqslant m} x_i(n)\right]$$

2. 政务微博传播影响力评价

根据灰色关联分析法，定义每个政务微博的传播影响力向量与最大传播影响力向量的关联系数为

$$\eta_k(j)=\frac{\min\limits_j\min\limits_k\left|\max\limits_{1\leqslant i\leqslant m} x_i(j)-X_k(j)\right|+\rho\max\limits_j\max\limits_k\left|\max\limits_{1\leqslant i\leqslant m} x_i(j)-X_k(j)\right|}{\left|\max\limits_{1\leqslant i\leqslant m} x_i(j)-X_k(j)\right|+\rho\max\limits_j\max\limits_k\left|\max\limits_{1\leqslant i\leqslant m} x_i(j)-X_k(j)\right|}$$

其中，$1\leqslant i\leqslant n$，$1\leqslant k\leqslant m$；$\rho\in(0,+\infty)$ 称为分辨率，ρ 越小，分辨力越大。

关联系数代表每个政务微博的传播影响力向量与最大传播影响力向量在各个方面的关

联系数值，结果较多且信息过于分散，所以计算关联系数的平均数，得到第 i 个政务微博的灰色关联度为

$$r_k=\frac{1}{n}\sum_{j=1}^{n}\eta_k(j)$$

可以发现，$0<r_k<1$。

通过计算每个政务微博的传播影响力向量与最大传播影响力向量的“距离”，即灰色关联度，可以得出每个政务微博在 n 个政务微博中的重要程度。基于此，将某个政务微博的传播影响力向量与最大传播影响力向量的关联度定义为某个政务微博的传播影响力。上述评价流程如图 7.3 所示。

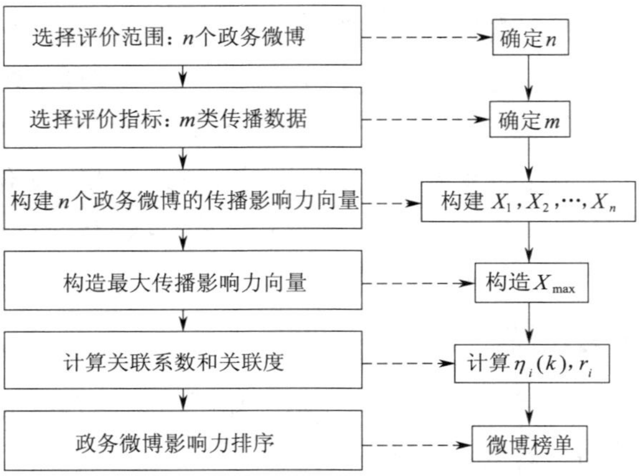

图 7.3 政务微博传播影响力评价流程

7.3.3 案例分析

1. 数据来源

2017 年 7 月，清博大数据发布深圳政务微博半年榜单（2017 年 1 月 1 日至 2017 年 6 月 30 日），包括总榜、职能榜、分区榜、公安榜等四个榜单，根据微博数、原创数、粉丝数、评论数、转发数、点赞数等指标，通过对各个指标进行加权统计，评选出深圳政务微博半年榜单，全方位考量政务微博账号的传播影响力，如图 7.4 所示。本节将在此数据基础上应用灰色关联度方法计算深圳政务微博传播影响力，并与清博大数据榜单进行对比研究。

总榜

微博名称	微博数	原创数	粉丝数	评论数	转发数	点赞数	排名
深圳交警	10343	6904	1806076	320052	121227	371280	1
深圳公安	4070	2634	3572782	88448	82973	221127	2
深圳天气	2393	1750	1373107	111897	19917	81346	3

微博名称	微博数	原创数	粉丝数	评论数	转发数	点赞数	排名
深圳龙岗交警	5668	4410	35024	22371	30794	24076	4
深圳微博发布厅	1899	1828	2094384	14362	15556	140629	5
深圳教育	2562	2284	871099	1931	6149	5772	6
深圳宝安交警	2017	1937	25012	4133	2019	4533	7
深圳网警	970	591	532298	2720	3671	2500	8
深圳南山交警	1907	1676	18703	6507	694	3076	9
深圳交警车管所	2878	1631	35876	3051	1579	2191	10

职能榜

微博名称	微博数	原创数	粉丝数	评论数	转发数	点赞数	排名
深圳天气	2393	1750	1373107	111897	19917	81346	1
深圳教育	2562	2284	871099	1931	6149	5772	2
健康深圳	2043	1853	21134	792	2381	1471	3
深圳图书馆	832	636	147084	1408	1387	2626	4
深圳供电	312	235	490272	1519	1711	2823	5
深圳市民政局	440	436	395851	1074	1840	1047	6
深圳市城市管理局	1616	534	22011	768	1387	3168	7
深圳市场和质量监管	674	594	101231	976	543	777	8
福田文体中心	343	330	5535	442	846	496	9
深圳市垃圾减量分类	282	133	36761	264	2103	647	10

分区榜

微博名称	微博数	原创数	粉丝数	评论数	转发数	点赞数	排名
福田发布	829	558	37541	603	833	1050	1
时尚罗湖	994	844	82904	416	685	956	2
创新南山	648	532	32628	537	587	692	3
龙岗发布	765	553	369653	416	618	978	4
深圳龙华发布	651	455	21874	559	377	637	5
坪山发布	1112	665	16044	389	420	601	6
阳光宝安	1030	746	11554	187	369	510	7
盐田发布	827	532	10450	228	350	227	8
大鹏发布	596	411	29617	239	212	357	9
光明发布	582	482	16581	0	109	91	10

公安榜

微博名称	微博数	原创数	粉丝数	评论数	转发数	点赞数	排名
深圳交警	10343	6904	1806076	320052	121227	371280	1

微博名称	微博数	原创数	粉丝数	评论数	转发数	点赞数	排名
深圳公安	4070	2634	3572782	88448	82973	221127	2
深圳龙岗交警	5668	4410	35024	22371	30794	24076	3
深圳宝安交警	2017	1937	25012	4133	2019	4533	4
深圳网警	970	591	532298	2720	3671	2500	5
深圳南山交警	1907	1676	18703	6507	694	3076	6
深圳交警车管所	2878	1631	35876	3051	1579	2191	7
深圳盐田交警	1149	1066	10156	3933	669	3048	8
深圳光明交警	1574	1515	6757	3833	527	941	9
深圳东部高速交警	1600	1565	6596	4324	514	502	10

图 7.4 深圳政务微博半年榜单分布

2. 数据分析

根据图 7.4 中数据可以发现，政务微博评价指标共包括六类数据，根据四个榜单的数据构建深圳政务微博最大影响力向量，见表 7.21。据此，选取分辨率 $\rho = 0.5$ 分别计算四个榜单中政务微博对应的灰色关联度，见表 7.22 至表 7.25。

表 7.21 深圳政务微博最大影响力向量

属性	微博数	原创数	粉丝数	评论数	转发数	点赞数
数值	10 343	6 904	3 572 782	320 052	121 227	371 280

表 7.22 总榜灰色关联系数和关联度

微博名称	微博数	原创数	粉丝数	评论数	转发数	点赞数	关联度	新排序
深圳交警	1.000	1.000	0.502	1.000	1.000	1.000	0.917 06	2
深圳公安	0.996	0.998	1.000	0.885	0.979	0.922	0.963 42	1
深圳天气	0.996	0.997	0.448	0.895	0.946	0.860	0.857 06	4
深圳龙岗交警	0.997	0.999	0.335	0.857	0.952	0.837	0.829 49	6
深圳微博发布厅	0.995	0.997	0.547	0.854	0.944	0.885	0.870 41	3
深圳教育	0.996	0.997	0.398	0.849	0.939	0.830	0.834 78	5
深圳宝安交警	0.995	0.997	0.335	0.850	0.937	0.829	0.823 91	8
深圳网警	0.995	0.996	0.370	0.849	0.938	0.829	0.829 46	7
深圳南山交警	0.995	0.997	0.334	0.850	0.937	0.829	0.823 77	10
深圳交警车管所	0.996	0.997	0.335	0.849	0.937	0.829	0.823 82	9
关联系数均值	0.996	0.998	0.460	0.874	0.951	0.865	—	—

表 7.23　职能榜灰色关联系数和关联度

微博名称	微博数	原创数	粉丝数	评论数	转发数	点赞数	关联度	新排序
深圳天气	0.996	0.997	0.448	0.895	0.946	0.860	0.857 06	1
深圳教育	0.996	0.997	0.398	0.849	0.939	0.830	0.834 78	2
健康深圳	0.995	0.997	0.334	0.848	0.938	0.828	0.823 47	7
深圳图书馆	0.995	0.996	0.342	0.848	0.937	0.829	0.824 63	5
深圳供电	0.994	0.996	0.367	0.848	0.937	0.829	0.828 61	3
深圳市民政局	0.994	0.996	0.360	0.848	0.937	0.828	0.827 35	4
深圳市城市管理局	0.995	0.996	0.334	0.848	0.937	0.829	0.823 34	8
深圳市场和质量监管	0.995	0.996	0.339	0.848	0.937	0.828	0.823 89	6
福田文体中心	0.994	0.996	0.333	0.848	0.937	0.828	0.822 80	10
深圳市垃圾减量分类	0.994	0.996	0.335	0.848	0.937	0.828	0.823 20	9
关联系数均值	0.995	0.997	0.359	0.853	0.938	0.832	—	—

表 7.24　分区榜灰色关联系数和关联度

微博名称	微博数	原创数	粉丝数	评论数	转发数	点赞数	关联度	新排序
福田发布	0.995	0.996	0.335	0.848	0.937	0.828	0.823 24	3
时尚罗湖	0.995	0.997	0.338	0.848	0.937	0.828	0.823 74	2
创新南山	0.995	0.996	0.335	0.848	0.937	0.828	0.823 13	4
龙岗发布	0.995	0.996	0.358	0.848	0.937	0.828	0.826 93	1
深圳龙华发布	0.995	0.996	0.334	0.848	0.937	0.828	0.822 99	6
坪山发布	0.995	0.997	0.334	0.848	0.937	0.828	0.822 98	7
阳光宝安	0.995	0.997	0.334	0.848	0.937	0.828	0.822 91	8
盐田发布	0.995	0.996	0.334	0.848	0.937	0.828	0.822 84	9
大鹏发布	0.995	0.996	0.335	0.848	0.936	0.828	0.823 01	5
光明发布	0.995	0.996	0.334	0.848	0.936	0.828	0.822 83	10
关联系数均值	0.995	0.996	0.337	0.848	0.937	0.828	—	—

表 7.25　公安榜灰色关联系数和关联度

微博名称	微博数	原创数	粉丝数	评论数	转发数	点赞数	关联度	新排序
深圳交警	1.000	1.000	0.502	1.000	1.000	1.000	0.917 06	2
深圳公安	0.996	0.998	1.000	0.885	0.979	0.922	0.963 42	1
深圳龙岗交警	0.997	0.999	0.335	0.857	0.952	0.837	0.829 49	3
深圳宝安交警	0.995	0.997	0.335	0.850	0.937	0.829	0.823 91	5
深圳网警	0.995	0.996	0.370	0.849	0.938	0.829	0.829 46	4

续表

微博名称	微博数	原创数	粉丝数	评论数	转发数	点赞数	关联度	新排序
深圳南山交警	0.995	0.997	0.334	0.850	0.937	0.829	0.823 77	7
深圳交警车管所	0.996	0.997	0.335	0.849	0.937	0.829	0.823 82	6
深圳盐田交警	0.995	0.997	0.334	0.849	0.937	0.829	0.823 37	8
深圳光明交警	0.995	0.997	0.333	0.849	0.937	0.828	0.823 27	10
深圳东部高速交警	0.995	0.997	0.333	0.850	0.937	0.828	0.823 28	9
关联系数均值	0.996	0.997	0.421	0.869	0.949	0.856	—	—

3. 评价结果分析

通过关联系数计算关联度，确定政务微博传播影响力新的排名，然后计算新排名与原始排名的差值，并与清博大数据发布的深圳政务微博半年榜单中的排名进行对比，见表 7.26。可以看出，排名差值大于或等于 2 的有 9 个，排名差值为 1 的有 25 个，剩余 6 个排名相同，差值结果说明根据不同方法计算的排名结果相近。这说明通过灰色关联分析计算政务微博传播影响力的方法与专家打分、赋值权重的德尔菲法和层次分析法等方法的结果相近，但是能够成功规避专家打分、加权量化中的主观影响，可以更客观、快捷地反映政务微博的传播影响力情况。此外，观察表 7.22 至表 7.25 可以发现，通过计算关联系数均值，各个属性的关联系数对关联度的影响排序为原创数 > 微博数 > 转发数 > 评论数 > 点赞数 > 粉丝数，进而可以得出提升政务微博传播影响力的优先路径。

表 7.26 四类榜单排名差值

原始排名	总榜新排名	差值	职能榜新排名	差值	分区榜新排名	差值	公安榜新排名	差值
1	2	1	1	0	3	2	2	1
2	1	−1	2	0	2	0	1	−1
3	4	1	7	4	4	1	3	0
4	6	2	5	1	1	−3	5	1
5	3	−2	3	−2	6	1	4	−1
6	5	−1	4	−2	7	1	7	1
7	8	1	8	1	8	1	6	−1
8	7	−1	6	−2	9	1	8	0
9	10	1	10	1	5	−4	10	1
10	9	−1	9	−1	10	0	9	−1

7.4　网络舆情应对效果评估模型

7.4.1　研究思路

面对突发事件日益多发频发以及非常规、大规模突发事件等新形势，针对部分突发事件舆情回应效果不理想等现实问题，通过近年来突发事件案例，评估突发事件网络舆情引导效果，明晰影响舆情引导的关键因素，为科学评估舆情引导效果、提升舆情决策能力，提供理论参考。

1. 研究方法

Logistic 回归函数是研究观察结果（y）与其影响因素（x）之间关系的一种多变量分析方法。根据因变量的取值范围，Logistic 回归可分为二分类 Logistic 回归和多分类 Logistic 回归；根据多元因变量是否有序，多分类 Logistic 回归可分为无序多分类 Logistic 回归和有序多分类 Logistic 回归。本节所考察的因变量为有序多分类变量，故采用有序多分类 Logistic 回归。

突发事件具有显著的紧急性、危害性、不确定性等特征，极易引发民众愤怒、恐慌、焦虑等负面情感，为事件处置带来负面影响。因此，突发事件网络舆情引导的实质是负面情感的引导，也就是说负面情感在所有情感中的比重表征着舆情的发展态势，故将政府舆情引导后负面情感比重由低到高划分为四个梯度，对应舆情引导效果四个等级。将舆情引导效果（$y=1,2,3,4$）的概率（p）作为因变量，建立因变量 p 和评估指标 x_i 的函数关系 $p(y=1,2,3,4)=f(x_i)$。Logistic 回归模型的一般表达式为

$$P(y=1/x_i)=\frac{\exp(b_0+b_1x_1+b_2x_2+\cdots+b_kx_k)}{1+\exp(b_0+b_1x_1+b_2x_2+\cdots+b_kx_k)}$$

做 Logit 变换，有

$$Logit\ P=\ln\frac{p}{1-p}=b_0+b_1x_1+b_2x_2+\cdots+b_kx_k$$

2. 研究设计

基于对突发事件网络舆情引导效果评估相关文献和舆情数据的研究，确定评估指标，收集数据，建立突发事件网络舆情引导效果评估模型，验证评估指标的合理性，剔除不符合要求的指标，最终模拟出最佳的评估模型，具体研究思路如图 7.5 所示。

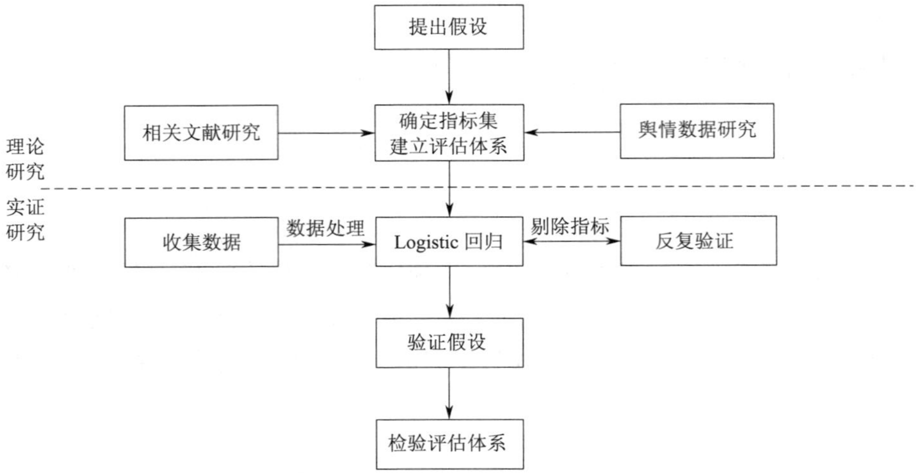

图 7.5　突发事件网络舆情引导效果评估指标体系研究思路

7.4.2　突发事件网络舆情引导效果评估体系

1. 确定指标

梳理网络舆情相关研究中评估指标的角度，指标选取角度汇总见表 7.27，归纳为以下三方面。

（1）参与主体：如事件主体、政务部门、媒体、网民等。

（2）参与行为：①政务行为，如处置行为、发布信息等；②媒体参与行为，如媒体连续报道、置顶头条等；③民众参与行为，如自发传播、人肉搜索、群体聚集等。

（3）舆情数据：①舆情传播数据，如热度指数、转发量、点击量、评论量、话题参与量等；②情感数据，如点赞量、负面情感评论数等。

综上所述，相关研究主要从参与主体、参与行为、舆情数据变化等方面判别网络舆情态势是否发生变化，故较多围绕以上三个方面确定评估指标。结合突发事件网络舆情引导过程，将三者具体为引导主体、引导行为、引导客体。其中，引导主体是针对网络舆情发布信息，做出解释说明，引导舆情逐渐消退的政府部门；引导行为是政府部门为消减舆情热度，采取的一系列措施；引导客体是引导主体做出引导行为，引起网络舆情产生的变化。如图 7.6 所示，引导主体、引导行为和引导客体在网络中以不同的形式体现其自身的属性，接下来通过获取表征其属性的网络数据，确定具体的评估指标。

表 7.27　指标选取角度汇总表

时间	作者	指标选取角度
2014	兰月新等①	事前舆情管理主要包括舆情主体、治理机制和联动机制，事后舆情管理包括官方行为、网民行为以及两者信息交流碰撞产生的网络舆情热度。其中，官方行为主要表现为处置行为和信息发布行为，分别细化为反应速度、处置效率和及时程度、全面程度、持续程度、回应渠道；舆情热度表现为关注、转发、扩散、传播、异化等方面
2015	孙飞显等②	从博主、博文、传播、受众四个维度评价舆情热度的演变
2016	赵磊等③	提出用百度指数衡量舆情热度
2018	曾子明④	从发布量、转发量、评论量、点赞量等四个指标构建微博舆情热度表达式
2018	连芷萱等⑤	从信息学角度提出首发信息的信源特征、信息格式和信宿需求对于舆情发展产生的影响
2018	李良⑥	运用突发事件微博舆情话题相关信息对舆情话题发展趋势进行预测
2019	任中杰等⑦	在舆情引导阶段，重点关注负面情感和波动情感方面的引导
2020	熊尧等⑧	从话题重要性、公众反应和话题热度等三个方面分析网络舆论态势，进而利用模糊综合评判估计网络舆论威胁指数，构建网络舆论威胁评估指标体系，通过网络舆论引导前后威胁指数的变化量评估舆情引导效果
2021	韩玮等⑨	从事件作用量（事件危害程度和敏感程度）、网民作用量（网民情绪强度和网民参与水平）、媒体作用量（媒体使用频率和报道力度）、政府作用量（政府公信力和政府处置力度）、事件持续时间构建公共危机事件网络舆情热度的测算指标体系

2. 数据来源

根据第 47 次《中国互联网络发展状况统计报告》，截至 2020 年 12 月，我国共有政府网站 14 444 个，主要包括政府门户网站和部门网站，涵盖信息公开、网上办事和政务动态三种类别。其中，在信息公开类型中，如中央机构、法院、检察院、公安、应急、气象、教育等广大民众关注的部门通过微博采集信息、发布信息、普及信息等，与民众进行沟通，这些政务微博拥有大量开源舆情数据，如转发次数、参与人数、评论数、话题热度、话题发展过程等众多实时数据，展现网络舆情发展的全过程和趋势。因此，微博已成为网络舆情爆发、演化的主要场所，政府引导舆情态势的主阵地，并且能够通过一些数学统计或数据爬虫等方式在微博中获取数据，便于开展研究。因此，选取微博平台作为数据源，针对突发事件网络舆情引导效果展开研究。

---

① 兰月新，董希琳，邓新元，等 . 基于 HHM 的公共危机事件网络舆情风险管理研究 [J]. 情报杂志 ,2014,33(10):33-38,77.

② 孙飞显，程世辉，靳晓婷，等 . 政府负面网络舆情热度定量评价方法：以新浪微博为例 [J]. 情报杂志 ,2015,34(8):137-141.

③ 赵磊，王松 . 基于 BP 神经网络的舆情热度趋势仿真模型研究 [J]. 情报学报 ,2016,35(9):989-999.

④ 曾子明，黄城莺 . 基于 BP 神经网络的突发传染病舆情热度趋势预测模型研究 [J]. 现代情报 ,2018,38(5):37-44,52.

⑤ 连芷萱，兰月新，夏一雪，等 . 基于首发信息的微博舆情热度预测模型 [J]. 情报科学 ,2018,36(9):107-114.

⑥ 李良 . 突发事件微博舆情的话题发现和热度预测研究 [D]. 西安：西安理工大学 ,2018.

⑦ 任中杰，张鹏，李思成，等 . 基于微博数据挖掘的突发事件情感态势演化分析：以天津 8·12 事故为例 [J]. 情报杂志 ,2019,38(2):140-148.

⑧ 熊尧，李弼程，王子玥 . 基于模糊综合评判的网络舆论引导效果评估 [J]. 现代情报 ,2020,40(6):55-67.

⑨ 韩玮，陈安 . 基于焦耳定律的公共危机事件网络舆情热度模型研究 [J]. 情报科学 ,2021,39(2):24-33.

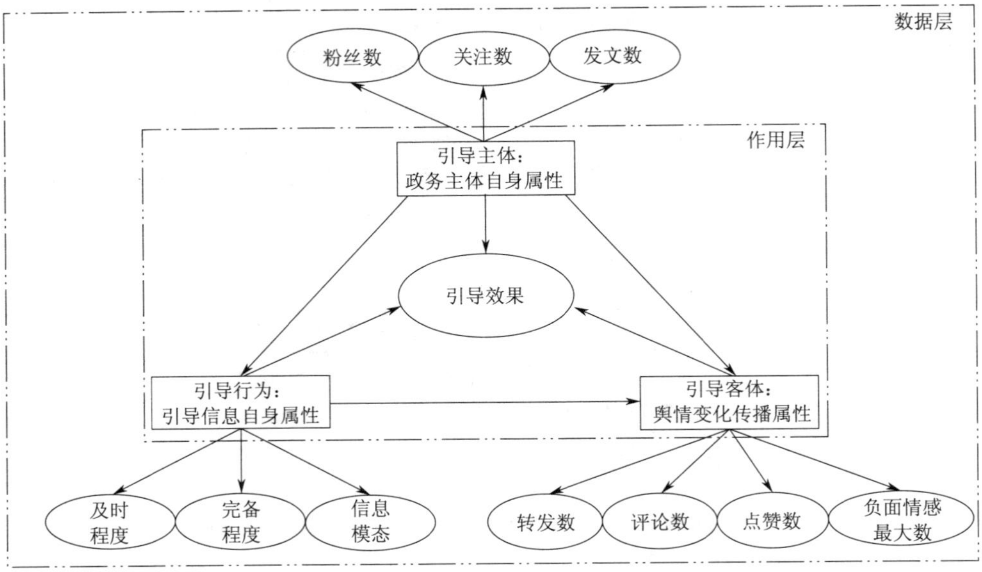

图 7.6 引导主体、引导行为和引导客体在网络舆情中的体现形式

3. 突发事件网络舆情引导效果评估指标体系

1）因变量

衡量舆情引导效果的指标有很多，但感知网络舆情传播过程中民众负面、中立、正面情感之间的转移趋势是政府精准治理网络舆情的关键，因此需要选取能够反映负面情感转移趋势的指标，即负面情感比重，表征政府舆情引导效果。

负面情感比重是指拥有负面情感的人数在所有参与者中的占比。若舆情引导后，负面情感比重大于其他类型情感的比重，在舆情整体情感中占据主导地位，说明舆情引导未使负面情感向中立或正面情感转化，舆情态势并未出现转机；反之，负面情感比重减小，舆情整体情感偏向积极，说明舆情引导对负面情感产生作用，使其发生了情感的转移，舆情态势好转。故而，选取负面情感比重作为因变量，度量政府舆情引导措施的效用。

2）自变量

影响舆情引导效果的因素是自变量，主要包括引导主体自身属性、引导信息自身属性、引导信息传播属性。

（1）引导主体自身属性。不同的引导主体使用其平台账户发布信息的影响作用存在显著差异，例如中国警方在线、共青团中央、中国长安网等“明星”政务微博与其他政务微博相比，呈现高粉丝数、高关注度、高日均发文量的“三高”特征，促就了其强大的网络影响力和号召力。

（2）引导信息自身属性。相关部门发布引导信息不仅传达事件处置进程，也传达涉事主体对事件的态度、处事风格、重视程度等隐含信息，同时这些也是民众的关注点，它们从不同角度对事件舆情产生影响。反映引导信息自身属性的因素有引导信息的响应速度、内容完备程度、信息模态。

（3）引导信息传播属性。转发、点赞、评论、推送、分享、置顶等均是网民获取信息、传播信息较为常用的方式，其中转发数、评论数、点赞数、负面情感最大数最能展现舆情传播态势的变化情况。

突发事件网络舆情引导效果评估指标汇总见表 7.28。

表 7.28　突发事件网络舆情引导效果评估指标汇总

评估指标		指标说明
A 引导主体自身属性	a_1 粉丝数	引导主体作为舆情引导行为的发起者，其自身角色和属性对舆情传播和消散产生影响
	a_2 关注量	关注用户的数量，关注的用户越多，意味着接触的领域越丰富，获取信息的来源与种类越多
	a_3 日均发文量	日均动态越频繁，活跃值越高，传播范围越广、速度越快，民众接收信息的可能性越大
B 引导信息自身属性	b_1 响应速度	主体回应的速度，“时、度、效”成为舆情引导的着力点和衡量标准，时效决定成效，速度决定先机
	b_2 完备程度	引导信息包含事件的要素内容是否全面是划分信息完备程度的依据，具体包括事件时间、地点、人物、起因、发展经过、处置结果六方面内容
	b_3 信息模态	信息在网络中呈现的模式，依据信息发布的形式分为纯文字、图片、文字结合图片、视频、文字结合视频五类
C 引导信息传播属性	c_1 转发数	转发是微博信息扩散的主要方式，转发次数越多，信息传播的次数越多，影响的人数越多
	c_2 点赞数	点赞数可以直接表明赞同微博动态的次数和人数
	c_3 评论数	网民随时随地可以在某条信息评论区表达自己的观点和态度，与发文主体、其他网民相互交流讨论
	c_4 负面情感最大数*	民众的负面情感在微博平台中主要通过网民消极的文字评论和消极评论信息的点赞数体现

注 * 民众的负面情感在微博平台中主要通过网民消极的文字评论和消极评论信息的点赞数体现。两者在此皆纳入负面情感范畴，由于难以避免民众既评论又点赞这一现象带来的数据重复计算问题，故而选取消极评论最多点赞数作为负面情感的采纳指标，以保证评估指标量化数据的可靠性和客观性。

7.4.3　突发事件网络舆情引导效果评估模型

在理论研究的基础上，通过实际案例建立突发事件网络舆情引导效果评估模型，建立模型步骤如图 7.7 所示。

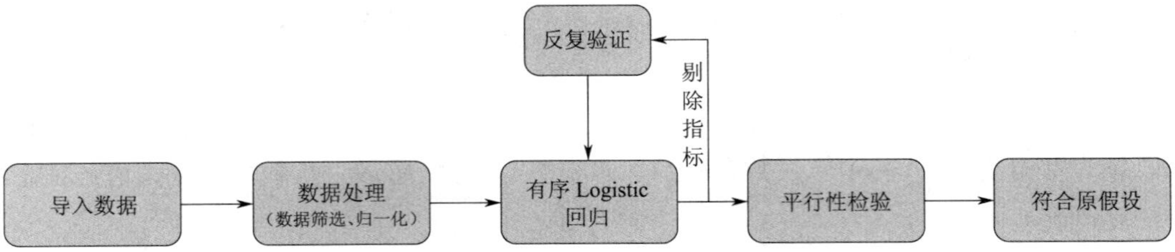

图 7.7 利用有序 Logistic 回归建立模型流程图

1. 选取事件

从 2019—2020 年发生的突发事件中选取 40 起突发事件，以事件第一条引导信息为研究对象，在微博平台中收集原始数据，构建模型。

2. 数据处理

1)数据描述

对自变量和因变量进行数据描述，并说明赋值原则，见表 7.29。

表 7.29 自变量数据描述

评估指标		变量类型	赋值原则
A 引导主体自身属性	a_1 粉丝数	数值	*n*=*n* 个粉丝数
	a_2 关注量	数值	*n*=*n* 个关注数
	a_3 日均发文量	数值	*n*=*n* 个发文数
B 引导信息自身属性	b_1 响应速度	数值	*n*=*n* 小时后引导
	b_2 完备程度	分类	1= 时间、地点，2= 时间、地点、人物，3= 时间、地点、人物、起因，4= 时间、地点、人物、起因、发展经过，5= 时间、地点、人物、起因、发展经过、处置结果
	b_3 信息模态	分类	1= 纯文字，2= 图片，3= 文字结合图片，4= 视频，5= 文字结合视频
C 引导信息传播属性	c_1 转发数	数值	*n*=*n* 次转载量
	c_2 点赞数	数值	*n*=*n* 次点赞
	c_3 评论数	数值	*n*=*n* 个评论
	c_4 负面情感最大数	数值	*n*=*n* 人参与点赞

因变量：负面情感比重的取值范围为 0~1，以 0.25 为梯度，将负面情感比重划分为四个等级：0~0.25（包含 0.25）为好、0.25~0.50（包含 0.50）为较好、0.50~0.75（包含 0.75）为较差、0.75~1（包含 1）为差，见表 7.30。

表 7.30　突发事件网络舆情引导效果等级划分

负面情感比重 [0,1]	[0,0.25]	(0.25,0.50]	(0.50,0.75]	(0.75,1]
引导效果	好	较好	较差	差
引导效果级别	I	II	III	IV

2)标准化处理

由于突发事件性质、涉及地域、主体类型、舆情热度均有不同，造成数据之间存在较大差异。为了更客观地反映自变量与因变量的关系，需要对收集的数据做以下处理：采用最小-最大规范化（Min-max normalization）对原始数据进行转化，Min-max normalization 即离差标准化，是对原始数据的线性变换，使结果落在 [0,1] 区间。转换函数如下：

$$X^* = \frac{x - min}{max - min}$$

其中，*max* 为样本数据的最大值；*min* 为样本数据的最小值。

部分案例原始数据统计见表 7.31，部分标准化的案例数据统计见表 7.32。

表 7.31　案例原始数据统计（部分）

项目	X_1	X_2	X_3	X_4	X_5	X_6	X_7	X_8	X_9	X_{10}
1	117 563	484	3.8	6	4	3	47	86	175	1
2	21 407 957	1 438	76.6	25	4	3	30	181	160	156
3	43 350 476	2 373	24.5	535	5	3	64	119	32	5
4	90 158 984	2 079	63.3	1 745	5	3	463	20 433	1 101	5 190
5	68 169 312	1 282	44.6	569	5	5	382	48 051	3 442	5 651
6	43 350 476	2 373	24.5	122	5	1	875	30 594	4 304	2 013
7	113 734 316	2 709	31.5	442	5	5	2 117	84 158	4 088	472
8	90 158 984	1 592	63.3	397	4	1	1 075	58 971	1 905	3 973
9	99 616 751	2 979	37.3	59	5	1	5 542	33 395	2 244	106
10	113 734 316	2 709	31.5	4	4	4	4 572	7 317	1 467	7

表 7.32　标准化后的案例数据统计（部分）

项目	X_1	X_2	X_3	X_4	X_5	X_6	X_7	X_8	X_9	X_{10}
1	0.00	0.14	0.03	0.00	4.0	3.0	0.00	0.00	0.00	0.00
2	0.19	0.46	0.61	0.01	4.0	3.0	0.00	0.00	0.00	0.00
3	0.38	0.78	0.20	0.31	5.0	3.0	0.00	0.00	0.00	0.00
4	0.79	0.68	0.51	1.00	5.0	3.0	0.03	0.01	0.00	0.03
5	0.60	0.41	0.36	0.32	5.0	5.0	0.02	0.02	0.01	0.04
6	0.38	0.78	0.20	0.07	5.0	1.0	0.06	0.01	0.01	0.01

续表

项目	X_1	X_2	X_3	X_4	X_5	X_6	X_7	X_8	X_9	X_{10}
7	1.00	0.89	0.25	0.25	5.0	5.0	0.14	0.04	0.01	0.00
8	0.79	0.51	0.51	0.23	4.0	1.0	0.07	0.03	0.01	0.03
9	0.88	0.98	0.30	0.03	5.0	1.0	0.36	0.01	0.01	0.00
10	1.00	0.89	0.25	0.00	4.0	4.0	0.30	0.00	0.00	0.00

3)信度检验

采用内部一致性(Cronbach’s α 值)检验指标的整体信度,检验结果 Cronbach’s α 值为 0.712,说明研究得到的数据可靠性可以接受,指标选取较为合理,能够进行继续研究。

4)多重共线性检验

多重共线性是线性逻辑回归模型中棘手的问题,降低变量间的相互联系强度是解决共线性问题的关键,若不处理则会导致观测值的变化异常敏感,估计值偏差严重。容忍度与方差膨胀因子乘积为 1,是诊断多重共线性的常用指标。通常当方差膨胀因子大于或等于 10 或容忍度小于 0.1 时,可认为自变量间共线性严重。基于 SPSS 统计软件进行共线性检验,结果显示指标均通过检验,见表 7.33。

表 7.33 共线性检验

变量	共线性检验	
	容忍度	方差膨胀因子
X_1	0.727	1.376
X_2	0.625	1.599
X_3	0.619	1.616
X_4	0.854	1.170
X_5	0.628	1.593
X_6	0.760	1.317
X_7	0.216	4.631
X_8	0.222	5.383
X_9	0.119	3.300
X_{10}	0.114	8.803

3. 建立模型

通过 SPSS 统计软件建立多元 Logistic 回归分析模型,以 $y=4$(引导效果为差)作为对照组,将 10 个自变量引入模型中(按 A-B-C 的顺序将变量引入模型,编号依次为 $x_1 \sim x_{10}$),

模型拟合信息见表 7.34。由表 7.34 可知：①将"自变量引入模型"中，−2 对数似然数值降低为"只引入常数项"时的近二分之一，说明将自变量引入模型对模型起到了改善作用；②模型的显著性 0.00<0.05，说明模型具有统计学意义。

表 7.34　模型拟合信息

模型	−2 对数似然	卡方	自由度	显著性
仅截距	110.503			
最终	66.388	44.115	13	0.000

结果表明：① x_3、x_4、x_7 三个变量显著性检验概率值远大于 0.05，拒绝原假设，应剔除模型；② x_5、x_6 是分类变量，两个变量中均有一部分类别的显著性检验概率值小于 0.05 和接近 0.05，由于样本容量有限，难以避免事件数据的偶然性，故而先将 x_5、x_6 两个变量留在模型中，观察其在剔除其他变量研究中的变化；③其他变量的显著性检验概率值均小于 0.05，具有统计学意义，引入模型。

将拒绝原假设的三个自变量逐个移出模型，观察整个模型和模型中的其余指标各项参数的变化，模型参数估计值见表 7.35：①当 x_3、x_4、x_7 三个变量全都移出模型时，x_5、x_6 变量中有一个变量显著性检验概率值大于 0.05，其余变量显著性检验概率值均小于 0.05，具有统计学意义；②将 x_5、x_6 两个变量移出模型时，模型拟合效果并未得到优化，考虑到样本容量与数据的局限性会带来此类问题，故而将 x_5、x_6 两个变量保留在模型中，各项参数值见表 7.36。总而言之，模型整体检验结果与原假设相符，由 Logistic 回归建立的突发事件网络舆情引导效果模型，具体方程如下。（将不符合要求的自变量移出模型后，以下内容中自变量仍然使用初始自变量的排列序号，不再进行重新排序）

网络舆情引导效果的级别为Ⅰ（好）时，模型方程为

$$\begin{aligned} LogitP_{y=1} = &-5.740 - 3.416x_1 - 4.411x_2 + 4.717x_{5=1} + 2.136x_{5=2} + 3.374x_{5=3} + \\ &0.639x_{5=4} - 2.564x_{6=1} - 1.727x_{6=2} - 2.118x_{6=3} - 2.112x_{6=4} - \\ &182.196x_8 + 135.590x_9 + 49.472x_{10} \end{aligned}$$

网络舆情引导效果的级别为Ⅱ（较好）时，模型方程为

$$\begin{aligned} LogitP_{y=2} = &-3.643 - 3.416x_1 - 4.411x_2 + 4.717x_{5=1} + 2.136x_{5=2} + 3.374x_{5=3} + \\ &0.639x_{5=4} - 2.564x_{6=1} - 1.727x_{6=2} - 2.118x_{6=3} - 2.112x_{6=4} - \\ &182.196x_8 + 135.590x_9 + 49.472x_{10} \end{aligned}$$

网络舆情引导效果的级别为Ⅲ（较差）时，模型方程为

$$\begin{aligned} LogitP_{y=3} = &-1.713 - 3.416x_1 - 4.411x_2 + 4.717x_{5=1} + 2.136x_{5=2} + 3.374x_{5=3} + \\ &0.639x_{5=4} - 2.564x_{6=1} - 1.727x_{6=2} - 2.118x_{6=3} - 2.112x_{6=4} - \\ &182.196x_8 + 135.590x_9 + 49.472x_{10} \end{aligned}$$

表 7.35 参数估算值

		估算	标准误差	瓦尔德	显著性	OR 值	95% 置信区间	
							下限	上限
阈值	[$y=1$]	−5.740	1.861	9.518	0.002	0.003	0.000	0.123
	[$y=2$]	−3.643	1.648	4.887	0.027	0.026	0.001	0.662
	[$y=3$]	−1.713	1.545	1.230	0.047	0.180	0.009	3.725
位置	x_1	−3.416	1.972	3.000	0.023	0.033	0.001	1.567
	x_2	−4.411	1.608	7.524	0.006	0.012	0.001	0.284
	x_8	−182.196	82.973	4.822	0.028	0.000	0.000	0.000
	x_9	135.590	60.365	5.045	0.025	7.691 11E+58	31 896 281.705	1.854 5E+110
	x_{10}	49.472	23.948	4.268	0.039	3.057 85E+21	12.616 430 85	7.411 34E+41
	[$x_{5=1}$]	4.717	3.340	1.994	0.058	111.832 252 2	0.160	77 885.883 32
	[$x_{5=2}$]	2.136	1.737	1.513	0.019	8.466	0.282	254.678
	[$x_{5=3}$]	3.374	1.299	6.749	0.003	29.195	2.289	372.039
	[$x_{5=4}$]	0.639	0.965	0.438	0.504	1.895	0.286	12.554
	[$x_{5=5}$]	0	—	—	—	1.000	1.000	1.000
	[$x_{6=1}$]	−2.564	1.739	2.175	0.163	0.077	1.000	2.326
	[$x_{6=2}$]	−1.727	1.736	0.990	0.021	0.178	0.006	5.344
位置	[$x_{6=3}$]	−2.118	1.455	2.118	0.089	0.120	0.007	2.083
	[$x_{6=4}$]	−2.112	1.672	1.596	0.025	0.121	0.005	3.206
	[$x_{6=5}$]	0	—	—	—	1.000	1.000	1.000

表 7.36 自变量相关系数

自变量	正相关关系	系数绝对值	自变量	负相关关系	系数绝对值
x_9	评论数	135.590	x_8	点赞数	182.196
x_{10}	负面情感最大数	49.472	x_2	关注量	4.411
x_5	完备程度	0.639~4.717	x_1	粉丝数	2.564
			x_6	信息模态	1.727~2.564

4. 平行性检验

对多元 Logistic 回归的模型使用条件进行检验，即检验自变量偏回归系数 β_i 是否一致。可知模型中显著性 1.000>0.05，认为回归方程相互平行，可使用多元 Logistic 回归进行分析。

7.4.4 研究结论

依据以上结果可知评估指标对舆情引导效果的影响方向和影响大小，结合突发事件网络舆情实际情况，分析评估指标如何对引导效果产生影响，据此提出增强舆情引导能力的对策，有助于实战部门明晰影响舆情引导的关键因素，科学决策、动态调整、高效治理网络舆情。

1. 引导主体自身属性

1)粉丝数量

引导主体粉丝数在回归模型中的回归系数为 -3.416，与舆情引导效果等级成负相关关系，粉丝数每增加一个单位，舆情引导效果从 Ⅰ（好）—Ⅱ（较好）—Ⅲ（较差）—Ⅳ（差）的可能性减小，即随着粉丝数的增加，网络舆情引导作用越显著。

事实上，一些家喻户晓的政务微博在民众心中具有高度的权威和声望，这得益于其庞大的群众粉丝基础和强大“吸粉”属性。首先，粉丝基数大的引导主体会接触到更多的民众，相比之下更易于对社会公众的思想和情绪产生影响；其次，公众在从众心理的影响下，会主动追随粉丝数量更多的引导主体作为“常用信息源”。因此，政府应利用好自身管理者、监督者、引导者、协调者、推动者的角色，定期推送有价值的信息，树立品牌意识，保持强大的“吸粉”能力，真正做到长期“引进来”。

2)关注量

关注量在回归模型中的回归系数为 -4.411，与舆情引导效果等级呈负相关关系，关注量每增加一个单位，舆情引导效果从 Ⅰ（好）—Ⅱ（较好）—Ⅲ（较差）—Ⅳ（差）的可能性减小，即随着关注量的增加，网络舆情引导效果越显著。

引导主体增加关注量，拓宽其信息接收领域，扩大网络的活跃范围，第一时间掌握网络时事，特别是一些与民生紧密相关的突发事件，在网络中一经出现，容易引起激烈的反响，故而需要引导主体及时关注，获取最新消息，视情况积极发声，维护健康的舆论环境。许多“明星”政务微博积累了许多成功经验，值得政务部门学习，如扩展媒体运营的思维，以“高粉丝、高关注、高活跃度”的标准要求引导主体，加强维护账户运营。具体而言，引导主体需关注更多的业界佼佼者，做好推广和宣传，树立一个深入人心、张弛有度、具有自身特色的政务形象，使政务媒体真正做到“走出去”。

2. 引导信息自身属性

1)完备程度

引导信息的完备程度在回归模型中与因变量呈正相关关系，完备程度每上升一个级别，舆情引导效果从 Ⅰ（好）—Ⅱ（较好）—Ⅲ（较差）—Ⅳ（差）的可能性随之增加，即随着引导信息所包含的内容不断得到补充，网络舆情引导效果并不显著。

引导主体首次针对舆情做出回应时，由于信息不全面，常采用“某某事情发生，有关部门已开展调查”的模板做出简要回应，此后需要等待事件的调查结果，但许多实例表明，从首次舆情回应到完全公布事件信息需要经历一段漫长的时期，短则一个月，长则达半年，因而未能产生良好的舆情引导效果。较长的调查期限不能满足事件发展前期民众强烈的信息需求，同时也容易形成政务不作为、工作效率低、拒绝与民众沟通的形象。因此，政府需要通过舆情知民意、晓民情、解民忧，有预见性、针对性地主动在舆情爆发前关注民众关心的议题、参与民众讨论的事件，以科学、全面、专业的姿态真诚地解答民众的疑惑、满足民众的信息需求、改进民众不满意之处，帮助舆情引导工作“对症下药”；积极督促相关部门尽快调查突发事件，缩短公众等待的时间，早日公布事件调查结果，向民众交代一个公平公正的处置结果。

2）信息模态

信息模态在回归模型中的回归系数与舆情引导效果等级呈负相关关系，信息发布的形式从纯文字、到图文结合、视频文字结合，信息展示方式依次丰富，舆情引导效果从Ⅰ（好）—Ⅱ（较好）—Ⅲ（较差）—Ⅳ（差）的可能性减小，即信息形式越丰富，网络舆情引导效果越显著。

近年来，图片型文字（文字内容全部呈现在一张图片中，除此之外并无其他文字注明解释）已经成为官方引导舆情的一种固定形式，但这种方式文字冗长、言辞正式、格式单一，会使民众产生距离感。而丰富的信息模态一方面可以清晰阐释突发事件起因、经过和结果，另一方面可以从形式上更吸引民众。政务部门在“意见自由市场”想要长期保持意见领袖，需要拥有更犀利的观点、更接地气的语言、更新颖的形式、更积极的内容、更公正的结果、更符合国情民意的观念帮助政务微博出现“蝴蝶效应”，将影响力呈几何级数放大，使舆情引导信息以“光速”传播。

3. 引导信息传播属性

1）点赞数

点赞数在回归模型中的回归系数为 -182.196，与因变量呈负相关关系，对网络舆情引导效果影响作用最强烈，微博点赞数每增加一个单位，舆情引导效果从Ⅰ（好）—Ⅱ（较好）—Ⅲ（较差）—Ⅳ（差）的可能性减小，即点赞数不断增加，网络舆情引导效果越显著。

民众的点赞行为即表示认同此微博所表达的内容，赞同引导主体的具体引导措施。点赞数量越多，表示赞同突发事件处置方式的人数越多，引导信息影响的民众越多。通过点赞数可以明晰民众对于政府舆情引导工作方式及具体举措的满意程度，有助于把握民众的心理活动，以最“巧”的方法达到最大的舆情引导效果。同时，在点赞数的基础上，综合所有的舆情表征数据，如用户关注数量、发文数量、话题热度和增长速度、转发数、评论数，帮助政府掌握网络舆情发展的动态，及时发现、及时识别、及时反馈、及时分析、及时决策网络舆情。

2）评论数

评论数在回归模型中的回归系数为 135.590，与因变量呈正相关关系，评论数每增加一个单位，舆情引导效果从Ⅰ（好）—Ⅱ（较好）—Ⅲ（较差）—Ⅳ（差）的可能性增加，随着评论数的增加，网络舆情引导效果并不显著。

评论区是民众表达观点、宣泄情感的聚集地，容纳了正面、中立和反面不同的声音，汇集了正面情感、中立情感和负面情感。评论数越多，表明民众对此微博的讨论越热烈，对于事件话题存在分歧，并未达成统一。当引导信息不能被民众信服时，民众心中会产生众多疑虑和不满，评论区成为民众的发泄窗口，一些激进、极端的言论在评论区极易引发民众的关注和参与，逐渐成为问题的争论点。因此，要积极运用评论信息：一是获悉民众对于政务工作的建议，从民众的角度思考舆情反映的社会问题，找到解决方法；二是便于了解舆情讨论的核心争议，了解舆情矛盾的根结，制定舆情引导的策略；三是掌握公众的情感类型与数量，提升引导主体对舆情情感变化的敏感度与识别度，为舆情引导前的态势分析工作提供依据，特别是对极端情绪的监测和识别，对恶意引导舆情走向、盲目刷屏的"网络推手"，要及时采取相应措施。

3)负面情感最大数

负面情感最大数代表拥有负面情绪的人数，是民众自发形成的一个能够反映民众情感的数据。负面情感最大数在回归模型中的回归系数为 49.472，与因变量呈正相关关系，负面情感最大数每增加一个单位，舆情引导效果从 I（好）— II（较好）—III（较差）—IV（差）的可能性增加，负面情绪越演越烈，网络舆情引导效果并不显著。

负面情感最大数越大，表示认同此负面情感的人越多，舆情引导效果越差。造成这一现象的原因是微博评论区具有点赞排序的功能，评论点赞数越高的评论位置越靠前，显示度越高。一些负面言论被置顶后，无形之中会在评论区形成巨大的负面引导力，影响民众对引导信息做出独立、客观的评判。因此，相关部门需要重点关注容易形成一定规模负面影响力的负面情感，在区域内进行积极、正面的互动，避免其在舆情发展过程中进行信息交互，而形成舆情局部失控的局面。

4. 研究总结

由以上讨论表明，点赞数、评论数、负面情感最大数、关注量、粉丝数、完备程度、信息模态对舆情引导效果产生显著的影响，在一定程度上能够决定网络舆情引导效果的好坏，因而启示政府相关部门：①要注重运营政务微博（微信、博客等），充分发挥其作为社会管理者和服务者的属性，扩大线上和线下的影响力、感召力和威信力；②制定舆情引导对策时，要优先考虑以上七个因素，尤其是对舆情引导效果产生较大影响的点赞数、评论数、负面情感最大数，为政府决策提供理论基础和数据支持，辅助政府治理舆情生态环境。舆情评估指标影响程度见表 7.37

表 7.37　舆情评估指标影响程度

序号	舆情评估指标	系数绝对值
1	点赞数	182.196

续表

序号	舆情评估指标	系数绝对值
2	评论数	135.590
3	负面情感最大数	49.472
4	关注量	4.411
5	粉丝数	2.564
6	完备程度	0.639~4.717
7	信息模态	1.727~2.564

7.5 社会情绪唤醒综合评价模型

7.5.1 网络舆情中社会情绪心理机制

普遍的观点认为，网络舆情往往借助社会情绪的长期蓄积而集中爆发，并且网络舆情对社会情绪的呈现有一定的影响。社会情绪的极端化和暴戾化是对社会稳定的重大威胁，而网络舆情是网络中社会情绪的透视镜，从心理学视角分析网络舆情中的社会情绪心理机制，能够从内因角度解释畸形社会心态，从而有效引导、调控社会情绪合理宣泄。

1. 社会情绪的概念界定

由于“社会情绪”的研究涉及社会学、心理学等诸多学科，对于“社会情绪”的概念，学术界尚未形成统一的认识。目前，对于社会情绪的概念界定主要体现为以下三点[①-④]，首先社会情绪是一种态度体验，其次社会情绪是社会或网络中某一特定群体所共同具有的，最后社会情绪往往与具体利益诉求相关联。因此，在借鉴、概括的基础上，将社会情绪定义为社会或网络中某一特定群体基于相关的利益诉求所形成的对社会共有的态度体验，并对个体和群体产生动力性影响。

社会情绪是一种社会信号，也是一种社会能量。社会情绪具有很强烈的群体情绪认同，在某一群体中，一个人或一些人可能由于其他种种不同的原因，在一定程度上对其他人产生心理上的联系，如产生同情，可在情绪上引起共鸣。尤其需要注意的是，社会情绪认同度高的群体，一致行动的趋向较强，在外界诱因促使下，容易产生一致行动，这与社会情绪共同体概念有相似性。

① 张润泽，杨华．转型期乡村治理的社会情绪基础：概念、类型及困境 [J]. 湖南师范大学社会科学学报，2006(4):11-13.
② 张景龙，李端生．网络传播中社会情绪表达问题研究 [J]. 吉首大学学报（社会科学版），2008(4):90-93.
③ 李端生．社会情绪概论 [J]. 社会科学论坛，2008(4):60-63.
④ 刘行芳．社会情绪的网络扩散及其应对 [J]. 新闻爱好者，2011,12(23):36-37.

2. 网络舆情中社会情绪分类

从政府和社会管理者的角度出发，依据受社会情绪影响的群众对党和国家政策的支持程度和行为表现将社会情绪分为四类，即积极社会情绪、中立社会情绪、逆反社会情绪和异化社会情绪。其中，前两类可以称为理性社会情绪，后两类可以称为非理性或不良社会情绪。应该对非理性的社会情绪高度重视，及时鉴别并做出有效应对措施。

（1）积极社会情绪，主要表现为在心理和行为等多个层面上都能对政策做到认同，涉及自身问题时能够主动配合各项工作的开展，对各项政策的落实充满信心，真心实意地为实现国家指引的目标而奋斗。积极社会情绪是一种理想的社会情绪，也是进行社会管理所追求的目标。积极社会情绪有一定的时限性和特异性，不可能统领社会上的所有人，也会随着特殊事件的发生而产生变化，所以应该审时度势并合理引导，让积极社会情绪去感染大多数人。

（2）中立社会情绪，主要表现为保持一种观望态度、犹豫不决，在行动上既不表示接受拥护，也不进行抵制。“不作为”是中立社会情绪中人们的生存法则，即迫于各种主观条件的限制而不是客观条件，持观望态度，一旦发觉对自身的影响是有利的，就会马上付诸行动。但是，如果在采取行动时遇到了问题，中性社会情绪的人又会马上停滞不前。

（3）逆反社会情绪，行为表现主要为散播网络谣言，无理由地抵制一切官方回应，即使当事人出面辟谣也会以“阴谋论”怀疑其真实性。部分网民行为被社会情绪绑架，一旦有任何负面信息或者是存在极个别人煽风点火现象，群众情绪就会爆发，从而导致过激行为的产生。逆反社会情绪尽管不占主流，但它的影响是破坏性和灾难性的。

（4）异化社会情绪，主要表现比较隐晦，通常情况下表面上并不反对某些行为和做法，但行为上这种情绪与所倡导的方向相异或相悖。异化社会情绪其实就是逆反社会情绪的改头换面和变种，具有极大的隐蔽性、诱惑性和欺骗性，需要仔细辨别、及时扭转、严于防范，否则造成的后果将不亚于逆反社会情绪。

以上社会情绪的分类方法重点考虑网民的态度、行为和后果，当他们的态度整齐划一，行为表现趋于一致时，其造成的结果是可以预见的，从社会管理的角度而言更容易识别和有效应对。

3. 网络舆情中社会情绪的唤醒心理机制

构建和谐稳定社会的一个重要任务就是致力于阶层融合，消解非理性的社会情绪。已有研究从个体情绪、脆片化情绪、社会情绪的产生三个层面分析网络空间社会情绪的形成机理[①]。下面主要从心理学视角分析网络舆情中的社会情绪形成的心理机制。

社会情绪更多是被唤醒的。“唤醒”的含义是生理或心理被吵醒或是对外界刺激重新产生反应。在个体情绪的研究中一项比较重要的理论是心理学家沙赫特和辛格（Schachter&Singer，1962 年）提出的情绪两因素理论，即生理性唤醒和认知性唤醒。该理论认为对于特定的情绪来说，有两个因素是必不可少的：①个体必须体验到高度的生理唤醒，

① 洪宇翔 . 风险视角下网络空间社会情绪的形成和干预 [J]. 浙江学刊 ,2016(4):135-139.

如心率加快、手出汗、胃收缩、呼吸急促等;②个体必须对生理状态的变化进行认知性的唤醒。社会学习理论的代表学者班杜拉在研究人的观察学习时提出了五种效应,其中包括情绪唤醒效应。当看到示范者的情绪反应,观察者倾向于产生同类反应。当情绪的替代唤醒与某些地点、人物或事件连接在一起时,观察者会就发展对这些地点、人物或事件的预期的情绪反应。

在网络舆情中,按照社会情绪的发展过程来分析,社会情绪经历酝酿期、唤醒期和爆发期三个阶段,每个阶段都有其自身的特点以及影响社会情绪产生和发展的重要因素,具体情况如图 7.8 所示。在网络舆情形成的过程中,社会情绪扮演着极其重要的角色。发自网民的心理情绪聚集在一起就形成了社会情绪,依据上面所提出的唤醒理论,在不同的时期会表现出不同的特点。

1)酝酿期的弥散性

在社会情绪酝酿期,社会情绪处于一种弥散状态,并不会集中于某个点。此时的社会情绪存在发展成任何类型社会情绪的可能性,也可能由于持有相同态度和行为的人数不足而长期处于弥散状态。这是因为社会情绪往往受社会中个体的观念、需要、动机以及个体积极或消极情绪反应的影响。与此同时,社会成员的心理健康、认知方式、生活态度、社会期望及其与社会的冲突程度都会影响个体的情绪,进而导致社会情绪的不断聚集,形成社会情绪知觉。

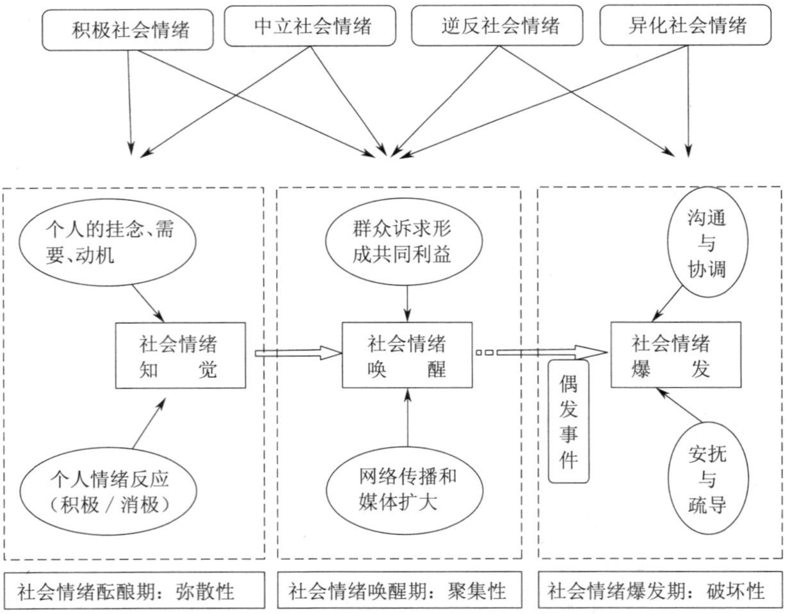

图 7.8　网络舆情中社会情绪综合评价模型

需要注意的是,并不一定需要每个人都处在当事人的位置才会出现某种情绪反应,形成社会情绪的关键人群是网络上的“看客”——知晓并关注某事件的人群。从个体来看,由于受到价值观念的影响,每个人都会对网络上发生的事情做出自己的理解和判断,在自身动机的影响下出现了需求，再加上个体的情绪反应汇集就出现了社会情绪知觉。如果处理不当，就会进入社会情绪发展的第二个阶段。

2)唤醒期的聚集性

在社会情绪唤醒期，社会情绪具有聚集性。这是社会情绪形成的关键阶段，也是社会情绪唤醒理论的核心部分。社会情绪被唤醒的重要标志主要体现在两个方面，即共同利益诉求的形成和网民关注度的不断上升。从这个角度来说，社会情绪是敏感的。社会情绪的形成依赖于唤醒，究竟形成何种类型的社会情绪关键看哪种唤醒因素成为主流。在影响社会情绪唤醒期的众多因素中，社会层面的因素是关键，群体冲突也是导致网络情绪高涨和情绪极化的重要原因。

在社会情绪被唤醒的重要标志中，群众的共同利益诉求受到价值观的影响，这里的价值观是影响社会中大多数人的普遍价值观；关注度不断上升主要靠媒体宣传和舆论引导，其中网络扩散的能力不容小视。如果网民得到信息的渠道有限，会出现小道消息传播非常迅速、描述详细让人不得不相信的情况，左右人们的价值判断，从而导致非理性社会情绪不断聚集。如今，网络已经成为社会事件形成的助推器、社会情绪的集散中心和相互传染的放大器，已经进入社会调控的主流阵营，绝不是无关紧要的边缘力量，要注意占领舆论高地。

3)1.3.3　爆发期的破坏性

在社会情绪爆发期，社会情绪具有破坏性。需要注意的是，并不是所有被唤醒的社会情绪都会进入爆发期，社会情绪爆发应该说是一种小概率事件。网络舆情对社会情绪的唤醒呈现精细结构、复杂层次和连续纹理等特点，心理发生（社会情绪）从内因角度解释畸形社会心态的心理发生要件及其发生机制。研究表明，道德震撼力或触及社会敏感问题的事件出现社会情绪爆发的可能性更高。而社会事件一旦与民众的价值观念、历史记忆、利益诉求、心理因素、社会心态等发生碰撞，形成涨落，便会形成舆情。只有在非理性社会情绪被唤醒、媒体不断介入以及互联网信息迅速传播，同时出现偶发事件或不公平的解决，被聚集的社会情绪又没有其他管道宣泄的情况下，才会导致具有破坏性的社会情绪爆发。在社会情绪爆发期，由于人们情绪激昂，丧失理性支柱，常常会出现混乱。只有及时采取沟通与协调措施，进行安抚与疏导，让广大群众了解事实真相，才能有效化解危机。

7.5.2　网民社会情绪唤醒综合评价模型

1. 研究思路

如图 7.9 所示，首先构建网络舆情社会情绪唤醒机制综合评价指标体系，对网民社会情绪的观测指标进行量化；其次找出关键影响因素，使用逐步进入法开展回归分析，计算各个因素之间的相关关系显著性，找出关键因素；最后根据前文所构建的网络舆情社会情绪唤醒心理机制进行关系建模，利用结构方程模型分析其影响路径，从而探索促使社会情绪爆发的关键因素，以及社会情绪唤醒在网络舆情中的影响路径。

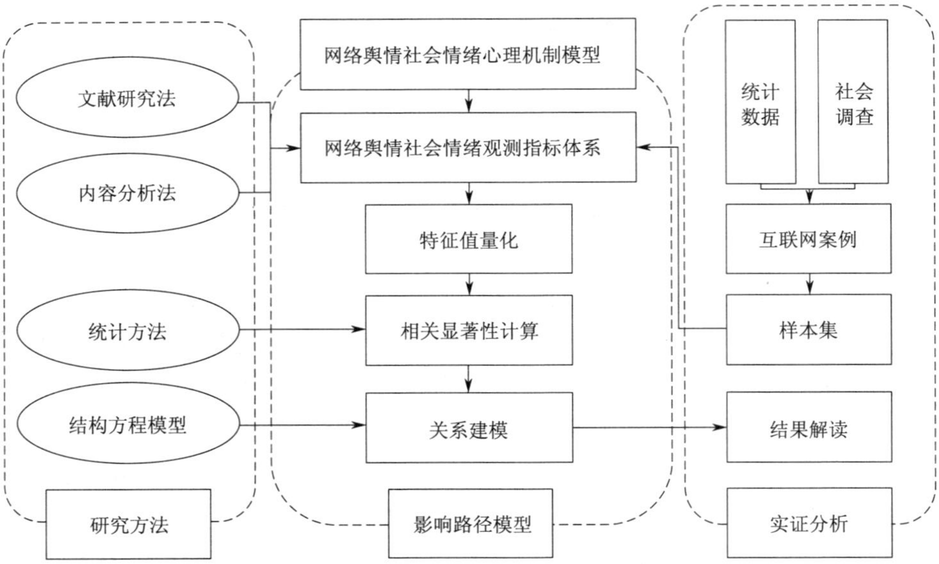

图 7.9 网络舆情社会情绪唤醒综合评价模型研究思路

2. 网络舆情社会情绪唤醒综合评价指标体系

基于社会情绪图式的社会风险在线治理、个人情绪两因素理论和社会学习理论中情绪唤醒效应等理论，依据社会情绪形成和发展的过程，在网络舆情社会情绪的研究领域中首次提出社会情绪唤醒理论，其核心思想是无论何种类型的社会情绪都是个体和社会各种因素影响的结果，把握好影响社会情绪的各种因素，有利于甄别甚至预测社会情绪的发展方向。

社会情绪作为群体所共有的一种具有共同利益诉求的情绪集合，受到多种因素的影响和制约。社会情绪综合评价指标体系主要从社会情绪知觉、社会情绪唤醒和社会情绪爆发三个方面建立，具体情况见表 7.38。

表 7.38 社会情绪综合评价指标体系

一级指标	二级指标
社会情绪知觉 U_1	社会事件的影响力 U_{11}
	与网民兴趣的匹配度 U_{12}
	网民对事件的感知度 U_{13}
社会情绪唤醒 U_2	网络传播的热度 U_{21}
	网民诉求的一致性 U_{22}
	逆反和异化情绪的发生率 U_{23}
社会情绪爆发 U_3	偶发事件的出现概率 U_{31}
	应对的及时性 U_{32}
	网民对处理的满意度 U_{33}

设一级评价指标集合为 U_i（i=1，2，3），二级评价指标集合为 U_{ij}（i=1，2，3；j=1，2，3）。

在社会情绪的综合评价过程中，可能会出现很多信息不完备的问题。由于其影响因素较多，而且多是灰色、模糊和非标准化的，因此尝试用灰色系统理论来解决社会情绪评价问题。采用“0-1”判断法，对网络舆情事件中网民社会情绪所涉及的 9 个因素进行“0-1”量化处理，具体处理方法见表 7.39。此外，对于在网络舆情中网民的社会情绪爆发与否给予赋值处理，0 表示没有爆发，1 表示已经爆发。

表 7.39　影响因素“0-1”量化表

序号	指标	判断标准	
		1	0
1	社会事件的影响力 U_{11}	影响力较大，并在多个平台传播	影响力小，仅在单一平台传播
2	与网民兴趣的匹配度 U_{12}	引起网民极大好奇心和关注	与网民兴趣匹配度不高
3	网民对事件的感知度 U_{13}	关注和参与人多	关注和参与人数少
4	网络传播的热度 U_{21}	热度高	热度低
5	网民诉求的一致性 U_{22}	网民形成了较为统一的诉求	网民诉求多元化
6	逆反和异化情绪的发生率 U_{23}	发生率较高	发生率较低
7	偶发事件的出现概率 U_{31}	出现概率高	出现概率低
8	应对的及时性 U_{32}	及时性低	及时性高
9	网民对处理的满意度 U_{33}	满意度高	满意度低

3. 各个因素之间相关显著性计算

首先，建立线性回归方程，通过通径的示意图：

$$P_{Y1}=P_{Y1}X_1+P_{Y2}X_2+u_Y$$

由此模型建立线性方程：

$$r_{Y1}=P_{Y1}+r_{12}P_{Y2}$$

$$r_{Y2}=r_{12}P_{Y1}+P_{Y2}$$

各个因子能够带入回归方程的前提是存在显著的相关关系，计算三个因子之间的相关列联表（表 7.40）），其中 U_3 表示社会情绪爆发。

表 7.40　影响因素相关性检验表（示例）

	U_3	U_{11}	…	U_{33}
U_3	1			
U_{11}	U_{11} 和 U_3 相关性	1		
…	…	…	1	
U_{33}	U_{33} 和 U_3 相关性	U_{33} 和 U_{11} 相关性	…	1

其次，进行回归分析，以社会情绪爆发为因变量，以社会情绪知觉和社会情绪唤醒为自变量进行回归。表 7.41 为回归分析结果输出表。

表 7.41　回归分析输出参数解读表

<table>
<tr><th colspan="2">输出参数</th><th>解读</th></tr>
<tr><td rowspan="2">非标准化系数</td><td>B</td><td>回归系数，若测量变量量纲不一致，则采用非标准化系数 β</td></tr>
<tr><td>标准误差</td><td>在抽样试验中，常用到样本平均数的标准差</td></tr>
<tr><td rowspan="3">标准系数</td><td>t</td><td>验证回归系数的显著性，大于 0.05 的有意义</td></tr>
<tr><td>R^2</td><td>方程的确定性系数，R^2 取值为 0~1，越接近 1，表明方程中变量对因变量的解释能力越强</td></tr>
<tr><td>Sig.</td><td>显著性水平，一般要求是 Sig. 小于 0.05，较高要求是 Sig. 小于 0.01</td></tr>
<tr><td rowspan="2">共线性统计量</td><td>容忍度</td><td>测量多重共线性，容忍度的标准一般是 0.1，小于 0.1 表明多重共线性严重，需要剔除一部分变量</td></tr>
<tr><td>方差膨胀因子</td><td>容忍度的倒数，一般取 1~10</td></tr>
</table>

4. 构建结构方程模型

根据社会情绪爆发与社会情绪知觉和社会情绪唤醒各变量间的相关关系，以彼此间的相关系数为基础，采用结构方程模型（AMOS 7.0）验证社会情绪唤醒在引发社会情绪爆发过程中的中介作用模型，具体情况如图 7.10 所示。

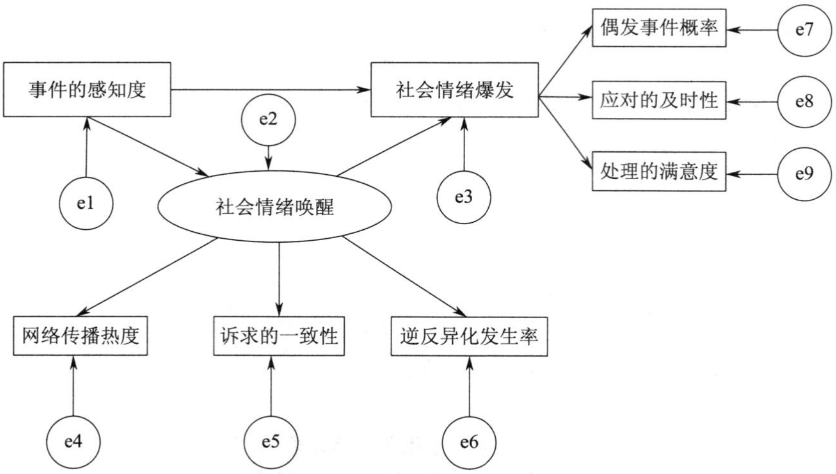

图 7.10　结构方程模型关系建模

5. 输出结果解读

通过结构方程模型计算后，对模型输出的各个统计值进行解读，见表 7.42。

表 7.42　结构方程模型输出参数解读

输出参数		解读
相关系数		一般认为 0.6 以上为强相关，0.3~0.6 为相关，0.3 以下为弱相关
绝对拟合指数	CFI	一般取大于 0.9
	RMSEA	一般小于 0.1
相对拟合指数	NFI	一般取大于 0.9
检验	df	自由度
	χ^2	卡方，卡方比率在 2~5 可以接受，且越小越好

7.5.3　案例分析

1. 数据来源与量化

以新浪微博的社会类话题为例，采用 Java 编程及蜘蛛爬虫方式采集获取样本数据，从原创微博出发遍历获取 30 个社会事件网络舆情案例，建立社会类舆情案例库。通过对 30 个案例的 10 个指标进行量化，得到 30 行、10 列矩阵，见表 7.43。

表 7.43　网络舆情事件社会情绪转换表

	U_3	U_{11}	U_{12}	U_{13}	U_{21}	U_{22}	U_{23}	U_{31}	U_{32}	U_{33}
X_1	1	1	0	0	1	1	0	0	1	1
X_2	1	1	1	1	1	1	1	0	1	1
X_3	0	0	0	0	0	1	0	0	0	0
X_4	1	1	1	0	1	1	1	0	1	0
X_5	0	0	0	0	1	0	0	0	0	0
X_6	0	0	0	0	0	0	0	0	1	0
X_7	1	1	1	1	1	1	1	0	0	1
X_8	1	0	1	0	0	1	1	0	1	1
X_9	0	0	0	0	0	0	1	0	0	1
X_{10}	1	0	0	0	1	1	0	0	0	0
X_{11}	1	1	1	0	1	1	0	0	1	0
X_{12}	1	0	0	0	1	1	1	0	0	0
X_{13}	0	0	0	0	0	0	0	0	0	1
X_{14}	1	0	1	0	1	1	1	1	0	0
X_{15}	1	1	1	0	0	1	0	0	0	1
X_{16}	0	1	0	1	0	0	0	0	0	0
X_{17}	0	0	1	0	0	1	0	0	1	0
X_{18}	0	0	1	0	1	0	0	1	0	0

续表

	U_3	U_{11}	U_{12}	U_{13}	U_{21}	U_{22}	U_{23}	U_{31}	U_{32}	U_{33}
X_{19}	1	1	0	1	1	1	0	0	1	0
X_{20}	1	1	1	1	1	1	0	0	1	1
X_{21}	0	0	0	0	1	1	1	0	0	0
X_{22}	0	0	0	1	0	0	0	0	0	1
X_{23}	1	0	1	0	1	1	1	1	0	0
X_{24}	1	1	1	0	0	1	0	0	0	1
X_{25}	0	1	0	1	0	0	0	0	0	0
X_{26}	1	0	1	0	0	1	0	0	1	0
X_{27}	0	1	0	0	1	0	0	0	0	0
X_{28}	1	1	0	1	1	1	0	0	1	0
X_{29}	1	1	1	1	1	1	0	0	1	1
X_{30}	0	0	0	0	1	1	1	0	0	0

2. 社会情绪的综合评价过程

使用逐步进入法的方式开展回归分析，探究社会情绪爆发的影响因素，社会情绪唤醒在网络舆情中的作用，其主要的理论思路如下。

首先，建立线性回归方程，通过通径的示意图：

$$P_{Y1}=P_{Y1}X_1+P_{Y2}X_2+u_Y$$

由此模型建立线性方程：

$$r_{Y1}=P_{Y1}+r_{12}P_{Y2}$$

$$r_{Y2}=r_{12}P_{Y1}+P_{Y2}$$

但是，各个因子能够带入回归方程的前提是存在显著的相关关系。因此，计算三个因子之间的相关列联表（表 7.44），其中 U_3 表示社会情绪爆发。

表 7.44 社会情绪唤醒、社会情绪知觉与社会情绪爆发的相关表

	U_3	U_{11}	U_{12}	U_{13}	U_{21}	U_{22}	U_{23}	U_{31}	U_{32}	U_{33}
U_3	1									
U_{11}	0.321	1								
U_{12}	0.223	0.493**	1							
U_{13}	0.629**	0.690**	0.081	1						
U_{21}	0.530**	0.279	0.144	0.262	1					
U_{22}	0.749**	0.279	0.247	0.066	0.234	1				
U_{23}	0.439*	−0.190	0.238	−0.107	0.378*	0.309	1			
U_{31}	0.554**	−0.234	0.306	−0.161	0.250	0.175	0.190	1		

续表

	U_3	U_{11}	U_{12}	U_{13}	U_{21}	U_{22}	U_{23}	U_{31}	U_{32}	U_{33}
U_{32}	0.378*	0.384*	0.384*	0.277	0.218	0.386*	−0.144	−0.218	1	
U_{33}	−0.572**	0.312	0.312	0.167	−0.120	0.045	0.049	−0.203	0.085	1

注：* 表示 $P<0.05$，** 表示 $P<0.01$。

其次，进行回归分析，以社会情绪爆发为因变量，以社会情绪知觉和社会情绪唤醒为自变量进行回归。表 7.45 为回归分析结果，因此得出的线性回归方程为

$$Y=10.989+0.433X_1+0.061X_2$$

表 7.45　回归分析结果

模型		非标准化系数		标准系数			共线性统计量	
		B	标准误差	*t*	R^2	Sig.	容忍度	方差膨胀因子
1	（常量）	10.989	4.251		2.585	0.010		
	事件的感知觉	0.433	0.051	0.480	8.447	0.000	0.986	1.014
	社会情绪唤醒	0.061	0.108	0.032	0.560	0.576	0.986	1.014

a. 因变量：社会情绪爆发

3. 结构方程模型关系建模

根据社会情绪爆发与社会情绪知觉和社会情绪唤醒各变量间的相关关系，以彼此间的相关系数为基础，采用结构方程模型（AMOS 7.0）验证社会情绪唤醒在引发社会情绪爆发过程中的中介作用模型，如图 7.11 所示。参数估计结果显示，模型的各类拟合度指标均较为理想，具体情况见表 7.46。

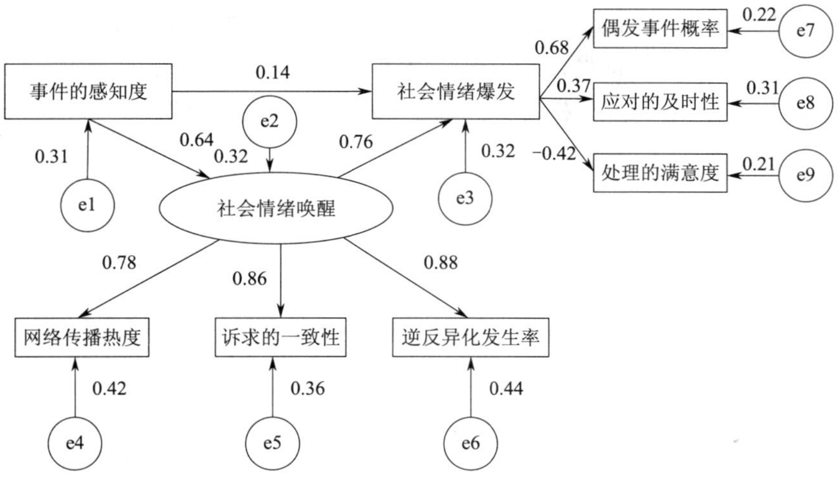

图 7.11　社会情绪唤醒在引发社会情绪爆发过程中的中介作用模型

表 7.46　社会支持中介作用模型的拟合指数

χ^2	df	P	NFI	CFI	GFI	RMSEA
1.87	2	0.45	0.984	0.969	0.996	0.000

4. 结果分析

社会情绪唤醒、社会情绪知觉与社会情绪爆发的相关分析显示，社会情绪爆发与社会事件的影响力以及与网民兴趣的匹配度两个维度相关不显著，与其他所有维度均呈现显著相关，其中与网民对处理的满意度维度呈负相关，其余均为正相关。由于有两项相关不显著，所以不代入回归方程进行计算。

回归方程的结果显示，社会情绪知觉和社会情绪唤醒都能导致社会情绪爆发，而且社会情绪知觉的影响力较强。为了探索具体的因子对社会情绪爆发的影响，又进一步构建了结构方程模型。结果显示，网民对事件的感知度不仅直接影响社会情绪爆发，而且社会情绪知觉还可以通过影响社会情绪唤醒从而间接影响社会情绪爆发，社会情绪唤醒在社会情绪知觉影响社会情绪爆发中起主要中介作用。社会情绪唤醒会直接导致网络传播热度增加，逐渐使网民形成共同的利益诉求，并且一旦唤醒社会情绪，异化和逆反社会情绪发生的概率就会大大提高。

社会情绪唤醒影响社会情绪爆发的通径系数为 0.486 4（$0.64 \times 0.76=0.486\ 4$），说明网络舆情事件可以通过提高社会情绪的唤醒实现社会情绪的爆发；反之，为了减少社会情绪的爆发，可以降低网民社会情绪的唤醒，表 7.43 的数据结果也能够印证这个结果。

延伸思考

对评价模型与方法而言，确定评价指标和权重是一个重要问题，这关系到评价结果的准确性和可靠性。本章介绍的常见评价模型与方法在确定指标和权重方面有其各自优势和局限，针对每种评价模型，思考如何提升指标选取和权重分配的科学性？

参考文献

[1] 姜启源，谢金星，叶俊 . 数学模型 [M]. 5 版 . 北京：高等教育出版社，2018.

[2] GIORDANO F R，FOX W P，HORTON S B. 数学建模 [M]. 叶其孝，姜启源，等译 . 北京：机械工业出版社，2014.

[3] 钟永光，贾晓菁，钱颖，等 . 系统动力学 [M]. 2 版 . 北京：科学出版社，2018.

[4] 雅科夫• Y. 海姆斯 . 风险建模、评估和管理 [M]. 胡平，等译 . 西安：西安交通大学出版社，2007.

[5] 王昊奋，漆桂林，陈华钧 . 知识图谱：方法、实践与应用 [M]. 北京：电子工业出版社，2019.

[6] 李杰，陈超美 . CiteSpace：科技文本挖掘及可视化 [M]. 3 版 . 北京：首都经济贸易大学出版社，2022.

[7] 邱皓政，林碧芳 . 结构方程模型的原理与应用 [M]. 2 版 . 北京：中国轻工业出版社，2019.

[8] 朱丽叶•M. 科宾，安塞尔姆•L. 施特劳斯 . 质性研究的基础：形成扎根理论的程序与方法 [M]. 3 版 . 朱光明，译 . 重庆：重庆大学出版社，2015.

[9] 杜栋，庞庆华 . 现代综合评价方法与案例精选 [M]. 4 版 . 北京：清华大学出版社，2021.

[10] 张曾莲 . 风险评估方法 [M]. 北京：机械工业出版社，2021.